anglistik & englischunterricht
The Very Short Story II

anglistik & englischunterricht / 23

The Very Short Story II

HEIDELBERG 1984

CARL WINTER · UNIVERSITÄTSVERLAG

CIP-Kurztitelaufnahme der Deutschen Bibliothek

The *very short story* / [Hrsg.: Hans-Jürgen Diller ...]. –
Heidelberg: Winter.

NE: Diller, Hans-Jürgen [Hrsg.]

2 (1984).

(Anglistik & [und] Englischunterricht; 23)
ISBN 3-533-03651-0
NE: GT

ISBN 3-533-03651-0
ISSN 0344-8266

Herausgeber: Prof. Dr. Hans-Jürgen Diller · Dr. Stephan Kohl · Dr. Joachim Kornelius
Dr. Erwin Otto · Prof. Dr. Gerd Stratmann
Anschrift der Redaktion:
Dr. Joachim Kornelius, Ruhr-Universität Bochum, Englisches Seminar
Universitätsstraße 150 · 4630 Bochum 1
Verlag: Carl Winter Universitätsverlag · gegr. 1822 GmbH · Heidelberg
Satz und Druck: Carl Winter Universitätsverlag · Abteilung Druckerei · Heidelberg
Alle Rechte vorbehalten. © 1984
Photomechanische Wiedergabe nur mit ausdrücklicher Genehmigung durch den Verlag
Printed in Germany · Imprimé en Allemagne

anglistik & englischunterricht erscheint in drei Bänden pro Jahrgang. Der Gesamtumfang beträgt ca. 540 Seiten
Preis des Einzelbandes DM 20,-, des Jahrgangs DM 45,-, Studentenpreis DM 39,- pro Jahrgang
In diesen Preisen sind 7% Mehrwertsteuer enthalten
Porti werden zusätzlich in Rechnung gestellt
Preise und Lieferbarkeit älterer Jahrgänge auf Anfrage
Die genannten Preise gelten für 1984/1985 und haben Gültigkeit bis auf Widerruf
Abbestellungen nur mit einmonatiger Kündigung bis zum Jahresschluß
Für unverlangte Einsendungen von Manuskripten wird nicht gehaftet
Mitarbeiter erhalten von ihren Beiträgen 30 Sonderdrucke und 2 Freiexemplare
Der Verlag trägt die Kosten für die von der Druckerei nicht verschuldeten Korrekturen nur in beschränktem Maße
und behält sich vor, den Verfassern die Mehrkosten für Autorkorrekturen zu belasten

Inhalt

Hans-Jürgen Diller, Bochum

John Updike: "Minutes of the Last Meeting"[1]

[1] THE CHAIRMAN OF THE COMMITTEE again expressed his desire to resign.

[2] The Secretary pointed out that the bylaws do not provide for resignation procedures, they provide however for a new slate of officers to be presented annually and a new slate of officers was being accordingly presented.

[3] The Chairman responded that however on the new slate his name was again listed as Chairman. [4] He said he had served since the founding of the Committee and sincerely felt that his chairmanship had become more of a hindrance than a help. [5] He said that what the Committee needed at this point was new direction and a refined sense of purpose which he could not provide, being too elderly and confused and out of sympathy with things. [6] That the time had come either for younger blood to take over the helm or possibly for the Committee to disband.

[7] The Secretary pointed out that the bylaws do not provide for disbandment.

[8] In answer to a query from the Chairman, Mrs. Hepple on behalf of the Nominating Sub-Committee explained that the Sub-Committee felt as a whole that the Chairman was invaluable in his present position, that support in the wider community would be drastically weakened by his resignation, and that the nomination of two vice-chairmen and the creation of appropriate sub-committees would effectively lighten his work load.

[9] The Chairman asked how often the Nominating Sub-Committee had met. [10] Mrs. Hepple responded that due to the holiday season they had convened once, by telepone. [11] There was laughter. [12] In the same humorous spirit the Chairman suggested that the only way he could effectively resign would be to shoot himself.

[13] Mr. Langbehn, one of the newer members, said before presuming to participate in this discussion he would be grateful for having explained to him the original purposes and intents of the Committee.

[14] The Chairman answered that he had never understood them and would be grateful himself.

[15] Miss Beame then volunteered that though the youngest Founder present she would offer her impressions, which were that at the founding of the Committee their purpose was essentially the formal one of meeting to give approval to the activities of the Director. [16] That without the magical personality and

earnest commitment of the Director they would not have been gathered together at all. [17] That beyond appointing him Director the bulk of the business at the first meeting had centered upon the name of the Committee, initially proposed as the Tarbox Betterment Committee, then expanded to the Committee for Betterment and Development of Human Resources. [18] That the Director had felt that the phrase Equal Opportunity should also be included, and perhaps some special emphasis on youth as well, without appearing to exclude the senior citizens of the community. [19] Therefore the title of Tarbox Committee for Equal Development and Betterment for Young and Old Alike was proposed and considered.

[20] Dr. Costopoulos, a Founder, recalled that the Director did not however wish the Committee to appear to offer itself as a rival to already extant groups like the Golden Agers and the Teen Scene and had furthermore regretted in the official committee title any indication of a pervasive ecological concern. [21] So a unanimous vote was taken to leave the name of the Committee temporarily open.

[22] Mrs. Hepple added that even though the Director had been rather new in town it all had seemed a wonderful idea. [23] He was the kind of young man who made things happen, she added.

[24] Mrs. MacMillan, a new member, asked where the Director was.

[25] Miss Beame explained that the Director had vanished after the founding meeting.

[26] Leaving behind a cardboard suitcase and an unpaid phone bill, the Chairman volunteered. [27] There was laughter.

[28] The Secretary pointed out that the bylaws perfectly clearly specify the purpose of the Committee and read excerpts spelling out that "no political candidates or partisan causes should be publicly espoused," "no stocks or bonds were to be held with the objective of financial profit or gain," and "no gambling or licentious assignation would be permitted on any premises leased or owned entirely or in part by the said Committee."

[29] Mr. Langbehn asked to see the bylaws.

[30] The Secretary graciously complied.

[31] Mr. Langbehn claimed after examination that this was a standard form purchasable in any office supplies or stationery store.

[32] Mrs. Hepple said she didn't see that it made any difference, that here we all are and that is the main point.

[33] Mrs. MacMillan inquired as to why the Committee kept meeting in the absence of the Director.

[34] The Treasurer interrupted to ask the evening's Hostess, Mrs. Landis, if it weren't time for refreshments to be served.

[35] The Reverend Mr. Trussel asked if he might attempt to elucidate the question asked by the good Mrs. MacMillan. [36] He said that at first the Committee had met in the expectation that the Director would reappear and then, in later sessions, as a board of inquiry into where the Director had gone. [37] Finally, they had continued to meet because, in his opinion, they had come to love and need one another.

[38] Miss Beame said she thought that was a touching and true description.

[39] Mrs. Hepple said she didn't see where any of it mattered at this point because not only were most of the Founders in attendance but many new members as well. [40] That the membership had grown instead of withering away as one would suppose if the Committee were entirely dependent upon the Director who for that matter she had quite forgotten what he looked like.

[41] Mr. de Muth volunteered that he had come on to the Committee in his capacity as a social science teacher because he understood at that time there had been under consideration a program to arrange a lecture series or series of happenings on the theme of betterment of resources at the public schools.

[42] Mr. Tjadel said he had come on in his capacity as a tree surgeon because of the ecology angle.

[43] Mrs. MacMillan said she had been given the impression her interest in oral contraception might be applied by the Committee to the town drinking water.

[44] The Chairman stated it was all a muddle and again offered his resignation.

[45] The Secretary pointed out that all of these projects had been under consideration and as far as she was concerned still were.

[46] Mr. Langbehn began to speak.

[47] The Treasurer interrupted to compliment Mrs. Landis on the quality of her refreshments.

[48] Mr. Langbehn thanked all present for bearing with him and filling him in so thoroughly. [49] He said that though none of the projects described had apparently come to fruition he nevertheless did not feel that the members of the Committee including himself should entertain the fear that their efforts were in vain. [50] That on the contrary they had created much talk and interest in the wider community and that just the fact that they continued to attract to mem-

bership such distinguished and personable citizens as those present negated any idea of failure. [51] [Several sentences missed here due to accident spilling glass. – SEC.] [52] That what was needed was not any long-term narrowing of the horizons established by the Director but a momentary closer focus upon some doubtless limited but feasible short-term goal within the immediate community.

[53] Mrs. Hepple suggested that a dance or rummage sale be held to raise funds so such a goal might be attacked.

[54] Miss Beame thought that a square dance would be better than a black-tie dance so as to attract young people.

[55] The Chairman moved that the bylaws be amended so as to permit the Committee to disband.

[56] No one seconded.

[57] Mr. Tjadel said he didn't see why there was all this worrying about human resources, in his opinion they had fine human resources right here in this room. [58] If the trunk is solid, he said, the branches will flourish. [59] There was laughter and applause.

[60] The Treasurer volunteered that in his opinion this was the best meeting yet and that to make itself more effective the Committee should meet more often.

[61] Miss Beame said her heart went out to the Chairman and she thought his wishes should be respected.

[62] Reverend Mr. Trussel moved that the board of officers as presented by the Nominating Sub-Committee be accepted with the proviso that the Chairman be nominated as Chairman *pro tem* and that to assist his labors further a Sub-Committee on Goals and Purposes be created, with Mr. Langbehn and Miss Beame as co-chairpersons.

[63] Mrs. Hepple and others seconded.

[64] The affirmative vote was unanimous, the Chairman abstaining.

Zur *very short story* gibt es nunmehr zwei Bände von *anglistik & englischunterricht*. Das ist gewiß noch nicht genug, um die Entdeckung einer eigenen Gattung innerhalb oder gar neben der wohletablierten *short story* zu feiern. Aber die Durchsicht der hier vereinigten Interpretationen und der Sammelbände, denen die Geschichten entnommen wurden, läßt doch schon erkennen, daß in diesen Geschichten einige Merkmale wiederkehren, die über die bloße Kürze hinausgehen. Peter Wenzel hat auf die Pointe, Bruno Schleußner auf die *punch line* als Strukturmerkmal hingewiesen.[2]

Ein weiteres, häufig begegnendes Merkmal scheint darin zu bestehen, daß die *very short story* sich der sprachlichen Muster anderer, vorwiegend gebrauchssprachlicher Textsorten bedient. Thurbers "The Rabbits Who Caused All the Trouble" gibt sich als Fabel, Updikes "Dear Alexandros" als Briefwechsel, Stantons "Barney" als Tagebuch-plus-Brief[3], J. C. Oates' "Notes on Contributors" als eine Sammlung von Kurzbiographien am Ende eines (wissenschaftlichen?) Sammelbandes[4] und eben "Minutes of the Last Meeting" als Sitzungsprotokoll.

Es könnte sein, daß der von J. W. Beach am Roman diagnostizierte und von W. C. Booth als aussichtslos erkannte Prozeß des "Exit Author"[5] hier, in einem etwas abgelegenen Winkel des Gebiets fiktionaler Erzählungen, seine letzte Etappe erreicht hat. Freilich hat sich die Beziehung zwischen Autor – bzw., wie man heute sagen würde: Erzähler – und Leser auf dem Wege hierher gründlich gewandelt. Der Leser dieser *very short stories* erwartet nicht mehr die Illusion, ein Stück Welt ohne das Dazwischentreten ihres Schöpfers vorgesetzt zu bekommen, sondern er ist von vornherein überzeugt, daß der Erzähler sich irgendwo in der als Protokoll, Tagebuch o.ä. daherkommenden Geschichte verborgen hält. Aus dem Abgang des Erzählers ist also ein Versteckspiel mit dem Leser geworden.

Dieses Spiel, das der Leser (ebenso wie das mit seiner Mutter Versteck spielende Kind) letzten Endes gewinnen muß, kann nur gelingen, wenn die zum Vorwurf genommene Textsorte über wohlbekannte und leidlich einfache Regeln verfügt. Nur dann nämlich können Erfüllungen und Abweichungen vom gebrauchssprachlichen Regelinventar ihr Bedeutungspotential auf der fiktionalen Ebene entfalten.

*

"Minutes of the Last Meeting" gibt sich schon im Titel als Protokoll aus. Damit unterwirft Updike seine Geschichte den Regeln einer Textsorte, die in denkbar schroffem Gegensatz zur literarischen Fiktion steht. Denn von allen gebrauchssprachlichen Textsorten ist das Protokoll wohl diejenige, die der Subjektivität des Verfassers den geringsten Spielraum läßt. Kein anderer „Textproduzent" ist hinsichtlich der Korrektheit seiner Tatsachenbehauptungen einer so wachsamen sozialen Kontrolle unterworfen wie der Verfasser eines Protokolls. Nirgendwo sonst ist auch die sprachliche Form so rigide geregelt wie hier: Da das Protokoll im wesentlichen eine Umsetzung direkter Rede in indirekte darstellt, ist seine Formulierung weitgehend eine Frage der Grammatik. Selbständig tätig werden kann der Protokollant fast nur dort, wo es darum geht, die Subjektivität anderer zu unterdrücken:

> The secretary's job involves [...] cutting out any hesitations, irrelevant interruptions, etc. and any jargon or colloquialisms that would occur in natural speech but which are not suitable for a formal written document. She would also need to re-phrase any long rambling sentences and correct any inconsistencies of language.[6]

Diese Aufgabe des *cutting* and *re-phrasing* beschränkt sich nicht auf rein sprachliche Korrekturen. Oft ist es dem Protokollanten auch erlaubt, längere Ausführungen in einem einzigen Satz zusammenzufassen. So kann sich hinter dem ersten Satz unserer "Minutes" durchaus eine längere Rede des Chairman verbergen.

Einen weiteren (bescheidenen) Gestaltungsfreiraum hat der Protokollant bei der Wahl der Verben, mit denen er die Redebeiträge der Diskussionsteilnehmer einführt. Da ein monoton wiederholtes "X said" die ästhetischen Bedürfnisse selbst von Protokollesern nicht befriedigen würde, ist Variation an dieser Stelle nicht nur erlaubt, sondern sogar erwünscht. Auch diese Freiheit ist allerdings nicht unbegrenzt; denn die Verben des Sagens haben ihre wohlunterschiedenen Bedeutungen und können nicht beliebig gegeneinander ausgetauscht werden. So wird man *commented* nur verwenden, wenn ein Sprecher die Ausführungen seines Vorredners ergänzt, *pointed out* ist nur zulässig bei Hinweisen auf allgemein zugängliche Informationen, usw. In jedem Fall muß genau unterschieden werden zwischen der subjektiven Einschätzung der Redner und den objektiven Tatsachen. Keinesfalls darf der Protokollant seine eigenen Wertungen in das Protokoll einfließen lassen.

Ein guter Protokollant muß also ein hohes Maß an Selbstverleugnung besitzen, gleichzeitig aber muß er über einige intellektuelle Fähigkeiten verfügen: er muß den Stellenwert von Äußerungen im Zusammenhang mit anderen und mit dem Ganzen beurteilen können, er muß Wesentliches von Unwesentlichem unterscheiden können.

Wer es unternimmt, eine Kurzgeschichte in Form eines fiktiven Protokolls zu schreiben, wird mit diesen Textsorten- und Rollenerwartungen zu rechnen und zu spielen haben. Ehe wir jedoch "Minutes of the Last Meeting" daraufhin untersuchen, ob es unsere Erwartungen enttäuscht oder erfüllt, wollen wir eine grobe Klassifizierung der in dem Protokoll verwendeten Verben des Sagens einführen. Wir teilen diese Verben in zwei große Gruppen ein: in resümierende und referierende Verben. Referierende Verben liegen dann vor, wenn der dem Verb folgende Objektsatz Wort für Wort (oder nahezu Wort für Wort) in direkte Rede zurückübersetzt werden kann. Resümierende Verben werden nicht von einem Objektsatz gefolgt, sondern von einem Substantiv als Objekt, aus dem sich die tatsächliche Äußerung nicht mehr rekonstruieren läßt. So läßt sich Satz 4 mit Hilfe der bekannten Regeln ohne weiteres in direkte Rede zurückverwandeln:

> I have served since the founding of the (this) Committee and (I) sincerely feel that my chairmanship has become more of a hindrance than a help.

Bei Satz 1 dagegen ist eine solche Umwandlung nicht möglich, da "his desire to resign" keinen Satz darstellt.

Legen wir diese Unterscheidung zugrunde, so stellen wir fest, daß das Protokoll mit seinen 64 Sätzen nur einen sehr geringen Anteil resümierender Verben enthält: *expressed* (1), *asked* (29), *offered* (44), *compliment* (47). Schon dies erweckt den Eindruck, daß das Protokoll sich sehr eng an das „tatsächlich" gesprochene Wort anlehnt. Dieser Eindruck verstärkt sich noch, wenn wir bemerken, daß es sich bei den resümierten Äußerungen um Sprachhandlungen handelt, die gewöhnlich in recht stereotyper, formelhafter Weise vollzogen werden. Sie zu resümieren, bedarf es mithin keines großen Abstraktionsvermögens. Es liegt nahe, aus dieser Beobachtung auf die geistigen Fähigkeiten der Schriftführerin[7] zu schließen, aber mit einer solchen Folgerung sollten wir uns zunächst noch etwas zurückhalten. Abstrahieren und Zusammenfassen ist nämlich dann schwer, wenn eine Debatte kein klar erkennbares Ziel besitzt, und dafür wird man kaum den Schriftführer verantwortlich machen können.

Sehen wir uns also weitere Stellen an, ehe wir ein solches Urteil wagen. Bei genauerer Betrachtung fällt auf, daß in den Sätzen 26, 32 und 58 die Transformation in indirekte Rede unterblieben ist. Die Mißachtung der einschlägigen Regeln ist besonders deutlich in Satz 32, wo nach den Regeln *here* zu *there, we* zu *they* oder zu *the Committee* und *are* zu *were* hätten werden müssen. Aber auch in Satz 58 wäre eine Tempustransformation erforderlich gewesen, und Satz 26 müßte etwa lauten: "The Chairman added that the Director had left behind a cardboard suitcase and an unpaid telephone bill." Die Sätze 26 und 58 sind überdies daran erkennbar, daß die *inquit*-Formeln[8] in ihnen nicht am Anfang stehen. Dies ist in fiktionalen Dialogen üblich, in Protokollen aber ungebräuchlich.

Nun wird man gewiß einwenden können, daß die drei Sätze in ihrer „korrekten" Form ungeheuer an Prägnanz und an Reiz verloren hätten. Noch treffender wäre freilich der Einwand, daß sie in einem „richtigen" Protokoll ganz fehlen würden, da sie zur Sache nichts beitragen. Die pragmatischen Forderungen des Protokolls und die ästhetischen der Kurzgeschichte geraten hier in Streit. Damit die Kurzgeschichte, die Stimmungen vermittelt, gelingen kann, muß das Protokoll, das nur Informationen enthalten sollte, mißglücken.

Daß die Schriftführerin sich allzu eng ans gesprochene Wort anlehnt, läßt sich auch an anderen Stellen zeigen. So werden die *weak forms didn't* und *weren't* verwendet (32, 34, 39, 57), die in einem "formal written document", das ein Protokoll doch sein sollte[9], nicht vorkommen dürften. Auch die beiden Unterbrechungen (34, 37) würden in ein „echtes" Protokoll ebensowenig aufgenommen werden wie der Zwischenfall mit dem verschütteten Glas (51). Auch die Worte des Reverend Mr. Trussel (35) lassen vom ursprünglichen Wortlaut mehr erkennen als für die reinen Informationszwecke des Protokolls erforderlich ist. In einem „richtigen" Protokoll würde es statt "asked if he might attempt to [...]" wohl heißen "asked permission to [...]" oder "offered to [...]". Die Charakterisierung "the good" vor dem Namen Mrs. MacMillans, so angemessen sie im Munde eines Geistlichen ist, hat in einem Protokoll nichts zu suchen. Entsprechendes gilt für Mrs. Hepples Bemerkung über "the Director who for that matter she had quite forgotten what he looked like" (40).

Unser Bild von einer inkompetenten, allzu detailfreudigen Schriftführerin wird noch verstärkt, wenn wir feststellen, daß sie ihre eigenen Wertungen nicht gänzlich aus dem Protokoll herauszuhalten vermag. In Satz 12 teilt sie mit, der Vorsitzende habe sich "[i]n [...] humorous spirit" geäußert, und in Satz 30 sagt sie gar von sich selbst "The Secretary *graciously* complied" (Hervorhebung H.-J. D.). Auch die häufige Verwendung von *volunteered* als *inquit*-Formel (15, 26, 41, 60) läßt auf eine Einfühlung in die Motive der Diskussionsteilnehmer schließen, die der strengen Objektivität des Protokolls nicht angemessen ist.

Nun hat diese inkompetente Schriftführerin eine nur zu leicht erkennbare erzähltechnische Funktion: Durch ihre Detailfreudigkeit und Distanzlosigkeit ist es Updike möglich, einzelne Personen und den Ton ihrer Rede zu charakterisieren, etwas von jener Sitzungsatmosphäre einzufangen, die ein „gutes" Protokoll gerade ausschließen würde. Daneben gibt es aber auch einige wenige Stellen, die selbst der unfähigsten Schriftführerin nicht angelastet werden können, und die daher die Illusion des Protokolls stören. Oder vielmehr: Sie lassen sie bei genauem Lesen gar nicht erst aufkommen, denn einige dieser „Störungen" stehen ganz am Anfang der Geschichte. Das beginnt schon mit der Überschrift: "Minutes of (the) Last Meeting" ist zwar ein geläufiger Ausdruck der englischen Gremiensprache; er wird aber niemals als Überschrift, sondern stets nur als Tagesordnungspunkt erscheinen. Ein „richtiges" Protokoll würde als Überschrift natürlich den Namen des Gremiums und das Datum der Sitzung nennen. Eine der wichtigsten Pointen der Geschichte – daß das Gremium trotz längerer Existenz noch gar keinen Namen hat (21) – wäre also gar nicht möglich gewesen, hätte der Autor sich sklavisch an die Konventionen der Textsorte „Protokoll" gehalten. Ebenso verhält es sich mit dem ersten Satz, der mit seiner *mediis in rebus*-Eröffnung als Protokollbeginn ganz undenkbar wäre. Ebenso unmöglich wären die erklärenden Zusätze, die Mr. Langbehn (23) und Mrs. MacMillan (24) als "new members", Dr. Costopoulos (20) dagegen als "Founder" ausweisen. Dies sind Informationen für den Leser, die nichts in der Sitzung Gesagtes wiedergeben und die daher auch einer unfähigen Protokollantin nicht unterlaufen könnten – im Gegensatz zu Miss Beames Äußerung "the youngest Founder present" (15), die wörtliche Rede wiedergibt.

Diese desillusionierenden Einschlüsse, die wir weiter oben höchst behelfsmäßig und ganz falsch als „Störungen" bezeichnet haben, zeigen etwas rezeptionsästhetisch recht Wichtiges: Damit wir das Spiel mit dem fiktiven Protokoll goutieren, ist es gar nicht erforderlich, daß in uns die Illusion eines echten Protokolls einer echten Sitzung geweckt wird. Die Regeln der Textsorte „Protokoll" müssen nur in unserer Vorstellung evoziert und so beständig in unserem Bewußtsein gehalten werden, daß unsere Bereitschaft, auf das Spiel mit diesen Konventionen einzugehen, nicht erlahmt.

Gerade weil wir das Spiel sofort als Spiel erkennen, sind wir von vornherein bereit, die sprachlichen Zeichen des Textes nicht nur auf der Ebene des (fiktiven) Protokolls, sondern auch auf der der (fiktionalen) Erzählung zu interpretieren. So können wir z.B. feststellen, daß gewisse *inquit*-Formeln fest mit bestimmten Personen verbunden sind: Nur die Schriftführerin *pointed out*, (2, 7, 28, 45), und nur der Schatzmeister *interrupted* (34, 47).

Ebenso ist die ausschließlich negative Rolle des Vorsitzenden natürlich nur als Werk des Autors und damit auf der fiktionalen Ebene deutbar. Der Vorsitzende ist lediglich an seinem eigenen Rücktritt, ersatzweise an der Auflösung des Vereins[10] interessiert. In dem langen Mittelteil, in dem die Geschichte des Vereins rekapituliert wird, verstummt er, bis auf einen humorigen Einwurf (26), gänzlich. Als Leiter und Lenker der Diskussion tritt er überhaupt nicht in Erscheinung. Zu dem allgemeinen Eindruck von Inkompetenz und Konfusion, den das Protokoll in uns hervorruft, trägt er also ebenso bei wie die Schriftführerin.

Auch daß nächst dem Vorsitzenden drei Personen – Mrs. Hepple, Mr. Langbehn und Miss Beame – bei weitem die meisten Sätze zu sprechen haben, ist nur auf der Ebene der fiktionalen Erzählung ein interpretationswürdiges Datum. Dabei ist reizvoll zu beobachten, daß Miss Beame und Mrs. Hepple, so unterschiedlich sie in ihren Motivationen sind, das Komitee doch in der gleichen Weise beeinflussen. Mrs. Hepple, die resolute Vorsitzende des "Nominating Sub-Committee" (8), vermag die Relevanz der Vereinsgeschichte für die gegenwärtigen Aufgaben nicht einzusehen (32, 39) und ist angesichts des weiteren

15

Ansteigens der Mitgliederzahl nicht von der Entbehrlichkeit des Komitees zu überzeugen (40). Miss Beame kennt die frühe Vereinsgeschichte zwar sehr gut (15–19), ist aber in ihrer gegenwärtigen Einstellung vor allem von Emotionen bestimmt (38, 61). Widersprüchlicher ist die Haltung von Mr. Langbehn: Er stellt zunächst kritische Fragen nach den Anfängen und der Rechtsgrundlage des Vereins (13, 29, 31), findet dann aber bewegende Worte für weitere Aufgaben und gegen die Auflösung (48–52).

Nachdem wir diese drei Figuren kennengelernt haben, mögen wir uns dabei ertappen, den ineffektiven Vorsitzenden geradezu sympathisch zu finden, ist er doch offenbar der einzige, der – trotz Alter und Verwirrtheit (6) – so viel innere Lebendigkeit bewahrt hat, daß er an der leeren Geschäftigkeit des Vereins noch zu leiden vermag. Daß er sich mit seinen Rücktritts- bzw. Auflösungsabsichten nicht durchsetzen kann, steigert nur unser Mitgefühl.

*

Bis hierher mag der Eindruck gelten, daß "Minutes of the Last Meeting" eine ganz allgemein gehaltene Satire auf ein Vereinsmeiertum ist, dem der Sinn für die ursprünglichen Aufgaben abhanden gekommen und das sich deshalb zum Selbstzweck geworden ist. Ohne Zweifel läßt sich die Geschichte so lesen. Doch es gibt Hinweise, die es erlauben, die Satire sehr viel spezifischer zu verstehen. Den Schlüssel hierzu bietet die Person des *Director,* der nach Auskunft Miss Beames nach der konstituierenden Sitzung des Komitees verschwand (25). Mehr erfahren wir über ihn aus den Worten des Reverend Mr. Trussel: zunächst habe sich das Komitee in Erwartung der Rückkehr des Direktors versammelt; als diese ausblieb, habe es zu erforschen versucht, wohin der Direktor sich gewandt habe (36). Schließlich habe man sich (nur noch?) getroffen, weil man ein Gefühl der Liebe und des gegenseitigen Angewiesenseins füreinander entwickelt habe (37). Diese Aussagen nun stellen in satirischer Verkürzung den Weg der christlichen Kirche dar. Wie der Direktor verschwand auch Christus kurz nach der Gründung seines „Vereins", die Urkirche versammelte sich in Erwartung seiner baldigen Rückkehr, die Spekulationen der mittelalterlichen Kirche über die Beschaffenheit des Jenseits wird man als Erforschung Seines Aufenthalts beschreiben dürfen, und die Säkularisierung der modernen Kirche ist in Satz 37 angemessen erfaßt: man gehört ihr nicht mehr um Christi willen an, sondern zur Befriedigung der eigenen, sehr berechtigten, aber eben doch höchst irdisch-menschlichen Bedürfnisse. Es ist wohl symptomatisch, daß Mrs. Hepple, die große Organisatorin, erklärt, "she had quite forgotten what [the Director] looked like." (40) Hat man diesen Schlüssel erst einmal gefunden, so gewinnen auch andere Aussagen eine neue Bedeutung. Miss Beames Mitteilung, daß das Komitee ursprünglich zu dem

Zweck gegründet worden sei "to give approval to the activities of the Director" (15), ist eine bürokratisch verfremdete Beschreibung des Gehorsams, zu dem die Jünger gegenüber Jesus verpflichtet waren. "That without the magical personality and earnest commitment of the Director they would not have been gathered together at all" (16) ist nun fast selbstverständlich auf Jesus zu beziehen. Auch die Aussagen Mrs. Hepples, daß der Direktor "rather new in town", dabei aber "the kind of young man who made things happen" gewesen sei (22, 23), sind ohne weiteres verträglich mit Jesu relativ spätem Auftreten in Jerusalem und seinem Alter von 30–33 Jahren. Der Name des Vereins ist nicht genau festzulegen, hat aber doch etwas mit "Development" und "Betterment" zu tun. Hierin wird man eine – diesseitig verkürzte – Beschreibung des Auftrages der Kirche erblicken dürfen. Ebenso deutet die Tatsache, daß die Statuten des Vereins eine Auflösung nicht vorsehen (7), auf den ewigen Charakter der Kirche. Auch daß an der Sitzung genau zwölf Personen teilnehmen[11], wird man als ironischen Verweis auf die zwölf Apostel verstehen dürfen.

Akzeptieren wir das Komitee als satirisches Zerrbild der christlichen Kirche, so werden wenigstens drei seiner Mitglieder zu Repräsentanten theologischer Typen. Der Reverend Mr. Trussel erweist sich als der Kirchengeschichtler, der durch sein historisches Wissen indes zu keinerlei existenzieller Betroffenheit veranlaßt wird, und der sich durch die Formulierung seines einstimmig angenommenen Schlußantrags (62–64) als geschickter Anwalt des kirchlichen Apparats erweist. Der Vorsitzende vertritt den Typus des Geistlichen, der seinen Glauben verloren hat und der es, teils durch eigene Schwäche, teils durch die Eigengesetzlichkeit des Apparats, nicht vermag, sein Amt aufzugeben. Updike hat einen solchen Geistlichen in dem anglikanischen Pfarrer Eccles in *Rabbit, Run* (1960) geschaffen.

Angesichts der theologischen Bildung Updikes[12] mag auch eine Deutung der widersprüchlichen Haltung Mr. Langbehns versucht werden, die unter anderen Umständen als unverantwortliche Spekulation erscheinen müßte. Mr. Langbehn ist "one of the newer members", er fragt nach den "original purposes and intents of the Committee" (13). Später fordert er gar Einsicht in die *bylaws* des Vereins (29) und stellt fest, daß diese überhaupt nichts Spezifisches enthalten (31). Bis hierhin ist Langbehn, Träger eines deutschen Namens, offenbar ein Repräsentant der modernen, formgeschichtlich und textkritisch arbeitenden Theologie, die die Grundlagen des kirchlichen Glaubens zu zerstören droht. Wenn er sich später (48–52) dennoch für ein Weiterbestehen und Weiterwirken des Vereins ausspricht und dabei sogar einer vorübergehenden Verkürzung der vom Direktor gesetzten Aufgaben das Wort redet, so repräsentiert er damit vielleicht jenen Geist des Kulturprotestantismus und des *Social Gospel*, gegen den Updikes theologischer Inspirator Karl Barth in seinen Schriften immer wieder zu Felde gezogen war.[13]

Zur Einordnung von "Minutes of the Last Meeting" ist es wichtig, daß das Komitee seinen Sitz in Tarbox hat, also in jener Stadt, in der – neben einigen Kurzgeschichten – auch Updikes Roman *Couples* (1968) spielt. Tarbox erschien schon dort als Stätte abgestorbener Religiosität und wurde sogar mit dem biblischen Sodom verglichen.[14] Robert Detweiler hat die zehn partnertauschenden Paare des Romans als "Substitute Church" gedeutet[15], die in ihrer Promiskuität einen verzweifelten Ersatz für die Kommunion suche.

Ein Vergleich zwischen dem moralischen Verfall von *Couples* und der harmlos-lächerlichen Gschaftlhuberei von "Minutes" mag auf den ersten Blick wie das Auffahren allzu schweren Geschützes wirken. Es gilt jedoch zu erkennen, daß die Kirchenkritik in "Minutes" theologisch tiefer greift und entsprechend ernster zu nehmen ist. Wenn die Paare in *Couples* sich eine Ersatzkirche zu schaffen suchen, so ist dies im Grunde nur ein Beleg für die Notwendigkeit von Kirche und sagt zunächst noch wenig darüber aus, warum die „wahre" Kirche verloren gegangen ist. In "Minutes" dagegen treffen wir Kirche gleichsam in ihrem Normalzustand an. Karl Barth würde vermutlich sagen: in dem einzig menschenmöglichen Zustand. Wenn Barth von der Kirche behauptet, daß sie „seit Anbeginn der Welt mehr für das Einschlafen als für das Wachwerden der Gottesfrage getan" habe[16], so beschreibt das exakt den Zustand des Komitees.

Daß die Kirche vor ihrem göttlichen Auftrag versagt, ist bei Updike kein neues Thema. Es ist z.B. der zentrale Punkt der Auseinandersetzung zwischen Jack Eccles und seinem lutherischen Amtsbruder Fritz Kruppenbach in *Rabbit, Run*.[17] In den Romanen geht dieses Versagen vor Gott gewöhnlich mit einem Versagen am Nächsten einher. In dieser Hinsicht scheinen die Komiteemitglieder von "Minutes" besser dran zu sein: der Umgang, den sie miteinander pflegen, mag belächelnswert sein, er gibt aber zu keinerlei ernster Kritik Anlaß; mit Ausnahme des Vorsitzenden scheinen sich alle in diesem Kreise wohl zu fühlen. Dies wird vom Reverend Mr. Trussel ausdrücklich hervorgehoben (37) und von Miss Beame bestätigt (38). Einen Augenblick könnte man meinen, daß hier unter der satirischen Einkleidung ein Stück genuin christliche Agape sichtbar wird.

Sollte dieser Eindruck jedoch entstanden sein, so wäre er spätestens bei den Sätzen 45–50 zu korrigieren. Hier zeigt sich nämlich, daß das Komitee nicht nur die Person seines Direktors aus den Augen verloren hat, sondern auch die guten Taten, die es an der bürgerlichen Gemeinde vollbringen wollte, in der es existiert (41–43). Versagen vor Gott und Versagen am Nächsten gehen also auch in "Minutes" Hand in Hand.

Der Unterschied zu den Romanen und zu den meisten anderen Kurzgeschichten besteht nur darin, daß die Personen in "Minutes" dieses ihr Versagen gar nicht bemerken. Eine Ausnahme stellt lediglich der Vorsitzende dar, der aber für eine seinen Einsichten entsprechende Entscheidung zu schwach ist und es deshalb in der Schlußabstimmung nur zu einer Enthaltung bringt.

Da es ohne Einsicht keine Umkehr und keine Reue geben kann, ist, theologisch gesehen, die Situation der Komiteemitglieder weit bedenklicher als die der Kleingläubigen und Gottfernen, die Updike in anderen Erzählungen geschaffen hat. Uns bleibt zum Abschluß die Aufgabe, zu zeigen, wie diese Einsichtslosigkeit durch die literarische Einkleidung geradezu zwangsläufig gemacht wird. Die Ersetzung der Kirche durch einen Verein, des Gottessohns durch einen Direktor, der jenseitigen Ziele durch diesseitige, reduziert die Dimension so stark, daß das ganze Unternehmen unweigerlich Züge des Schrulligen, ja Bornierten annimmt. Ein solches Unternehmen verlangt auch nach bornierten Akteuren. Eine Schriftführerin, die am gesprochenen Wort klebt; ein Vorsitzender, der nicht einmal zurücktreten kann; ein Schatzmeister, dessen ganzes Trachten auf *refreshments* gerichtet ist; Spezialisten, die nur ihre Spezialität sehen – von solchen Menschen wird man Einsicht in das eigene Unvermögen am wenigsten erwarten dürfen. Das Versagen der Kirche erscheint damit nicht mehr als bloß kontingent, sondern – echt barthianisch – als notwendig. Atheismus enthüllt sich als das „eigentliche [...] Wesen" der Kirche.[18]

Anmerkungen

1 Zitiert nach Updike, J.: *Problems and Other Stories*. New York, 1979, S. 12–17; Numerierung der Sätze von mir. "Minutes" wurde zuerst veröffentlicht in *Audience*, 1972.

2 Wenzel, P.: „Die Pointe in der Very Short Story". *anglistik & englischunterricht* 18. *The Very Short Story I*. Heidelberg, 1982, S. 9–18; Schleußner, B.: „Die 'punch line' und ihre Funktion in Science Fiction Short Stories". *anglistik & englischunterricht* 2. *Trivialliteratur*. Trier, 1977, S. 81–92; ders., „Interpretation von Will Stantons 'Barney'. *anglistik & englischunterricht* 18. *The Very Short Story I*. Heidelberg, 1982, S. 27–39, bes. S. 33.

3 Vgl. die Beiträge von Petzold, Schleußner und Verf. in *anglistik & englischunterricht* 18.

4 Vgl. die Beiträge von B. Lindemann und F. Schunck in diesem Band.

5 Beach, J. W.: *The Twentieth-Century Novel. Studies in Technique*. New York, 1932, Kap. 2; Booth, W. C.: *The Rhetoric of Fiction*. Chicago, 1961, *passim*.

6 Pryse, E. B.: *Successful Communication in Business*. Oxford, 1981, S. 111f.

7 Daß die Schriftführerin eine Dame ist, geht aus Satz 45 hervor.

8   So nennt man Formeln wie "X said", "Y asked" etc., die die (direkte oder indirekte) Rede, auf die sie sich beziehen, als Rede kenntlich machen und den Sprecher identifizieren.

9   Vgl. Pryse, E. B.: A.a.O., S. 111.

10 *Committee,* gewöhnlich als „Ausschuß" zu übersetzen, kann im amerikanischen Englisch auch "a self-constituted organization for the promotion of some common object" bezeichnen (*Webster's Third International, s.v.* "committee", sense 2c). Diese Bedeutung liegt hier offensichtlich vor. Wir sprechen daher abwechselnd von „Verein" oder „Komitee".

11 Chairman, Secretary, Mrs. Hepple, Mr. Langbehn, Miss Beame, Dr. Costopoulos, Mrs. MacMillan, Treasurer, Mrs. Landis, Rev. Mr. Trussel, Mr. de Muth, Mr. Tjadel.

12 Er rezensierte Werke Paul Tillichs und Karl Barths für den *New Yorker* und hat das Christentum als sein "curious hobby" bezeichnet ("Foreword" – In Updike, J.: *Picked-up Pieces.* New York, 1975, S. XV). Über den Einfluß der protestantischen Theologie auf Updike gibt es bereits eine ansehnliche Sekundärliteratur: Detweiler, R.: "John Updike and the Indictment of Culture-Protestantism". – In ders.: *Four Spiritual Crises in Mid-Century American Fiction.* Gainesville/Fla., 1963, S. 14–24; Burchard, R. C.: *John Updike, Yea Sayings.* Carbondale/Ill., 1971, *passim;* Shurr, W.: "The Lutheran Experience in John Updike's 'Pigeon Feathers'". *Studies in Short Fiction* 14, 1977, 329–35; Wagner, J. B.: "John Updike and Karl Barth: An Insistent 'Yes'. *Cithara* 18, 1978, 61–69.

13 Vgl. Zahrnt, H.: *Die Sache mit Gott. Die protestantische Theologie im 20. Jahrhundert.* München, 1967, S. 36. Detweiler (vgl. Anm. 12) setzt seinen Begriff des "Culture-Protestantism" von dem deutschen Begriff des Kulturprotestantismus bewußt ab.

14 Vgl. Hamilton, A. und K.: *The Elements of John Updike.* Grand Rapids/Mich., 1970, bes. S. 220, 231, 236 und Anm. 8, 9.

15 Detweiler, R.: *John Updike.* New York, 1972, S. 137f.

16 Barth, K.: „Biblische Fragen, Einsichten und Ausblicke". (1920) – Abgedruckt in Moltmann, J. (Ed.): *Anfänge der dialektischen Theologie. I.* München, 1962, S. 51. Den Hinweis auf diese und weitere Arbeiten Barths verdanke ich dem Buch von Zahrnt (vgl. Anm. 13).

17 Vgl. Markle, J. B.: *Fighters and Lovers. Theme in the Novels of John Updike.* New York, 1973, S. 37–42.

18 Barth, K.: *Der Römerbrief.* 2. Abdruck der neuen Bearbeitung. München, 1923, S. 375.

Jürgen Klein, Siegen

George Noël Gordon, Lord Byron: "The Burial" (1816)

A. Biographische Notizen

George Noël Gordon, Lord Byron[1] wurde im Jahre 1788 geboren. Seine Kindheit überschattete das heftige und inkonsequent-exzentrische Wesen seiner Mutter, die ihn schon früh zur verstärkten Imaginationstätigkeit brachte. Im Alter von zehn Jahren erbte Byron den Titel seines Großonkels, des "wicked lord", aber es fiel ihm zugleich ein bedeutendes Vermögen zu.

Seine Ausbildung erhielt der junge Lord in der Public School Harrow sowie in der Universität Cambridge. Schon früh hatte er sich der Literatur zugewandt, schrieb Gedichte seit 1806. Im Jahre 1812 erlebte Byron seinen Durchbruch nach der Veröffentlichung der ersten beiden Gesänge des Epos "Childe Harold's Pilgrimage" und war über Nacht berühmt. "Childe Harold" reflektierte Byrons Mittelmeerreise. Im selben Jahr hielt er seine aufsehenerregende Jungfernrede im House of Lords, in der er die englischen Maschinenstürmer mit sozialem Engagement verteidigte.[2] Byron veröffentlichte nach seinem Epos mehrere epische „Abenteuergeschichten", so etwa "The Giaour" (1813).

Das Verhältnis Byrons zu seiner Halbschwester Augusta Leigh wuchs sich für die englische High Society zum Skandal aus, zumal Byron verheiratet war. Diese Inkrimination trieb ihn im April 1816 ins kontinentale Exil. – Die biographische Stelle für die hier analysierte Geschichte bezieht sich auf den Sommer 1816, als Byron in Begleitung seines Arztes Dr. Polidori mit Mary Shelley und Percy Bysshe Shelley in der Schweiz zusammentraf. Er lebte nach 1816 vor allem in den Mittelmeerländern – lange Zeit in Italien – und schrieb zwischen 1819 und 1824 sein Meisterwerk "Don Juan". Byron unterstützte die Griechen in ihrem Freiheitskampf gegen die Türken und starb 1824 im Rahmen dieser Auseinandersetzung an einem Sumpffieber in Missolunghi. Er wurde zum mythischen Helden des griechischen Freiheitskampfes.

Die literarische Situation des Juli 1816 in der Villa Diodati am Genfer See gehört zu den spannendsten Augenblicken der englischen Literaturgeschichte, denn in diesem Sommermonat entstanden Gedichte und Erzählungen der genannten Vierergruppe – die thematisch zusammengehören.

Das Schriftstellerquartett pflegte sich abends Geistergeschichten aus deutschen und französischen Sammlungen vorzulesen. So versetzten sich die Schriftsteller in eine schauervolle, düstere Stimmung, die sie dazu anregte, sich selbst in der Schauerliteratur zu versuchen.

Polidori schrieb die Geschichte "The Vampyre", Mary Shelley die Kern-Story ihres weltberühmten Romans *Frankenstein*[3] unter dem Titel "The Dream" und Percy Bysshe Shelley "The Assassins".[4] Byron verfaßte seine Geschichte "The Burial", aber auch einige düster-melancholische Gedichte wie "Darkness"[5] und "A Fragment".[6] Das Gedicht "Darkness" wird schon deutlich durch Leerstellen bestimmt. Es befaßt sich mit der Grenze von Realität und Traum, wobei die Träume als "heralds of Eternity"[7] auftreten.

Lord Byron

The Burial

"In the year 17 –, having for some time determined on a journey through countries not hitherto much frequented by travellers, I set out, accompanied by a friend, whom I shall designate by the name of Augustus Darvell. He was a few years my elder, and a man of considerable fortune and ancient family: advantages which an extensive capacity prevented him alike from undervaluing or overrating. Some peculiar circumstances in his private history had rendered him to me an object of attention, of interest, and even of regard, which neither the reserve of his manners, nor occasional indications of an inquietude at times nearly approaching to alienation of mind, could extinguish.

"I was yet young in life, which I had begun early; but my intimacy with him was of a recent date: we had been educated at the same schools and university; but his progress through these had preceded mine, and he had been deeply initiated into what is called the world, while I was yet in my novitiate. While thus engaged, I heard much both of his past and present life; and, although in these accounts there were many and irreconcilable contradictions, I could still gather from the whole that he was a being of no common order, and one who, whatever pains he might take to avoid remark, would still be remarkable. I had cultivated his acquaintance subsequently, and endeavoured to obtain his friendship, but this last appeared to be unattainable; whatever affections he might have possessed seemed now, some to have been extinguished, and others to be concentred: that his feelings were acute, I had sufficient opportunities of observing; for, although he could control, he could not altogether disguise them: still he had a power of giving to one passion the appearance of another, in such a manner that it was difficult to define the nature of what was working within him; and the expressions of his features would vary so rapidly, though sligthly, that it was useless to trace them to their sources. It was evident that he was a prey to some cureless disquiet; but whether it arose from ambition, love, remorse, grief, from one or all of these, or merely from a morbid temperament akin to disease, I could not discover: there were circumstances alleged which might have justified the application to each of these causes; but, as I have before said, these were so contradictory and contradicted, that none could be fixed upon with accuracy. Where there is mystery, it is generally supposed that there must also be evil: I know not how this may be, but in him there certainly was the one, though I could not ascertain the extent of the other – and felt loth, as far as regarded himself, to believe in its existence. My advances were received with sufficient coldness: but I was young, and not easily discouraged, and at length succeeded in obtaining, to a certain degree, that common-place intercourse and moderate confidence of common and everyday concerns, created and cemented by similarity of pursuit and frequency of meeting, which is called intimacy, or friendship, according to the ideas of him who uses those words to express them.

"Darvell had already travelled extensively; and to him I had applied for information with regard to the conduct of my intended journey. It was my secret wish that he might be prevailed on to accompany me; it was also a probable hope, founded upon the shadowy restlessness which I observed in him, and to which the animation which he appeared to feel on such subjects, and his apparent indifference to all by which he was more immediately surrounded, gave fresh strength. This wish I first hinted, and then expressed: his answer, though I had partly expected it, gave me all the pleasure of surprise – he consented; and, after the requisite arrangement, we commenced our voyages. After journeying through various countries of the south of Europe, our attention was turned towards the East, according to our original destination; and it was in my progress through these regions that the incident occurred upon which will turn what I may have to relate.

"The constitution of Darvell, which must from his appearance have been in early life more than usually robust, had been for some time gradually giving away, without the intervention of any apparent disease: he had neither cough nor hectic, yet he became daily more enfeebled; his habits were temperate, and he neither declined nor complained of fatigue; yet he was evidently wasting away: he became more und more silent und sleepless, and at length so seriously altered, that my alarm grew proportionate to what I conceived to be his danger.

"We had determined, on our arrival at Smyrna, on an excursion to the ruins of Ephesus and Sardis, from which I endeavoured to dissuade him in his present state of indisposition – but in vain: there appeared to be an oppression on his mind, and a solemnity in his manner, which ill corresponded with his eagerness to proceed on what I regarded as a mere party of pleasure little suited to a valetudinarian; but I opposed him no longer – and in a few days we set off together, accompanied only by a serrugee and a single janizary.

"We had passed halfway towards the remains of Ephesus, leaving behind us the more fertile environs of Smyrna, and were entering upon that wild and tenant-less tract through the marshes and defiles which lead to the few huts yet linger-ing over the broken columns of Diana – the roofless walls of expelled Christi-anity, and the still more recent but complete desolation of abandoned mosques – when the sudden and rapid illness of my companion obliged us to halt at a Turkish cemetery, the turbaned tombstones of which were the sole indication that human life had ever been a sojourner in this wilderness. The only caravansera we had seen was left some hours behind us, not a vestige of a town or even cottage was within sight or hope, and this 'city of the dead' appeared to be the sole refuge of my unfortunate friend, who seemed on the verge of becoming the last of its inhabitants.

"In this situation, I looked round for a place where he might most conveniently repose: – contrary to the usual aspect of Mahometan burial-grounds, the cypresses were in this few in number, and these thinly scattered over its extent; the tombstones were mostly fallen, and worn with age: – upon one of the most considerable of these, and beneath one of the most spreading trees, Darvell supported himself, in a half-reclining posture, with great difficulty. He asked for water. I had some doubts of our being able to find any, and prepared to go in search of it with hesitating despondency: but he desired me to remain; and turning to Suleiman, our janizary, who stood by us smoking with great tranquillity, he said, 'Suleiman, verbana su,' (*i.e.* 'bring some water,') and went on describing the spot where it was to be found with great minuteness, at a small well for camels, a few hundred yards to the right: the janizary obeyed. I said to Darvell, 'How did you know this?' – He replied, 'From our situation; you must perceive that this place was once inhabited, and could not have been so without springs: I have also been here before.'

"'You have been here before! – How came you never to mention this to me? and what could you be doing in a place where no one would remain a moment longer than they could help it?'

"To this question I received no answer. In the mean time Suleiman returned with the water, leaving the serrugee and the horses at the fountain. The quench-ing of his thirst had the appearance of reviving him for a moment; and I con-ceived hopes of his being able to proceed, or at least to return, and I urged the attempt. He was silent – and appeared to be collecting his spirits for an effort to speak. He began –

"'This is the end of my journey, and of my life; – I came here to die; but I have a request to make, a command – for such my last words must be. – You will observe it?'

"'Most certainly; but I have better hopes.'

"'I have no hopes, nor wishes, but this – conceal my death from every human being.'

"'I hope there will be no occasion; that you will recover, and –'

"'Peace! – it must be so: promise this.'

"'I do.'

"'Swear it, by all that – ' He here dictated an oath of great solemnity.

"'There is no occasion for this. I will observe your request; and to doubt me is –'

"'It cannot be helped, – you must swear.'

"I took the oath, it appeared to relieve him. He removed a seal ring from his finger, on which were some Arabic characters, and presented it to me. He proceeded –

"'On the ninth day of the month, at noon precisely (what month you please, but this must be the day), you must fling this ring into the salt springs which run into the Bay of Eleusis; the day after at the same hour, you must repair to the ruins of the temple of Ceres, and wait one hour.'

"'Why?'

"'You will see.'

"'The ninth day of the month, you say?'

"'The ninth.'

"As I observed that the present was the ninth day of the month, his countenance changed, and he paused. As he sat, evidently becoming more feeble, a stork, with a snake in her beak, perched upon a tombstone near us; and, without devouring her prey, appeared to be steadfastly regarding us. I know not what impelled me to drive it away, but the attempt was useless; she made a few circles in the air, and returned exactly to the same spot. Darvell pointed to it, and smiled – he spoke – I know not whether to himself or to me – but the words were only, ''Tis well!'

"'What is well? What do you mean?'

"'No matter; you must bury me here this evening, and exactly where that bird is now perched. You know the rest of my injunctions.'

"He then proceeded to give me several directions as to the manner in which his death might be best concealed. After these were finished, he exclaimed, 'You perceive that bird?'

"'Certainly.'

"'And the serpent writhing in her beak?'

"'Doubtless: there is nothing uncommon in it; it is her natural prey. But it is odd that she does not devour it.'

"He smiled in a ghastly manner, and said faintly, 'It is not yet time!' As he spoke, the stork flew away. My eyes followed it for a moment – it could hardly be longer than ten might be counted. I felt Darvell's weight, as it were, increase upon my shoulder, and turning to look upon his face, perceived that he was dead!

"I was shocked with the sudden certainty which could not be mistaken – his countenance in a few minutes became nearly black. I should have attributed so rapid a change to poison, had I not been aware that he had no opportunity of receiving it unperceived. The day was declining, the body was rapidly altering, and nothing remained but to fulfil his request. With the aid of Suleiman's ataghan and my own sabre, we scooped a shallow grave upon the spot which Darvell had indicated: the earth easily gave way, having already received some Mahometan tenant. We dug as deeply as the time permitted us, and throwing the dry earth upon all that remained of the singular being so lately departed, we cut a few sods of greener turf from the less withered soil around us, and laid them upon his sepulchre.

"Between astonishment and grief, I was tearless."

B. Analyse von Byrons "The Burial"

1. Thema

Das Begräbnis eines mysteriösen Menschen bezeichnet das Thema dieser Byronschen Kurzgeschichte, wobei auffällt, daß das „Ergebnis" der Erzählung in der Überschrift vorweggenommen wird. Im Zentrum der Geschichte steht der ältere Protagonist Augustus Darvell, dessen Persönlichkeit von seinem jüngeren Bewunderer, dem Ich-Erzähler, beschrieben wird. Der Ich-Erzähler berichtet auch von der gemeinsamen Reise, die Darvell und er nach Süd- und Südosteuropa unternehmen. Darvell stirbt schließlich auf einem türkischen Friedhof und wird vom Ich-Erzähler begraben. Das Geheimnis Darvells beschäftigt die Geschichte von Grund auf, so daß der Erzählverlauf eine stets sich steigernde Intensität der Geheimnisse vorführt. Je „schneller" Darvell dem Tode entgegengeht, desto wundersamer werden Aussagen und Erscheinungen.

2. *plot*

Die Geschichte spielt im 18. Jahrhundert, ohne zeitlich genau eingeordnet zu sein. Die Ausgangsbasis liegt in der Bekanntschaft des jüngeren Ich-Erzählers, der einen älteren, als „unruhig" und reserviert gekennzeichneten Mann namens Augustus Darvell trifft. Der Überschneidungspunkt der beiden Figuren liegt im – wenn auch temporal gegeneinander verschobenen – Besuch derselben Schule und Universität. Die beiden Figuren kommen wegen der Sperrigkeit des Älteren in kein harmonisches Verhältnis, bis der Jüngere eine Auslandsreise vorschlägt, nachdem er sich zuvor bei dem *weitgereisten* Darvell Informationen über Südeuropa eingeholt hatte.

Dieser zweite Verknüpfungspunkt des *plot* kommt zu einem „positiven Ergebnis" wider Erwarten des Lesers, weil Darvell einwilligt, gemeinsam mit dem Erzähler zu reisen. Damit ist die Verbindung des jungen, unerfahrenen "noviciate" mit dem Mann geschlossen, von dem es heißt, er sei "deeply initiated into the world". Die Geschichte macht mit zunehmender Rasanz klar, daß Darvell ein "being of no common order" ist. Die Ereignisse überstürzen sich, obwohl keine Hektik des Außengeschehens verzeichnet werden kann:

- Darvells Konstitution verfällt ohne Krankheitssymptome: er wird täglich schwächer, verhält sich aber klaglos, auch wenn er sich verändert, schlaflos ist, was in seinem Begleiter Alarm auslöst.
- In Smyrna versucht der Erzähler aus Fürsorge, Darvell die geplanten Ausflüge nach Ephesus und Sardis auszureden, doch der schwache Darvell, wie bedrückt und ernst er auch geschildert wird, plädiert eifrig dafür, die Ausflüge zu unternehmen. Auch dieser Gegensatz verwundert den Leser.
- Zwischen Smyrna und Ephesus wird das Phänomen der Krankheit intensiviert, da Darvell in den "wild and tenantless marshes" von einer "rapid illness" ergriffen wird, so daß er mit dem Ich-Erzähler Rast macht auf einem türkischen Friedhof zwischen den Gräbern mit ihren "turbaned tombstones".
- Diese Einöde bietet für den kranken Darvell keinerlei Hilfsmöglichkeiten mehr: sie ist das Ende der Zivilisation und bedeutet Hoffnungslosigkeit. Die letzte Karawanserei liegt – für einen akuten Notfall – zu weit zurück, und in der Nähe befindet sich keine Ansiedlung. So wird der Friedhof zur Totenstadt, so daß hier eine Entsprechung zum Gedicht "Darkness" vorliegt mitsamt seiner aufkommenden "vision of planetary isolation".[8]

- Darvell, der bislang nicht gesprochen hatte, lagert sich unter einem Baum und bittet seinen Begleiter, den Ich-Erzähler, um Wasser. Als dieser dem Wunsch folgen will, befiehlt Darvell seinem bislang noch nicht als Figur eingeführten Diener Suleiman, diese Aufgabe zu übernehmen, während er den Erzähler bittet, bei ihm zu bleiben.
- Als Darvell Suleiman genaue Direktiven darüber gibt, wo eine Quelle zu finden ist, kommt es an den Tag, daß er die Gegend gut kennt, also schon dort gewesen ist.
- Auf Fragen des Ich-Erzählers macht Darvell keine Aussagen über diese Wiederholung (= nochmaliges Aufsuchen dieses Ortes).
- Erst jetzt weist der Text einen qualitativen Sprung auf: der *plot* ist soweit vorangeschritten, daß sich das, was für den Erzähler als Novizen Novität ist, für Darvell als *Wiederholung* enthüllt. Das Ende der Reise bedeutet für ihn das Ende seines Lebens – "I came to die here" – , während es für den jungen Ich-Erzähler nur eine Station auf seiner „Lebensreise" ist.
- Die Gründe für dieses Geschehen bleiben dunkel, auch wenn der *plot* an dieser Stelle zur Pointe im Felde der erzählerischen Oberflächenstruktur gelangt, denn Darvells letzte Bitte an den Erzähler besteht darin, daß er seinen Tod verheimlichen solle.
- Nachdem der äußere Gipfel der Geschichte erreicht ist, wechselt sie völlig ins *Wunderbare*[9] und *Symbolische,* da Darvell dem Ich-Erzähler eine rituelle Aufgabe erteilt, indem er ihm seinen Siegelring mit arabischen Schriftzeichen übergibt: "'On the ninth day of the month, at noon precisely (what month you please, but this must be the day), you must fling this ring into the salt springs which run into the Bay of Eleusis; the day after at the same hour, you must repair to the ruins of the temple of Ceres, and wait one hour.'"[10]
- Schließlich kommt eine Außenbewegung mit dem Anstrich des "supernatural" in die Geschichte, die sich in einem heranfliegenden Storch manifestiert, der eine Schlange im Schnabel trägt.[11] Dieser Storch setzt durch seinen Blick eine umgreifende Beziehung zu Darvell und zum Ich-Erzähler (nimmt also die Götterperspektive des Blicks von oben ein), indem er beide beobachtet; dabei steht er mit Darvell im Commercium, während der Erzähler im Nichtwissen verbleibt.
- Der Ich-Erzähler vertreibt den Storch, doch dieser kehrt zurück und setzt sich wieder genau auf denselben Grabstein (*Wiederholung*), auf dem er zuvor gesessen hatte. Auch dies deutet auf einen nicht explizierten Wiederholungszwang.
- Darvell kommentiert nun die Rückkehr des Storchs mit der Bemerkung "'Tis well'", wonach ihm die Bedeutungen des Geschehens offenbar sein müssen, die dem Leser wie dem Ich-Erzähler gleichermaßen verborgen bleiben.

- Schließlich bittet Darvell, dort begraben zu werden, wo der Storch sitzt. Solange der Storch aber da bleibt, lebt Darvell. Erst als er wegfliegt, stirbt er – auch dies ist dem durch diabolisches Lachen begleiteten Vorwissen Darvells inhärent.
- Der Storch fungiert also als *Künder des Todes* und *Bezeichner des Grabes*.
- Der Tod Darvells schließlich schockiert den jungen Begleiter, und auch jetzt bleibt das Wunderbare aufrechterhalten: Darvells Gesicht färbt sich in wenigen Minuten schwarz.
- Zurück bleibt nach erfolgtem Begräbnis ein erstaunter, trauernder, aber tränenloser Ich-Erzähler.

Die Geschichte ist so aufgebaut, daß sie fünf bedeutende Gelenkstellen oder Erzählkerne[12] hintereinander schaltet:

1) Bekanntschaft zwischen Darvell und dem Ich-Erzähler (näheres Kennenlernen/Distanz)
2) Die gemeinsame Reise
3) Darvells Erkrankung (Weiterreisen/Nicht-Weiterreisen)
4) Rast auf dem von jedem menschlichen Leben abgeschnittenen türkischen Friedhof (Gesundung/Nicht-Gesundung)
5) Auftauchen des Storches (Dableiben : Wegfliegen = Leben : Tod).

Diese Kerne sind für den Fortgang der Geschichte unverzichtbar, während die Reaktionen des Erzählers nicht diesen hohen Stellenwert besitzen, obwohl sie im Rahmen einer Kurzgeschichte aus Kohärenzgründen auch nicht gut entbehrt werden können. Satelliten[13], d.h. nicht unabdingliche Nebenhandlungen im Sinne Chatmans gibt es in der Kurzgeschichte nicht, weil diese auf engstem Raum alle Mittel nutzen muß, vor allem auch durch Interdependenz. So sind die Siegelring-Episode sowie die Einführung Suleimans unverzichtbar für die Logik der Geschichte, weil die mit dem Ring verknüpfte Aufgabe an den Erzähler die Verrätselung erhöht, und – dies ist noch wichtiger – weil Suleiman erstens die Garantie dafür gibt, daß der Erzähler nicht von seinem Beobachtungsposten weicht und zweitens die Garantie liefert, daß Darvells Ortsbeschreibung der Quelle empirisch verifiziert wird. Folglich ließen sich diese Erzählelemente eher als Kerne zweiter Ordnung auffassen.

Die Gesamtstruktur des *plot* bringt eine permanente Spannung auf, die den Leser in eine Haltung der Faszination versetzt, denn auch wenn er die Überschrift "The Burial" kennt, weiß er nicht, welche Stationen die Geschichte durchläuft, wie die Kerne nacheinander in der Erzähllogik aufgelöst werden. Anders gesagt: Bei jedem Kern gibt es eine Entscheidung zwischen zwei Möglichkeiten. Die Begründung für diese Entscheidungen werden innerhalb der Geschichte nicht vorgeführt – sie liegen außerhalb. So kann man feststellen, daß an allen Unsicherheitspunkten "suspense and surprise"[14] entsteht.

3. Charaktere

Die Charaktere besitzen in der Kurzgeschichte Byrons einen hohen Stellenwert, weil sie die Imagination des Lesers anregen und deshalb zur literarischen Qualität beitragen. Die vom Autor über den Ich-Erzähler gelieferten Informationen geben die Möglichkeit eines offenen Bildes der Charaktere, die vom Leser aufzufüllen sind und zugleich Möglichkeiten offenlassen.

Die wichtigsten Charaktere in der vorliegenden Geschichte sind Darvell und der Ich-Erzähler. In einer Kurzgeschichte kommt dem Ich-Erzähler eine Multifunktion zu: er kann nicht rein erzähltechnisch gesehen werden, weil er gebraucht wird, um die Dichte des Textes und die Überzeugungsfähigkeit desselben mit zu gewährleisten; der Ich-Erzähler tritt zudem als „existent" oder Figur auf. Valerie Shaw bemerkt zu dieser Frage in ihrem 1983 erschienenen Buch *The Short Story:*

> Even if he [i.e. the first-person narrator] is merely an onlooker, the narrator must participate somehow in the story's action, or in the unfolding of meaning; he cannot be a completely transparent lens, but must have a fictional identity of his own, even if what he is offering us is no more than sketches of the other people in his story. In order to care about those other people at all, we must become involved with the person who is telling us about them. To make characters believable and interesting within the narrow compass of a short story is perhaps the most challenging problem afforded by the genre, and [...] frequently do storytellers employ first-person narration as a way of mediating character [...].[15]

Der Ich-Erzähler hat natürlich in der Byronschen Geschichte auch die Funktion des Augenzeugen: „Mit dem Ich als Augenzeugen wachsen die Möglichkeiten eines Autors, Perspektive einzusetzen, um 'complexity' und 'suggestiveness' zu erzeugen. Durch den mehr am Rande als Vermittlungsinstanz operierenden Beobachtenden wird das Erzählen zweidimensional."[16]

Auf diese Weise wird in "The Burial" ungeachtet der Kürze eine beachtliche „Weite" des Erzählens etabliert. Die verweisenden Verschränkungen steigern die Dichtigkeit, da der Ich-Erzähler hier durch seine Neugier nicht bloß „Reporter" ist; dennoch bleibt er „Garant für die ästhetische Anbindung eines realitätsfernen Stoffes im Bereich der Empirie" und steigert die Parabolik durch „Verblüfftheit und Verständnislosigkeit".[17] Immerhin bleibt für die hier analysierte Geschichte Stierles These relevant, daß der Augenzeuge sowohl *Garantie* wie auch *Infragestellung* des Erzählten liefert:

> Durch den Augenzeugenbericht wird der, der ihn aufnimmt, nicht in die Lage gesetzt, den Sachverhalt selbst zu erfassen, sondern nur ein Äquivalent dieses Sachverhalts, das allenfalls durch zusätzliche Fragen noch weiter

bestimmt werden kann, wenngleich hier durch die Wahrnehmungs- und Darstellungskompetenz des Augenzeugen selbst schon enge Grenzen gesetzt sind.[18]

Die Wahrscheinlichkeit der Figuren wird von Byron noch dadurch gesteigert, daß er sie komplementär anlegt und beide möglichst offenhält. Der Ich-Erzähler stellt sich vor als junger Mann von Stande, der eine Universitätsausbildung absolviert hat. Er ist mit der Welt noch nicht vertraut (*novitiate*), doch möchte er mehr von ihr kennenlernen (*Reise als Initiationsmodus*). Ihn zeichnen jugendliche Neugierde aus, Anteilnahme am Schicksal der Menschen, Hilfsbereitschaft und Aufopferungsfähigkeit. Wenn auch Kapazitäten des Selbst bei ihm angedeutet werden, ist er doch zunächst eine *tabula rasa* im Lockeschen Sinne: ein Wachstäfelchen, auf das die Erfahrung noch die Strukturen ‚eingraben‘ muß. Zugleich wird dem Ich-Erzähler "common sense" attestiert, etwa an der Stelle der Geschichte, an der er die Schlange für die natürliche Nahrung des Storchs hält, ohne "afterthoughts" zu ventilieren. Insofern eignet sich der Erzähler bestens als Rezipient und Vermittler wundersamer Ereignisse. Man kann ihm eine szientifische Prägung nicht absprechen: er stellt Warum-Fragen und versucht auf gute ‚englische Art‘, induktive Erklärungen für Ereignisse zu finden, nachdem er die Phänomene akribisch beobachtet hat. Am Schluß der Geschichte geht allerdings auch mit ihm eine Wandlung vor.

Darvell wird von diesem Ich-Erzähler als *alter ego* eingeführt; ihm kommt alles Gegenteilige des Ich-Erzählers zu: er ist schon tief in die Welt verstrickt (Hinweis auf Böses), erzählt Widersprüchliches über sein Leben, macht nicht den Eindruck eines „gewöhnlichen Menschen". Zugleich kennzeichnet Darvell eine fundamentale Undurchschaubarkeit. Auch wenn er leidenschaftlicher Gefühle fähig ist, verstellt er sich und wechselt – für andere uneinsichtig – den Ausdruck seiner Züge: "[…] it was difficult to define the nature of what was working in him". Schon seit Shakespeares *Richard III.* fungiert Verstellung als Index des Bösen. Darvell tritt demnach als Version des magischen *Byronic hero* auf, den man im Jahre 1817 in Byrons "Manfred" wiederfindet. Bosheit und Kälte werden Darvell zugeschrieben. Erst als die Konvergenz der beiden Figuren durch die Reise zustande kommt, gerät Darvell in Aktion, in sein eigentliches Element, und steigert seine wundersame Existenz im Vorlauf zum Tode.

4. 'point of view'

Die Ich-Erzählung wird in Byrons "The Burial" nicht nur als „imitierte Wirklichkeitsaussage"[19] benutzt, obwohl dies einer ihrer Aspekte ist. Wichtiger erscheint, daß durch die Ich-Erzählung im Sinne Stanzels eine existentielle Relevanz des Erzählten zum Ausdruck gebracht wird.

Bei der vorliegenden Geschichte ergibt sich, daß die Erzählperspektive die der Neugierde ist, die dem im Aufbruch ins Leben befindlichen jungen Mann zugehört, welcher die Fülle an Erfahrungen und Wissen des Älteren bewundert. Die gemeinsame Reise verlängert diesen *point of view* dadurch, daß Wissen und Wißbegier im selben Verhältnis bleiben, aber als Mißverhältnis zugunsten des Wißbaren gesteigert werden.

Der *point of view* des Erzählers weist sich als positivistisch aus, so daß die kausalitätsverletzenden Ereignisse und Aussagen den Kontrast zwischen Ungewöhnlichem und Natürlichem noch schärfer hervorheben. Doch gibt es kein Anzeichen einer weltanschaulichen Differenz zwischen Erzähler-Ich und Darvell. Das Geschehen wird vom Erzähler an keiner Stelle der Geschichte in ein normatives Raster eingefügt. Das Geheimnisvolle und das Faktische stehen einander gegenüber, ohne daß es zu einer wechselseitig erklärenden Beziehung kommt. Daraus läßt sich der Schluß ziehen, daß Byron die parallele Existenz von Faktizität und Geheimnis als zwei Seiten der Welt hervorzuheben trachtet, wie sich dies auch in seinen anderen *Diodati*-Dichtungen andeutet. Die Betonung dieser Dualität wurde in der fiktionalen Prosa vor allem in der Kriminalgeschichte wichtig.[20] Die Auflösung des Wunderbaren durch eine normative Instanz ethischer oder theoretischer Provenienz unterbleibt – dies indiziert Byrons Skeptizismus. Beim *point of view* der Byronschen Geschichte bleibt es auffällig, daß die gesamte Erzählung aus der Perspektive des Ich-Erzählers gestaltet wird, über dessen deutliche Affinität zu Darvell. Insofern wird verständlich, daß die Geschichte durch diese Perspektivierung darauf abhebt, „zwischen Leser und Erzähler ‚Unmittelbarkeit der Wahrnehmung' herzustellen"[21], so daß ein Sich-in-den-Hintergrund-Spielen des Ich-Erzählers der Dynamik der Geschichte widersprechen würde. Zugleich erscheint unter diesem Blickwinkel das Innenleben der Protagonisten als vorherrschend, weil ihm die Komplizierungen im *plot* – wiewohl unerklärlich – zugeschrieben werden müssen.[22] Die natürliche Außenwelt verhält sich ebenso ergänzend dazu wie der Einbruch des Wunderbaren. Von daher ließe sich sagen, daß Byrons Erzählung einen Bezug herstellt zum Mythos, der nach Manfred Frank dadurch charakterisiert ist, daß er „ein Vorhandenes in eigens zu diesem Zweck tradierten Reden an ein Nicht-Vorhandenes rückbindet (religit)".[23]

C. *"The Burial"* – *Schluß der Geschichte und Fragen zur Textstruktur*

Der Schluß der Geschichte wird nach dem Begräbnis Darvells durch den Ich-Erzähler mit den Worten gesetzt: "Between astonishment and grief, I was tearless." Damit stimmt überein, daß er seinen Reisebegleiter Darvell in vollkommen trockenem Sand begraben hatte. Diese Tränenlosigkeit und der Sand stehen in engstem Zusammenhang, bilden aber auch eine Opposition zu "astonishment" und "grief".

Zudem bilden alle drei Begriffe eine Opposition zu dem jungen, frischen Jüngling, der eine Reise angetreten hatte im Sinne eines Aufbruchs, einer ‚Gerade‘ als Noviziat oder Initiation. Am Ende der Reise stehen seine Tränenlosigkeit – also das Gegenteil zur jugendlichen Frische – sowie Sand und Tod, die zudem mit der Neugier kontrastieren.

Darvells Reise nimmt sich dagegen als ‚Kreislauf‘ aus: der Ältere, Wissende und Mysteriöse kehrt an einen früheren Ort zurück und wird der Materie überantwortet, so daß sich "grief" für den Jungen im Sinne der Erkenntnis menschlicher Endlichkeit einstellt.

Der Text enthält so viele Leerstellen, daß der Leser keine Bedeutungen konstruieren kann. Die Mysterien werden immer wieder durch neue Mysterien – ähnlich wie bei E. A. Poe und E. T. A. Hoffmann – substituiert.

Das ausdrückliche Mißverhältnis zwischen Wissen (Darvell +/Erzähler –) und Nichtwissen (Darvell –/Erzähler +) löst sich auf der Ebene der Tiefenstruktur nicht auf. Bei Nachfragen des Ich-Erzählers treten stets Spiralen der Antwortverschiebung durch verschlüsselte Antworten auf, oder aber Darvell hüllt sich in Schweigen.

So lassen sich die Leerstellen durchaus als Aufforderung zur Ausfüllung ausgesparter Anschließbarkeit an die Erfahrung des Lesers vermittels der Imagination betrachten. Im Sinne der Intertextualität von "The Burial" mit anderen Schauergeschichten „zerstört" die Informationsverweigerung des Textes die Anschließbarkeit. Über die so eröffnete „Möglichkeitsvielfalt"[24] wird der Text strategisch und zum perspektivischen Gebilde: der Leser ist gefordert, durch eine strukturale Tätigkeit das *Simulacrum* des Textes zu erstellen.[25]

Die Geschichte Byrons liegt in der Mitte zwischen 1. der handlungsbetonten, ganz auf eine Pointe ausgerichteten Short Story[26] und 2. der „Darstellung eines 'slice of life', also einer bestimmten Lebenswahrheit und [deren] Wirkung durch solche Mittel wie Mehrdeutigkeit, Anspielung und Ironie [...]".[27] "The Burial" kann sowohl auf Typ 1 als auch auf Typ 2 bezogen werden. Die Pointe nach Typ 1 liegt im Tod von Augustus Darvell auf dem türkischen Friedhof, doch trägt die *short story* Byrons auch dem Typ 2 Rechnung, allerdings in einer ausgeweiteten Form, da hier nicht eine begrenzte Lebenswahrheit mit den Mitteln der Mehrdeutigkeit in Anspielung vorgeführt wird, sondern das *romantische Denk- und Anschauungskonzept* Byrons. Dieses vermittelt er in "The Burial" durch die Opposition "matter" und "spirit" ("life") auf der einen Seite, „Wissen" und „Nichtwissen" auf der anderen Seite, wobei er als Transformationsbegriff das „Wunderbare/Unheimliche"[28] funktionalisiert. Insofern läßt sich Byrons Geschichte auf eine viergliedrige Homologie im Sinne der strukturalen Mythenanalyse zurückführen: spirit : matter = Wissen : Nicht-wissen.[29]

Später hat Byron das sich in dieser Homologie ankündigende Verhältnis von „Verzweiflung" und „Hoffnung" vertieft formuliert, und zwar in seinem Ravenna-Tagebuch-Eintrag vom 28. Januar 1821:

No man would live his life over again, is an old and true saying, which all can resolve for themselves. At the same time, there are probably *moments* in most men's lives, which they would live over again, the rest to *regain?* Else, why do we live at all? Because Hope occurs to Memory, both false; but – but – but – and this *but* drags on till – what? I do not know, and who does?[30]

In der vorliegenden Erzählung "The Burial" wird zwar die Hoffnung des Ich-Erzählers implizit bis kurz vor dem Schlußpunkt aufrechterhalten, doch sie versandet gleichsam in Tod und Tränenlosigkeit.[31]

Anmerkungen

1 Siehe West, P.: *Byron and the Spoiler's Art;* Marchand, L. A.: *Byron;* Klein, J.: *Byrons romantischer Nihilismus;* Hoffmeister, G.: *Byron und der europäische Byronismus.*
2 Vgl. Klein, J.: *England zwischen Aufklärung und Romantik.* S. 177 ff.
3 Siehe Shelley, M.: *Frankenstein.* – In Fairclough, P. (Ed.): *Three Gothic Novels.* Vgl. Klein, J.: *England zwischen Aufklärung und Romantik.* S. 151–172; Weber, I.: *Der englische Schauerroman.* S. 96–99.
4 Diese Geschichten einschließlich Byrons "The Burial" sind abgedruckt in: Haining, P. (Ed.): *Great British Tales of Terror.* Vol. I, S. 251–307. Byrons Geschichte ebd., S. 303–307.
5 Vgl. Dingley, R. J.: "I Had a Dream". 20–33.
6 Beide Gedichte sind abgedruckt in *The Works of Lord Byron.* Vol. IV, S. 112–119.
7 Dingley, R. J.: "I had a Dream". 25.
8 Ebd., 22.
9 Vgl. Todorov, T.: *Einführung.* S. 51 ff. Bei Byron ist auch das naturwissenschaftlich Wunderbare angesprochen, d.h. die Explorationsgrenze für menschliche Erkenntnis.
10 Vgl. Beckford, W.: *Vathek.* – In Fairclough, P. (Ed.): *Three Gothic Novels.* S. 155. Vgl. auch Klein, J.: *Der Gotische Roman.* S. 280 ff.

11 Vgl. Saxl, F.: *A Heritage.* S. 15 ff. Saxl zeichnet die Bedeutungswandlungen der
    Schlange in der Ikonographie nach. Bei den Mesopotamiern handelte es sich um "the
    most poisonous enemy of the human race", wohingegen sie bei den Ägyptern
    Attribut einer Fruchtbarkeitsgöttin wurde. Bei den griechischen Mänaden dagegen
    bedeutete die Schlange „göttlichen Wahnsinn", und das christliche Mittelalter
    (12. Jh.) erkannte die Schlange als Symbol der Mächte des Bösen.
12 Vgl. Chatman, S.: *Story and Discourse.* S. 53 f.
13 Vgl. ebd.
14 Vgl. ebd., S. 59 ff.
15 Shaw, V.: *The Short Story.* S. 115.
16 Lubbers, K.: *Typologie der Short Story.* S. 83.
17 Ebd., S. 84.
18 Stierle, K.: „Die Fiktion als Vorstellung". S. 173.
19 Vgl. Ludwig, H.-W. (Ed.): *Arbeitsbuch Romananalyse.* S. 85.
20 Vgl. ebd., S. 90.
21 Ebd., S. 97.
22 Ebd.
23 Frank, M.: *Der kommende Gott.* S. 83.
24 Vgl. Iser, W.: *Der Akt des Lesens.* S. 234 ff.
25 Vgl. Barthes, R.: „Die strukturalistische Tätigkeit".
26 Vgl. Wenzel, P.: „Die Pointe in der Very Short Story". S. 9.
27 Ebd.
28 Vgl. Klein, J.: „Roald Dahl: The Wish". Dort weitere theoretische Literatur.
29 Vgl. Lévi-Strauss, C.: *Strukturale Anthropologie.* S. 237 ff.
30 Lord Byron: *Ravenna Diary.* 28. 1. 1821. Zit. nach Bone, J. D.: "Byron's Ravenna
    Diary Entry". 85.
31 Vgl. Blumenberg, H.: *Arbeit am Mythos.* S. 77 ff.

Literaturverzeichnis

Barthes, R.: „Die strukturalistische Tätigkeit". *Kursbuch* 5, 1966, 190–196.
Bohrer, K. H.: *Plötzlichkeit. Zum Augenblick des ästhetischen Scheins.* Frankfurt/M.,
    1981.
Blumenberg, H.: *Arbeit am Mythos.* Frankfurt/M., 1979.
Bone, J. D.: "Byron's Ravenna Diary Entry: What is Poetry?". *Byron Journal* 6, 1978,
    78–89.
[Byron] *The Works of Lord Byron Complete in Five Volumes.* Leipzig, 1866.
Chatman, S.: *Story and Discourse. Narrative Structure in Fiction and Film.* Ithaca, London,
    1980.
Dingley, R. J.: "'I had a dream ...'. Byron's 'Darkness'". *Byron Journal* 9, 1981, 20–33.
Fairclough, P. (Ed.): *Three Gothic Novels.* Harmondsworth, 1968.
Frank, M.: *Der kommende Gott. Vorlesungen über die Neue Mythologie.* Frankfurt/M.,
    1983.
Haining, P. J. (Ed.): *Great British Tales of Terror.* Vol. I: 1765–1840. London, 1972.
Hoffmeister, G.: *Byron und der europäische Byronismus.* Darmstadt, 1981.
Iser, W.: *Der Akt des Lesens.* München, 1976.

Klein, J.: *Der Gotische Roman und die Ästhetik des Bösen.* Darmstadt, 1975.
–: *Byrons romantischer Nihilismus.* Salzburg, 1979.
–: *England zwischen Aufklärung und Romantik.* Tübingen, 1983.
–: „Roald Dahl: The Wish". *anglistik & englischunterricht.* 18. *The Very Short Story I.* Heidelberg, 1982, S. 87–99.
Lévi-Strauss, C.: *Strukturale Anthropologie.* Frankfurt/M., 1969.
Lubbers, K.: *Typologie der Short Story.* Darmstadt, 1977.
Ludwig, H.-W. (Ed.): *Arbeitsbuch Romananalyse.* Tübingen, 1982.
Marchand, L. A.: *Byron, A Portrait.* London, 1971.
Saxl, F.: *A Heritage of Images.* Harmondsworth, 1970.
Shaw, V.: *The Short Story. A Critical Introduction.* London, New York, 1983.
Stierle, K.: „Die Fiktion als Vorstellung, als Werk und als Schema". – In Henrich, D., Iser, W. (Eds.): *Funktionen des Fiktiven.* München, 1983, S. 173–182.
Todorov, T.: *Einführung in die fantastische Literatur.* München, 1972.
Weber, I.: *Der englische Schauerroman.* Zürich, 1983.
Wenzel, P.: „Die Pointe in der Very Short Story". *anglistik & englischunterricht.* 18. *The Very Short Story I.* Heidelberg, 1982, S. 9–18.
West, P.: *Byron and the Spoiler's Art.* London, 1960.

Roland Leibold, Immenstadt

Robert Louis Stevenson: "Was it Murder?"[1]

'My friend the count,' it was thus that he began his story, 'had for an enemy a certain German baron, a stranger in Rome. It matters not what was the ground of the count's enmity; but as he had a firm design to be revenged, and that with safety to himself, he kept it secret even from the baron. Indeed, that is the first principle of vengeance; and hatred betrayed is hatred impotent. The count was a man of a curious, searching mind; he had something of the artist; if anything fell for him to do, it must always be done with an exact perfection, not only as to the result, but in the very means and instruments, or he thought the thing miscarried. It chanced he was one day riding in the outer suburbs, when he came to a disused by-road branching off into the moor which lies about Rome. On the one hand was an ancient Roman tomb; on the other a deserted house in a garden of evergreen trees. This road brought him presently into a field of ruins, in the midst of which, in the side of a hill, he saw an open door, and, not far off, a single stunted pine no greater than a currant-bush. The place was desert and very secret; a voice spoke in the count's bosom that there was something here to his advantage. He tied his horse to the pine tree, took his flint and steel in his hand to make a light and entered into the hill. The doorway opened on a passage of old Roman masonry, which shortly after branched in two. The count took the turning to the right, and followed it, groping forward in the dark, till he was brought up by a kind of fence, about elbow high, which extended quite across the passage. Sounding forward with his foot, he found an edge of polished stone, and then vacancy. All his curiosity was now awakened, and, getting some rotten sticks that lay about the floor, he made a fire. In front of him was a profound well; doubtless some neighbouring peasant had once used it for his water, and it was he that had set up the fence. A long while the count stood leaning on the rail and looking down into the pit. It was of Roman foundation, and, like all that nation set their hands to, built as for eternity; the sides were still straight, and the joints smooth; to a man who should fall in no escape was possible. "Now," the count was thinking, "a strong impulsion brought me to this place. What for? what have I gained? why should I be sent to gaze into this well?" when the rail of the fence gave suddenly under his weight, and he came within an ace of falling headlong in. Leaping back to save himself, he trod out the last flicker of his fire, which gave him thenceforth no more light, only an incommoding smoke. "Was I sent here to my death?" says he, and shook from head to foot. And then a thought flashed in his mind. He crept forth on hands and knees to the brink of the pit, and felt above him in the air. The rail had been fast to a pair of uprights; it had only broken from the one, and still depended from the other. The count set it back again as he had found it, so that the place meant death to the first comer, and groped out of the catacomb like a sick man. The next day, riding in the Corso with the baron, he purposely betrayed a strong preoccupation. The other (as he had designed) inquired into the cause; and he, after some fencing, admitted that his spirits had been dashed by an unusual dream. This was calculated to draw on the baron – a superstitious man, who affected the scorn of superstition. Some rallying followed, and then the count, as if suddenly carried away, called on his friend to beware, for it was of him that he had dreamed. You know enough of human nature, my excellent Mackellar, to be certain of one thing: I mean that the baron did not rest till he had heard the dream. The count, sure that he would never desist, kept him in play till his curiosity was highly inflamed, and then suffered himself, with seeming reluctance, to be overborne. "I warn you," says he, "evil will come of it; something tells me so. But since there is to be no peace either for you or me except on this condition, the blame be on your own head! This was the dream: I beheld you riding, I know not where, yet I think it must have been near Rome, for on your one hand was an ancient tomb, and on the other a garden of evergreen trees. Methought I cried and cried upon you to come back in a very agony of terror; whether you heard me I know not, but you went doggedly on. The road brought you to a desert place among the ruins, where was a door in a hill-side, and hard by the door a misbegotten pine. Here you dismounted (I still crying on you to beware), tied your horse to the pine tree, and entered resolutely in by the door. Within, it was dark; but in my dream I could still see you and still besought you to hold back. You felt your way along the right-hand wall, took a branching passage to the right, and came to a little chamber, where was a well with a railing. At this – I know not why – my alarm for you increased a thousandfold, so that I seemed to scream myself hoarse with warnings, crying it was still time, and bidding you begone at once from that vestibule. Such was the word I used in my dream, and it seemed then to have a clear significancy; but to-day, and awake, I profess I know not what it means. To all my outcry you rendered not the least attention, leaning the while upon the rail and looking down intently in the water. And then there was made to you a communication; I do not think I even gathered what it was, but the fear of it plucked me clean out of my slumber, and I awoke shaking and sobbing. And now," continues the count, "I thank you from my heart for your insistency. This dream lay on me like a load; and now I have told it in plain words and in the broad daylight, it seems no great matter." – "I do not know," says the baron. "It is in some points strange. A communication, did you say? Oh, it is an odd dream. It will make a story to amuse our friends." – "I am not so sure," says the count. "I am sensible of some reluctancy. Let us rather forget it." – "By all means," says the baron. And (in fact) the dream was not again referred to. Some days after, the count proposed a ride in the fields, which the baron (since they were daily growing faster friends) very readily accepted. On the way back to Rome, the count led them insensibly by a particular route. Presently he reined in his horse, clapped his hand before his eyes, and cried out aloud. Then he showed his face again (which was now quite white, for he was a consummate actor), and stared upon the baron. "What ails you?" cries the baron. "What is wrong with you?" – "Nothing," cries the count. "It is nothing. A seizure, I know not what. Let us hurry back to Rome." But in the meanwhile the baron had looked about him; and there, on the left-hand side of the way as they went back to Rome, he saw a dusty by-road with a tomb upon the one hand and a garden of evergreen trees upon the other. "Yes," says he, with a changed voice. "Let us by all means hurry back to Rome. I fear you are not well in health." "Oh, for God's sake!" cries the count, shuddering, "back to Rome and let me get to bed." They made their return with scarce a word; and the count, who should by rights have gone into society, took to his bed and gave out he had a touch of country fever. The next day the baron's horse was found tied to the pine, but himself was never heard of from that hour. And now, was that a murder?' says the Master, breaking sharply off.

1. Introductory remarks for the teacher

Books on modern teaching methods have so often sworn by the term "motivation" that it has, in my opinion, lost a lot of its original force. When one reads it or hears it, one turns away in boredom; "motivation" is part of a teacher's staple diet in any case, and every one of us who has to teach 22 or 24 lessons a week is hard put to it to work up enthusiasm for motivating all the time. Given these conditions, we can call ourselves lucky if a text motivates pupils "by itself". Just that is the case with Stevenson's *very short crime story*[2]; like many other stories and novels of crime and murder, it immediately awakens the interest of the pupils, and moreover contains a number of other positive aspects – positive in the sense of motivating:

- The fact that the title is in the form of a question awakens the reader's curiosity and makes him want to read the story.
- The length – or rather, the shortness – of the story is attractive to pupils, who often shy away from long, and at first sight unmanageable texts.
- Stevenson himself is familiar even to pupils who are not exceptionally interested in literature; many of them will have read his adventure novel (or seen the film) *Treasure Island*.

In an English „Leistungskurs" "Was it Murder?" could, along with other short stories by Stevenson, be an integral part of the teaching block *the short story* – and more particularly *the (very) short crime story*; more specialized literary aspects, e.g. Stevenson's style, or the narrative viewpoint, could, within limits, be analyzed more closely. In the 11th grade, the teacher could take advantage of the fact that the end of the story encourages discussion to give the pupils written homework (e.g. "Discuss the topic of the story as expressed in the title and in the last sentence"). In addition, the fact that the story is short and easily understandable invites the making of summaries. A third possibility, and in my opinion a very good one since it stimulates the pupils to creative writing, is to give them an incomplete version of the story, omitting the count's plan of revenge and how he carries it out, and finishing at the point where he almost falls into the well himself: "And then a thought flashed in his mind."[3] It would then be up to the pupils to find a conclusion to the story. In order to be true to Stevenson's intentions, they should, however, be given three important pieces of information:

- the baron is an extremely superstitious person, but tries his best – albeit without success – to hide this fact from other people;
- the count tells the baron about a strange dream in which he (the baron) and only he appeared;
- the plan for revenge must be flawless, so that nothing can be proved against the count afterwards.

It would be interesting for pupils and teachers alike to compare their own conclusions to the story – bearing in mind that while they should be original, they should nevertheless do psychological justice to Stevenson's intentions –, then to finish reading the story. Of course, a discussion about whether or not a murder took place will always be central to the discussion of the story as a whole.

2. Stevenson's life and work – a short survey[4]

Robert Louis Stevenson was born in Edinburgh in 1850. His father was an engineer. He studied law at Edinburgh University, but soon made creative writing his profession. After publishing several essays on a wide variety of subjects, Stevenson, who suffered from tuberculosis, travelled through France and described his impressions in two volumes, of which *Travels with a Donkey in the Cevennes* (1879), which shows his predilection for unusual situations and picturesque scenery, became famous. The same year he made the acquaintance of an American woman whom – although she was married – he followed to California where he married her after her divorce in 1880. His next publications were again essays, moralizing in tone, some literary criticism, and a collection of short stories. He had his first big success with his novel *Treasure Island* (1883) in which he raised the mere adventure story to the level of literature. *Treasure Island* became one of the most popular English adventure novels. Stevenson also mastered the craft of the short story, which at that time was just emerging on the English literary scene. In his famous story *The Strange Case of Dr. Jekyll and Mr. Hyde* (1886) he pointed out the essential dichotomy of the human mind – the potential for both good and evil – and the price that must be paid if evil is allowed to get the upper hand. In many other short stories of literary value, we often find dubious characters, e.g. murderers, suicide victims and doppelgänger, as well as ghosts, spectres and other supernatural beings, all acting out their lives against a background of fantastic, often gloomy and mysterious settings. Richard Mummendey writes:

> Stevensons Kunst ist bedingt durch ein starkes Landschafts- und Wirklichkeitsgefühl. Für ihn verbindet sich eine bestimmte Örtlichkeit mit einer eingebildeten Romantik. Er selbst nennt es *the poetry of circumstances*. ‚Die Wirkung der Nacht, eines strömenden Wassers, des Morgengrauens, von Schiffen und offenem Meer weckt zahllose unnennbare Wünsche und Lüste. Irgendwo, das fühlen wir, muß etwas passieren, was, das wissen wir nicht, aber wir suchen danach [...]. Einige Orte sprechen eine deutliche Sprache. Gewisse dunkle Gärten schreien laut nach einem Mord, alte Häuser verlangen danach, daß es in ihnen spukt, gewisse Küsten sind für einen Schiffbruch vorbestimmt.'[5]

Stevenson was certainly influenced by the Gothic Novel of the 18th century; his stories are similar in many respects to those of Edgar Allan Poe, but also of E. T. A. Hoffmann. Yet it should not be forgotten that however much Stevenson enjoyed telling stories of crime and mystery, his main interest lay in investigating the psychological reasons for human actions and behaviour, and in their moral and ethical consequences.

In *Kidnapped* (1886) and *Catriona* (1893), Stevenson paid tribute to the beauty and wildness of his native Scotland, and carried on the literary tradition of Sir Walter Scott's historical novel. Towards the end of his life, when it was clear that he would lose his fight against TB, Stevenson embarked on a long voyage to the Pacific, and finally made his home on the Samoan Island of Upola, where he wrote his last stories, and two uncompleted novels. Stevenson died in 1894.

3. "Was it Murder?" – its place in the literary genres

The brevity of the story, the lack of a long introduction and conclusion, and the limiting of the number of characters to two (apart from the story-teller and his companion), all these facts leave no doubt that we are dealing with a *short story*. More precisely, it is a *very short story*, and, having as its plot the planning and execution of a murder, falls under the heading *very short crime story*.[6] Although it appears in the volume *Tales of Detection*[7], edited by Dorothy

L. Sayers, it is not really a detective story in the accepted sense, since the murder, if there was one, is never solved, and no mention of a detective is made in the story at all.

4. The narrative technique

"Was it Murder?" is a story within a story, which is in turn introduced by another narrator: "[…] it was thus that he began his story".[8] A "Master"[9], whose name is never mentioned (one can imagine him an Edinburgh judge) tells his companion (perhaps a pupil of his: "[…] my excellent Mackellar"[10]) about a friend of his, a count who lived in Rome. The count wants to take revenge on a German baron; the motive for revenge is irrelevant for the story, the meticulous planning, the carrying out of the plan and the question at the end ("[…] was that a murder?"[11]) being its main theme.

As with most stories of crime and detection, this one is primarily a story for entertainment. The Master wants to entertain – and perhaps teach – Mackellar, but the narrator also wants to entertain the reader and at the end of the story tries to draw him into a conversation (imaginary, of course) in which the question of murder is seen not only as a legal problem, but as an intellectually stimulating and amusing game, very much in the tradition of crime stories as written by Conan Doyle, G. K. Chesterton, Agatha Christie or Dorothy Sayers.

5. The structure of the story and a suggested interpretation

The structure of the story is clear and uncomplicated, and is essentially built around the count's plan for revenge. His very character makes him capable of committing the perfect murder, or at least of planning it:

> The count was a man of a curious, searching mind; he had something of the artist; if anything fell for him to do, it must always be done with an exact perfection, not only as to the result, but in the very means and instruments, or he thought the thing miscarried.[12]

The individual steps in the murder plan, and at the same time the individual steps in the structure of the story, are easily identified. There are five clear stages:

1. The short introduction by the narrator, and the lengthier introduction by the Master to the story within the story.
2. The count discovers, purely by chance, suitable conditions ("means and instruments") for carrying out his murder plan.
3. He begins to put his plan into action; his talent as an actor is a valuable asset.

4. The baron is deeply influenced by the "dream", he and the count ride together outside the gates of Rome, the count pretends to be greatly disturbed by something.
5. The short, almost casual reference to the success of the plan, and the question "Was it murder?"

Before the Master tells his story, he gives Mackellar important information. He points out that the count's motive is largely irrelevant; what is essential for his safety and for the success of his plan is that he should conceal his hatred of the baron from the eyes of the world, and of course, from those of the baron himself: "[...] hatred betrayed is hatred impotent".[13] Another aspect of the count's character is equally essential for the understanding of the story and for the success of the plan.

Being an artistic person, the count does not sit and brood over his revenge; instead, he lets ideas come to him like inspiration, and on this occasion, when riding outside the city walls, chance proves to be his ally for the first time. The old Roman tomb on the one side, and the abandoned house, surrounded by evergreen trees on the other side of a seldom frequented path are not only landmarks which will later help the baron on his way, but they also arouse the curiosity of the count and are charged with the atmosphere of the things to come. They function as symbols of death and destruction. The ruins, the hill with its catacomb whose entrance the count soon finds, serve to intensify the atmosphere. The open door and the stunted pine (the count sees that it can be used to tie his horse to) seem to be placed there by fate: fate that smiles on the count but frowns on his enemy; fate that even shows the count on entering the tunnel the right – in both senses of the word – way to go. He is curious about the fence and the Roman well with its smooth-sided walls that no-one could climb. While he is staring into the well, wondering what brought him there, the top spar of the fence gives way at one side, and he narrowly escapes death. Suddenly he realizes the potential of the now defective fence and the well. At the very moment when he constructs his deadly trap by putting the spar back in place, he knows every detail of his plan.

The very next day he begins – fully conscious of what he is doing – with its execution, aided by his talent as an actor. Further, he makes use of the baron's extreme superstitiousness and his desire to conceal the fact ("[He was] a superstitious man, who affected the scorn of superstition"[14]) as a mainstay of his plan. The count pretends to be troubled by a strange dream; this is the "bait" he throws to the baron, and the fact that the latter promptly "bites" shows him that he is going the right way. When, after further pretended hesitation, he reveals that the baron was the main character in his dream, the latter pesters him to tell him the whole dream – which he does, after again prolonging the agony, just like a cat playing with a mouse. However, he warns the baron, or pretends to do so, about the consequences of revealing his dream: "'I warn you', says he, 'evil will come of it; something tells me so. But since there is to be no peace either for you or me except on this condition, the blame be on your own head!'"[15] With these words he exonerates himself, or so it seems, in the baron's eyes, and perhaps in his own, too. The reader, and the listener, are immediately aware that this warning, and also the warnings the count makes part of his dream, are nothing but tactics designed to have the opposite effect on the superstitious baron. Which of course they do. It is characteristic of the baron's nature and also important for the effectiveness of the plan that the baron does not interrupt the count while he tells him about the dream. The count hypnotizes the baron with his story. Of course he changes a few details – these are tailored to fit the character of the baron, and make the story all the more suggestive. Firstly there are the already mentioned warnings which become more and more urgent:

> [...] I [...] cried upon you to come back in a very agony of terror.[16]
> [...] (I still crying on you to beware) [...][17]
> [...] and still besought you to hold back.[18]
> At this [the well] [...] my alarm for you increased a thousandfold, so that I seemed to scream myself hoarse with warnings [...][19]

The same applies to the many lies within the central lie, which the reader immediately recognizes as such:

> I beheld you riding, I know not where.[20]
> Whether you heard me I know not [...][21]
> [The word vestibule] seemed to have a clear significancy but today, and awake, I profess I know not what it means.[22]
> And then there was made to you a communication [...][23]

The count knows very well, of course, that "vestibule" means gateway to death, and as such the last chance to turn back; the baron, on the other hand, interprets "vestibule" as the gateway to something mysterious and supernatural. The count also knows that the baron finds the idea of a communication, a voice that will speak to him, attractive and exciting. This is clearly shown by the reaction of the baron who has difficulty in concealing his excitement and immediately asks more about the voice: "'A communication, did you say?'"[24] Needless to say, the "voice" is mentioned as a way of getting the baron as quickly as possible to the well and of getting him to fall in. On arriving at the fence, he is bound to lean on it and bend forwards as far as he can in order to receive the communication as fast as possible. What will really happen if and when he does this, is that he will fall headfirst into the well.

As before, the baron reacts as the count intended. Being extremely superstitious – but, as we know, seeking to conceal the fact – he tries both to play down the importance of the dream for himself and to hide his excitement: "'Oh, it is an odd dream. It will make a story to amuse our friends.'"[25] This last sentence, like some other expressions in the story[26], is highly ironical, as the later events, right up to the disappearance and/or the death of the baron, do provide a lot of people with an amusing story: the count told it his friend, the Master, who in his turn told it to Mackellar; and the narrator of the story tells it to entertain his readers. When the count suggests they should forget the dream as quickly as possible, the baron – again only apparently – immediately agrees. And the Master informs Mackellar: "And (in fact) the dream was not again referred to."[27]

Not many days later – the count cleverly lets the "dream" take its effect on his victim – the second stage of the plan is carried out. While riding together outside the city walls, the count leads the baron to the "disused road", which had almost led him to his death. Then again he puts his acting talent to good use: "Presently he reined in his horse, clapped his hand before his eyes, and cried aloud. Then he showed his face again (which was now quite white, for he was a consummate actor), and stared upon the baron."[28] The deathly pallor of the count's face is proof to the baron that his friend is extremely shocked and upset; and not long after he sees why with his own eyes; he recognizes the landscape the count described at the beginning of his dream, the ancient Roman tomb on the one side, the deserted house in a garden of evergreen trees on the other. Again he needs all his strength to hide his emotion – but the count knows from the change in his voice that he is deeply moved. In order not to compromise the baron, the count pretends to be taken ill suddenly and suggests riding back; the baron, still trying to hide his superstition, agrees immediately, secretly relieved at this – for him – welcome suggestion. On their way back to Rome they scarcely speak; and while the count worked out the details of his plan after his first visit to the catacomb, the baron now – in all probability – sees in his mind's eye the separate episodes in his friend's dream: he sees himself bending over the edge of the well to receive his "communication".

The count, in the meantime, continues to play his part. After leaving the baron that evening, he does not go into society but stays at home in bed – perhaps with a future alibi in mind. His revenge is practically complete. The first stages of his plan have worked perfectly. Now he only needs to wait for the news that the last stage has also taken place. Indeed, the last stage happens practically by itself, in his absence: "The next day the baron's horse was found tied to the pine, but himself was never heard of from that hour. 'And now, was that a murder?' says the Master, breaking sharply off."[29]

6. Was it Murder?

The question of whether a murder took place must, from a legal point of view, be answered in the affirmative. In the German *Strafgesetzbuch*[30], § 211(2), we read:

> Mörder ist, wer
> aus Mordlust, zur Befriedigung des Geschlechtstriebs, aus Habgier oder sonst aus niedrigen Beweggründen,
> heimtückisch oder grausam oder mit gemeingefährlichen Mitteln oder um eine andere Straftat zu ermöglichen oder zu verdecken,
> einen Menschen tötet.[31]

Further, we read

> Aus dem Gesetzeswortlaut ergibt sich, daß als *Mörder* zu bestrafen ist, wer beim Töten eines der in § 211 Abs. 2 aufgeführten Merkmale erfüllt.
> [...]
> Der Mord wird begangen durch die Verursachung des Todes eines Menschen.[32]

And:

> Zwischen den einzelnen Begehungsformen des Abs. 2 ist *Wahlfeststellung* [...] möglich.
> [...]
> Zum *inneren Tatbestand* gehört neben dem Tötungswillen das Bewußtsein, daß die Handlung geeignet ist oder geeignet sein kann, den Tod des anderen herbeizuführen; bedingter Vorsatz genügt somit.[33]

In the eyes of the law, conscious planning is the decisive factor in the question of whether a murder has taken place; in "Was it Murder?" the plan to kill the baron is made known right at the beginning, and is put into practice consciously and coolly by the count, who, moreover, knows exactly what he is doing. Manslaughter (§ 212), killing impulsively while under great emotional stress, can be excluded. The count's plan must be seen as malicious and gruesome, and his motives (hatred leading to revenge) as morally reprehensible. The fact that the count does not kill the baron with his own hands, makes him no less guilty; he uses his knowledge of how the baron's mind works and how he will react to the dream to lure him to his death. The Master wants to show his pupil/colleague that there are some murders that are so perfectly planned and carried out that no lawyer could prove the murderer's guilt and no judge condemn him – unless he made a voluntary confession.

The way the story is constructed also supports the theory that the count is a murderer. It does not begin as most murder stories do, with a detective finding a body and then looking for a murderer and his motive; here we know from the beginning who the murderer is going to be and what his motive is: "He had a firm design to be revenged."[34] The reader or the listener hears the story as the narrator tells it, but he sees practically everything from the point of view of the count, accompanying him as he plans his murder – a murder whose victim, cleverly conditioned, goes eagerly, if unwittingly, to meet his death.[35] The murderer himself is nowhere near the scene of the crime when the deed is done, and has, furthermore, a watertight alibi: Even the murder "weapon", which the baron, not the count, uses, is not a weapon in the normal sense; it is merely a rail whose function to prevent an accident has been made defective: "The count set [the rail] back as he had found it, so that the place meant death for the first comer [...]."[36]

Why did the count tell his story to anyone? Did he perhaps, tortured by his conscience, confess his sin on his deathbed? This seems highly unlikely, though not altogether impossible. It seems much more probable that the count told the story much earlier, because, like all artists ("He had something of the artist"[37]) he was vain, and drew great satisfaction from telling how cleverly and meticulously he had planned his revenge. The artist's reward is recognition, after all! Should this be the case, he would have had to make his friend swear not to repeat the story before his death, as that would have meant not punishment at the hands of the law, but disgrace in the eyes of society.

Notes

1 In Sayers, D. L. (Ed.): *Tales of Detection*, pp. 49–52.
2 Cf. p. 6.
3 Stevenson, R. L.: "Was it Murder?", p. 50.
4 The information in the following lines was taken from two standard works: Cazamian, L., Legouis, E.: *A History of English Literature,* and Standop, E., Mertner, E.: *Englische Literaturgeschichte.* Teachers can, of course, use their own discretion about how much of this background information – if any – should be brought into a discussion of the story.
5 Stevenson, R. L.: *Der Selbstmörderklub,* pp. 779–780.
6 For detailed information concerning the characteristics of the *very short crime story* and its place in English literature, we recommend the essay by Hasenberg, P.: "'A Conjuring Trick': Christianna Brands 'Arent't our Police Wonderful?' und das Genre der *very short crime story".*
7 Cf. bibliography.
8 Stevenson, R. L.: "Was it Murder?", p. 49.
9 Ibid., p. 52.
10 Ibid., p. 50.
11 Ibid., p. 51.
12 Ibid., p. 49.
13 Ibid.

14 Ibid., p. 50.
15 Ibid.
16 Ibid., p. 51.
17 Ibid.
18 Ibid.
19 Ibid.
20 Ibid., p. 50.
21 Ibid., p. 51.
22 Ibid.
23 Ibid.
24 Ibid.
25 Ibid.
26 E.g. "[The well was] built as for eternity", ibid., p. 50. "Eternity" here also means "eternal rest", i.e. death for the baron.
27 Ibid., p. 51. The explanations in brackets in the original text have two functions: on the one hand they confirm that everything is going according to the count's plan; on the other hand they permit the "Master" to explain, and to confirm, what was happening to Mackellar.
28 Ibid.
29 Ibid., p. 52.
30 Jüngling Verlag (Ed.): *Strafgesetzbuch*, p. 752.
31 Ibid.
32 Ibid.
33 Ibid., p. 756.
34 Stevenson, R. L.: "Was it Murder?", p. 49.
35 The working of the baron's mind could be compared with the working of a computer into which a certain programme (in this case, the dream) is entered. The touch of a button is sufficient to "recall" this programme and have it printed. In the story, the "printing of the programme" is one and the same as the baron's "committing suicide" after he himself, ironically, pressed the button!
36 Stevenson, R. L.: "Was it Murder?", p. 50.
37 Ibid., p. 49. The use of the past tense ("had") lends weight to the assumption that the Master tells Mackellar the story after the count's death. Similar examples can be found throughout the story, e.g. "The count *was* a man of [...]", (ibid).

Bibliography

Cazamian, L., Legouis, E.: *A History of English Literature*. London, 1967.
Hasenberg, P.: "'A Conjuring Trick': Christianna Brands 'Aren't our Police Wonderful?' und das Genre der *very short crime story*". anglistik & englischunterricht. 18. The Very Short Story I. Heidelberg, 1982, pp. 67–81.
Mummendey, R.: „Stevenson und seine Erzählungen". – In Stevenson, R. L.: *Der Selbstmörderklub und andere Erzählungen*. München, 1967, pp. 777–782.
Standop, E., Mertner, E.: *Englische Literaturgeschichte*. Heidelberg, 1971 (¹1967).
Stevenson, R. L.: "Was it Murder?" – In Sayers, Dorothy L. (Ed.): *Tales of Detection*. London, 1963 (¹1936), pp. 49–52.
Verlag W. Jüngling (Ed.): *Strafgesetzbuch*. Karlsfeld, ⁸1975.

Volker Schulz, Osnabrück/Vechta

Ambrose Bierce: "Oil of Dog"

My name is Boffer Bings. I was born of honest parents in one of the humbler walks of life, my father being a manufacturer of dog-oil and my mother having a small studio in the shadow of the village church, where she disposed of unwelcome babes. In my boyhood I was trained to habits of industry; I not only assisted my father in procuring dogs for his vats, but was frequently employed by my mother to carry away the debris of her work in the studio. In performance of this duty I sometimes had need of all my natural intelligence for all the law officers of the vicinity were opposed to my mother's business. They were not elected on an opposition ticket, and the matter had never been made a political issue; it just happened so. My father's business of making dog-oil was, naturally, less unpopular, though the owners of missing dogs sometimes regarded him with suspicion, which was reflected, to some extent, upon me. My father had, as silent partners, all the physicians of the town, who seldom wrote a prescription which did not contain what they were pleased to designate as *Ol. can.* It is really the most valuable medicine ever dicovered. But most persons are unwilling to make personal sacrifices for the afflicted, and it was evident that many of the fattest dogs in town had been forbidden to play with me – a fact which pained my young sensibilities, and at one time came near driving me to become a pirate.

Looking back upon those days, I cannot but regret, at times, that by indirectly bringing my beloved parents to their death I was the author of misfortunes profoundly affecting my future.

One evening while passing my father's oil factory with the body of a foundling from my mother's studio I saw a constable who seemed to be closely watching my movements. Young as I was, I had learned that a constable's acts, of whatever apparent character, are prompted by the most reprehensible motives, and I avoided him by dodging into the oilery by a side door which happened to stand ajar. I locked it at once and was alone with my dead. My father had retired for the night. The only light in the place came from the furnace, which glowed a deep, rich crimson under one of the vats, casting ruddy reflections on the walls. Within the cauldron the oil still rolled in indolent ebullition, occasionally pushing to the surface a piece of dog. Seating myself to wait for the constable to go away, I held the naked body of the foundling in my lap and tenderly stroked its short, silken hair. Ah, how beautiful it was! Even at that early age I was passionately fond of children, and as I looked upon this cherub I could almost find it in my heart to wish that the small, red wound upon its breast – the work of my dear mother – had not been mortal.

It had been my custom to throw the babes into the river which nature had thoughtfully provided for the purpose, but that night I did not dare to leave the oilery for fear of the constable. "After all," I said to myself, "it cannot greatly matter if I put it into this cauldron. My father will never know the bones from those of a puppy, and the few deaths which may result from administering another kind of oil for the incomparable *ol. can.* are not important in a population which increases so rapidly." In short, I took the first step in crime and brought myself untold sorrow by casting the babe into the cauldron.

The next day, somewhat to my surprise, my father, rubbing his hands with satisfaction, informed me and my mother that he had obtained the finest quality of oil that was ever seen; that the physicians to whom he had shown samples had so pronounced it. He added that he had no knowledge as to how the result was obtained; the dogs had been treated in all respects as usual, and were of an ordinary breed. I deemed it my duty to explain – which I did, though palsied would have been my tongue if I could have foreseen the consequences. Bewailing their previous ignorance of the advantages of combining their industries, my parents at once took measures to repair the error. My mother removed her studio to a wing of the factory building and my duties in connection with the business ceased; I was no longer required to dispose of the bodies of the small superfluous, and there was no need of alluring dogs to their doom, for my father discarded them altogether, though they still had an honorable place in the name of the oil. So suddenly thrown into idleness, I might naturally have been expected to become vicious and dissolute, but I did not. The holy influence of my dear mother was ever about me to protect me from the temptations which beset youth, and my father was a deacon in a church. Alas, that through my fault these estimable persons should have come to so bad an end!

Finding a double profit in her business, my mother now devoted herself to it with a new assiduity. She removed not only superfluous and unwelcome babes to order, but went out into the highways and byways, gathering in children of a larger growth, and even such adults as she could entice to the oilery. My father, too, enamored of the superior quality of oil produced, purveyed for his vats with diligence and zeal. The conversion of their neighbors into dog-oil became, in short, the one passion of their lives – an absorbing and overwhelming greed took possession of their souls and served them in place of a hope in Heaven – by which, also, they were inspired.

So enterprising had they now become that a public meeting was held and resolutions passed serverely censuring them. It was intimated by the chairman that any further raids upon the population would be met in a spirit of hostility. My poor parents left the meeting broken-hearted, desperate and, I believe, not altogether sane. Anyhow, I deemed it prudent not to enter the oilery with them that night, but slept outside in a stable.

At about midnight some mysterious impulse caused me to rise and peer through a window into the furnace-room, where I knew my father now slept. The fires were burning as brightly as if the following day's harvest had been expected to be abundant. One of the large cauldrons was slowly "walloping" with a mysterious appearance of self-restraint, as if it bided its time to put forth its full energy. My father was not in bed; he had risen in his night-clothes and was preparing a noose in a strong cord. From the looks which he cast at the door of my mother's bedroom I knew too well the purpose that he had in mind. Speechless and motionless with terror, I could do nothing in prevention or warning. Suddenly the door of my mother's apartment was opened, noiselessly, and the two confronted each other, both apparently surprised. The lady, also, was in her night clothes, and she held in her right hand the tool of her trade, a long, narrow-bladed dagger.

She, too, had been unable to deny herself the last profit which the unfriendly action of the citizens and my absence had left her. For one instant they looked into each other's blazing eyes and then sprang together with indescribable fury. Round and round the room they struggled, the man cursing, the woman shrieking, both fighting like demons – she to strike him with the dagger, he to strangle her with his great bare hands. I know not how long I had the unhappiness to observe this disagreeable instance of domestic infelicity, but at last, after a more than usually vigorous struggle, the combatants suddenly moved apart.

My father's breast and my mother's weapon showed evidences of contact. For another instant they glared at each other in the most unamiable way; then my poor, wounded father, feeling the hand of death upon him, leaped forward, unmindful of resistance, grasped my dear mother in his arms, dragged her to the side of the boiling cauldron, collected all his failing energies, and sprang in with her! In a moment, both had disappeared and were adding their oil to that of the committee of citizens who had called the day before with an invitation to the public meeting.

Convinced that these unhappy events closed to me every avenue to an honorable career in that town, I removed to the famous city of Otumwee, where these memoirs are written with a heart full of remorse for a heedless act entailing so dismal a commercial disaster.

So konventionell-brav diese Geschichte beginnt – nämlich mit der förmlichen Selbstvorstellung des Erzählers: "My name is Boffer Bings" – , so sehr ist sie darauf angelegt, den Leser zu irritieren. Diese Irritation wird allerdings keineswegs, wie in der berühmtesten Short Story von Ambrose Bierce(1842–1914?), "An Occurrence at Owl Creek Bridge", durch eine experimentell-kühne Erzählstruktur hervorgerufen. Anders als dort bietet der Autor hier die Ereignisse nicht nur scheinbar, sondern tatsächlich in (weitgehend) chronologischer Abfolge. Die einzige Divergenz zwischen der Fabel und ihrer erzählerischen Umsetzung, dem *plot,* signalisiert dem Leser frühzeitig, daß er es trotz der unzweifelhaft grausigen Ereignisse, von denen der Erzähler berichtet, keineswegs mit einer konventionellen *horror story* zu tun hat: Die Vorwegnahme des Höhepunktereignisses (Tod der Eltern) läßt lediglich „Wie-Spannung", nicht aber die für das Genre der Schauergeschichte kennzeichnende „Was-Spannung" entstehen, d.h. lediglich „Spannung auf den Gang", nicht aber „Spannung auf den Ausgang" der Geschichte.[1] Die Erzählsituation des auf sein bisheriges Leben zurückblickenden Ich-Erzählers ist zudem aus zahlreichen Erzählwerken seit dem 18. Jahrhundert wohlvertraut. Auch der anspruchsvolle, aber luzide Sprachstil birgt nichts Befremdliches. Irritierend wirken vielmehr die gehaltliche Komplexität sowie die Vielfalt der teilweise komplementären, teilweise konkurrierenden Perspektiven, aus denen die dargestellten Vorgänge von den Figuren gesehen werden bzw. vom Leser gesehen werden (sollen). Die scheinbar so kunstlose *very short story* erweist sich bei näherem Zusehen als eine höchst raffinierte Konstruktion, mit deren Hilfe der Autor eine gewichtige, facettenreiche und noch heute durchaus aktuelle *message* vermittelt. Aufgabe des Lesers ist es, die einzelnen Sinnangebote, die ihm vom Erzähler mehr oder minder explizit gemacht werden, zu erfassen, auf ihre Verbindlichkeit hin zu prüfen und auf diese Weise die intendierte Rezeptionsperspektive zu etablieren.[2]

1. Das Sinnangebot „Familientragödie"

Der Erzähler sieht sich als Verfasser eines autobiographischen Berichts ("memoirs"), in dem er darlegen möchte, auf welche Weise er den Tod seiner Eltern indirekt verschuldet hat und daß er an dieser Schuld schwer leidet ("a heart full of remorse"). Nicht nur sein Schicksal als Waisenkind und seine unverblümte Selbstkritik, sondern auch die immer wieder artikulierte Liebe zu seinen Eltern ("beloved parents", "my dear mother") müßten ihm eigentlich die volle Sympathie des Lesers sichern – wenn dieser Boffers Perspektive wirklich teilen könnte. Dies ist jedoch keineswegs der Fall. Vielmehr wird Boffers Einschätzung seiner Eltern als "estimable persons" durch das, was er von ihnen erzählt, auf das schärfste dementiert. In bezug auf sein Urteilsvermögen – nicht seine Faktentreue – ist Boffer demnach ein "unreliable narrator"[3], und die angebliche Familientragödie ist alles andere als tragisch. Aus der ironischen Spannung zwischen der Erzählperspektive und der Perspektive, die der Autor bei seinen zeitgenössischen Lesern voraussetzen konnte und die im wesentlichen auch die des heutigen Lesers ist, bezieht die Geschichte einen gehörigen Teil ihres Irritationspotentials, aber auch ihres Reizes.

Schon die beruflichen Tätigkeiten, denen Boffers Eltern zunächst nachgehen, erscheinen zum Teil suspekt, zum Teil glattweg unmoralisch. Boffers Vater fängt streunende Hunde ein, tötet sie und verarbeitet ihre Kadaver zu einer von den Ärzten hochgeschätzten Medizin – daß er auch vor dem Diebstahl von keineswegs herrenlosen Hunden nicht zurückschreckt, macht des Erzählers Bemerkung deutlich: "the owners of missing dogs sometimes regarded him with suspicion". Boffers Mutter tötet gegen Bezahlung "unwelcome babes" – ihr "studio" liegt bezeichnenderweise neben der Dorfkirche, auf deren Stufen seit jeher „Früchte der Sünde" ausgesetzt worden sind. Später, als die Mutter Kinder und Erwachsene von der Straße in die Ölfabrik lockt und dort tötet und der Vater deren Leichen zu einer noch wirksameren Medizin verarbeitet, sind beide ohne jeden Zweifel gemeingefährliche Schwerverbrecher.

Trotzdem äußert der Erzähler durchgängig kein Wort der Kritik. Vielmehr sind seine Eltern für ihn ehrbare, rechtschaffene Leute ("honest"), ja geradezu ein Bollwerk der Tugend: "The holy influence of my dear mother was ever about me to protect me from the temptations which beset youth, and my father was a deacon in a church." Offensichtlich nimmt Bierce hier eine Species von (kalvinistischen) „Frommen" aufs Korn, die zwar jede Form der Vergnügung und der Lust als schwere Sünde betrachten, deren Moralgefühl ansonsten jedoch bis zur Empfindungslosigkeit abgestumpft ist. Arbeitsfleiß ("industry") und die Hoffnung auf einen himmlichen Lohn für den geleisteten Verzicht auf „irdische Freuden" ("a hope in Heaven") sind die bestimmenden Faktoren ihres Lebens. Mitmenschliches Gefühl bleibt völlig auf der Strecke. Bezeichnend dafür ist, daß Boffer zwar die Schönheit des von seiner Mutter getöteten Findelkinds bemerkt ("how beautiful it was!"), dessen Ermordung aber nur „beinahe" bedauert ("I could almost find it in my heart to wish that the small, red wound ... had not been mortal"). Später diagnostiziert Boffer zwar die charakterliche Veränderung, die seine Eltern durchmachen – "an absorbing and overwhelming greed took possession of their souls" –, zeigt jedoch keinerlei moralischen Abscheu angesichts ihrer zahllosen Mordtaten, sondern vermerkt lediglich eine Steigerung ihres beruflichen Engagements, "a new assiduity". Die Perversion seines Moralgefühls zeigt sich nicht zuletzt daran, daß er nicht etwa einen Mord, sondern sein spontan-unbedachtes Handeln in einer Krisensituation als "crime" bezeichnet.

Boffer erweist sich durchgängig als das genaue Spiegelbild seiner Eltern. Wie sie ist er ausschließlich auf sein eigenes Wohlergehen bedacht. Bezeichnenderweise macht er keinerlei Versuch einzugreifen, als seine Eltern sich gegenseitig umzubringen versuchen; um nicht selbst in Gefahr zu kommen, begnügt er sich damit zuzuschauen ("observe"). Aus seiner amoralischen Perspektive stellt sich das erzählte Geschehen nicht als eine Serie von Morden dar, die mit der gegenseitigen Ermordung von Mörderin und Mordkomplice endet, sondern als eine von ihm selbst durch einen "heedless act", d. h. ein einmaliges Abweichen vom Prinzip rational-umsichtigen Verhaltens ("prudent"), eingeleitete Kettenreaktion, die ihn seiner Eltern beraubt und zum Wegzug aus seiner Heimatstadt gezwungen hat. Bei näherem Hinsehen erweist sich selbst Boffers Liebe zu seinen Eltern als bloßes Lippenbekenntnis, denn offensichtlich berührt ihn ihr Tod nur insofern, als dessen spektakuläre Begleitumstände "closed to me every avenue to an honorable career in that town". Im Grunde ist er, wie sie, ein hemmungsloser Egoist, sieht er ihren Tod ausschließlich unter dem Aspekt seiner negativen Auswirkungen auf das eigene Leben: "by indirectly bringing my beloved parents to their death I was the author of misfortunes profoundly affecting my future". Boffers Schuldgefühle sind in Wahrheit nichts anderes als Selbstmitleid. Das vom Erzähler entworfene Bild des bedauernswerten Waisenkindes, das seinen rechtschaffenen Eltern nachtrauert, erweist sich als bloße Fiktion. Boffer Bings und seine Eltern sind in Wahrheit ein Ausbund von Amoralität, Gefühlskälte und Egoismus, der Tod der Eltern und Boffers Eltern- und Heimatlosigkeit die gerechte Strafe für ihre grauenhaften Untaten.

Boffers für den Leser schockierender völliger Mangel an moralischer Betroffenheit, der sich nicht zuletzt in dem nüchternen, unaufgeregten Duktus seines Erzählens ausdrückt, hat bedeutsame Auswirkungen auf den „Ton" dieser Geschichte: Die Schilderung schrecklicher Untaten und Katastrophen durch einen „naiven", in unserem Fall einen amoralisch-empfindungslosen Erzähler ergibt *black humour*[4], eine Spielart der Komik, die Ambrose Bierce in die amerikanische Literatur eingeführt hat – er ist "the first notable exponent of black humour in America"[5] – und die in unserem Jahrhundert durch zahlreiche bedeutende Autoren repräsentiert ist.[6] „Schwarzer Humor" stellt insofern eine Extremform von Komik dar (und wird von vielen Menschen als „Geschmacksverirrung" rundweg abgelehnt), als die für das Komische konstitutive Überlagerung zweier unvereinbarer „Felder" hier Ereignisse, Situationen und Figuren betrifft, die habituell intensive Sympathie- und/oder Antipathiegefühle auslösen. Beim sog. „Irrenwitz", einer bekannten Spielart des *sick joke,* etwa soll der Leser/Hörer das verrückte, der „Logik der Normalen" zuwiderlaufende Verhalten von Geisteskranken komisch finden, obwohl dies nicht nur seiner grundsätzlichen Neigung zum Mitleid mit ihnen zuwiderläuft, sondern dieses Mitleid dadurch noch besonders intensiv herausgefordert wird, daß das Verhalten der

Irren in diesen Witzen für sie meist katastrophale, oft tödliche Konsequenzen hat. Jene «anesthésie momentanée du cœur»[7], die nach Bergson die Grundvoraussetzung für die erlebnishafte Rezeption des Komischen ist, läßt sich beim *sick joke*, wenn überhaupt, dann nur dadurch gewinnen, daß man vorübergehend sein „besseres", moralisch-zivilisiertes Ich „beurlaubt" und sich der amoralisch-atavistischen Neigung zu reiner Schadenfreude über die Mißgeschicke anderer hingibt.

"Oil of Dog" unterscheidet sich vom *sick joke* dadurch, daß die Erzählerperspektive nicht identisch ist mit der intendierten Rezeptionsperspektive, vielmehr als völlig inadäquat der Kritik des Lesers ausgesetzt wird. Dessen moralischer Schock bei der Konfrontation mit einer monströs amoralischen Sicht vermischt sich im Lauf des Lesevorgangs allerdings immer mehr mit dem Vergnügen an der künstlerischen Meisterschaft, vor allem an der stilistischen Brillanz, mit der der Autor diese Unangemessenheit durchgängig vermittelt.

Die komisch-ironische Spannung zwischen der Erzählerperspektive und der intendierten Rezeptionsperspektive ist nicht zuletzt an dem Stilmittel des *understatement* abzulesen, das Bierce virtuos handhabt: Für Boffer sind z.B. die Leichen der von seiner Mutter getöteten Kinder "the debris of her work in the studio", der Kampf auf Leben und Tod zwischen seinen Eltern ein "disagreeable instance of domestic infelicity", ihre Mordorgien und ihr grausiger Tod "unhappy events". Sowohl hinsichtlich dieses Stilmittels als auch hinsichtlich der Erzählsituation, des Tons und des Stoffes ist "Oil of Dog" unübersehbar Jonathan Swifts berühmtem satirischen Pseudo-Traktat "A Modest Proposal" verpflichtet, in dem ein „Philantrop" die sozio-ökonomische Misere Irlands durch das Töten und Verspeisen von Kleinkindern zu beseitigen vorschlägt.

Die scharfe Diskrepanz zwischen der Fabel, die sich (zunächst) als Abfolge von scheußlichen Verbrechen charakterisieren läßt, und ihrer Umdeutung in eine Kette „unglücklicher Ereignisse" durch den Erzähler läßt dem Leser nicht nur das Lachen im Halse steckenbleiben. Sie regt ihn auch dazu an, die divergierenden Perspektiven hinsichtlich des Verhältnisses zwischen Boffers Familie und der sie umgebenden Gesellschaft zu reflektieren.

2. Das Sinnangebot „Opfer einer intoleranten Gesellschaft"

In der Sicht des Erzählers liegt die Schuld an der verhängnisvollen Entwicklung, der schließlich seine Eltern zum Opfer fallen, nur zum Teil bei ihm selber, zum anderen Teil aber bei dem Gemeinwesen, in dem sie leben. Schon dessen Einstellung gegenüber den beruflichen Tätigkeiten seiner Eltern, in die er als Helfer anfangs einbezogen ist, erscheint ihm unverständlich. Obwohl das Einfangen und Töten streunender Hunde (noch dazu zum Zweck ihrer Verarbeitung zu einer hochwirksamen Medizin) eindeutig im Interesse der Gesellschaft liegt, ist dieses Gewerbe alles andere als angesehen ("unpopular"), und die von Boffers Vater und Boffer selbst ohne jegliche Skrupel praktizierte Überschreitung der Grenze zum Hundediebstahl führt dazu, daß sie von der Gesellschaft argwöhnisch beobachtet werden: "the owners of missing dogs sometimes regarded him with suspicion, which was reflected to some extent upon me". Auch die Beseitigung von "superfluous and unwelcome babes" entspricht einem durchaus vorhandenen Bedürfnis zumindest eines Teils der Bevölkerung – sie erfolgt ja auch in dessen Auftrag ("to order"). Aus der Perspektive der amoralischen Familie Bings ist es deshalb unverständlich, daß sie als kriminelles Delikt gilt. Boffer und seine Eltern sehen sich als Opfer einer völlig ungerechtfertigten Verfolgungskampagne von Seiten der Hüter der gesellschaftlichen Ordnung und versuchen mit Erfolg, ihr sozial nützliches und für sie selbst einträgliches Tun fortzusetzen, ohne sich auf frischer Tat ertappen zu lassen: "I sometimes had need of all my natural intelligence for all the law officers of the vicinity were opposed to my mother's business." In Boffers Augen ist die Weigerung der Hundebesitzer "to make personal sacrifices for the afflicted" sogar ein zutiefst unsoziales Verhalten – bezeichnenderweise reagiert er darauf mit der kindlichen Wunschvorstellung einer völligen Abkehr von und der kämpferischen Auseinandersetzung mit einer derartigen Gesellschaft ("become a pirate"). Ebenso befremdlich erscheint in der ausschließlich am Eigennutz sowie an der gesellschaftlichen Nützlichkeit allen Tuns orientierten Perspektive des Erzählers das feindselige Verhalten der Polizisten. Da er, wie seine Eltern, nicht gelernt hat, in den Kategorien „erlaubt"/„legal" und „unerlaubt"/„illegal" zu denken, kann er dahinter lediglich vage "the most reprehensible motives" vermuten und ihnen systematisch aus dem Weg gehen ("dodging").

Daß Boffers Perspektive allein durch die Wertvorstellungen individueller Selbstentfaltung und sozialer Nützlichkeit geprägt ist, zeigt sich besonders kraß, als er die Leiche des Kindes in den Ölkessel wirft: "the few deaths which may result from administering another kind of oil for the incomparable Ol. can. are not important in a population which increases so rapidly". Konsequenterweise bezeichnet er dann auch die in der Folgezeit einsetzende massenhafte Ermordung von Kindern und Erwachsenen durch seine Eltern unbewußt-euphemistisch als "the conversion of their neighbors into dog-oil" – gegen ihren Willen bringen die betreffenden Bürger die denkbar größten "personal sacrifices for the afflicted". In der sich schließlich zuspitzenden Auseinandersetzung zwischen den Eltern und der übrigen Bevölkerung nimmt Boffer dann auch eindeutig Partei – die Eltern erscheinen als unschuldige Opfer einer unduldsamen, ihre individuelle Selbstentfaltung und soziale Nützlichkeit rigoros beschränkenden Gesellschaft: "My poor parents left the meeting broken-hearted, desperate and, I believe, not altogether sane." Hatte der Erzähler nach seinem eigenen

56

Bekenntnis die erste Stufe der verhängnisvollen psychischen Veränderung seiner Eltern selbst ausgelöst, nämlich jene hemmungslose Habgier ("absorbing and overwhelming greed") geweckt, die sie zu einer erheblichen Erweiterung des Kreises der Opfer ihres von der Gesellschaft als kriminell angesehenen Tuns trieb, so macht er nun die Gesellschaft verantwortlich für die zweite und letzte Stufe dieses Prozesses. Der Zustand der geistig-seelischen Verwirrung, in dem die Eltern selbst die Mitglieder der eigenen Familie nicht mehr als Komplizen, sondern als potentielle Opfer sehen und sich schließlich gegenseitig vernichten, wird von Boffer auf das feindselige Verhalten der Gesellschaft ("hostility") zurückgeführt. Der „bedauernswerte Waisenknabe" beklagt das „traurige Schicksal" seiner von der intoleranten Gesellschaft zugrundegerichteten „armen Eltern".

Diese Sicht der Dinge steht in scharfem Gegensatz zu der Perspektive der "citizens", unter denen Boffer und seine Eltern leben, und in noch schärferem Gegensatz zu der intendierten Rezeptionsperspektive. Für die Bevölkerungsmehrheit sind die drei zunächst kleine Kriminelle, aus deren Treiben sie zwar selbst gelegentlich Nutzen zieht, die aber wegen ihrer (freilich schwer nachzuweisenden) Verstöße gegen die zu Gesetzen geronnenen Normvorstellungen der Gesellschaft von den Hütern des Gesetzes, der Polizei, routinemäßig überwacht werden ("I saw a constable who seemed to be closely watching my movements"). Als Boffers Eltern, von blanker Habgier getrieben, nicht mehr ausschließlich im Auftrag der jeweiligen Eltern deren unerwünschte Babies töten, sondern wahllos auch größere Kinder und Erwachsene kidnappen und ermorden (offenbar wieder, ohne daß die Polizei sie dabei fassen kann), beantwortet die Gesellschaft mit einem öffentlichen Tadel ("severely censuring them") und einer unmißverständlichen Warnung diesen direkten Angriff auf ihren Bestand: "any further raids upon the population would be met in a spirit of hostility".

In beiden Fällen erscheint das Verhalten der fiktiven Gesellschaft dem Leser keineswegs intolerant, wie das Boffer ihm zu suggerieren versucht, sondern vielmehr viel zu tolerant. Schon die Tatsache, daß die Tötung von Babies für sie offensichtlich kein erheblich schwereres Verbrechen darstellt als der Diebstahl und die Tötung von Hunden (der "constable" observiert nicht das „Studio" von Boffers Mutter, sondern die Ölfabrik seines Vaters, und das Treiben der Mutter löst zunächst offenbar keine „feindselige" Reaktion aus), stößt auf das Unverständnis des Lesers. Denn die primäre Aufgabe jeder Gesellschaft ist – und dies hat Bierce selbst in einem Essay ausdrücklich betont – "safeguarding the young, the weak and the unfortunate against the cruelty and rapacity ever alurk and alert to prey upon them."[8] Aber auch die spätere „diplomatische" Behandlung der beiden Massenmörder ist mehr als befremdlich und hat verheerende Folgen: Das Bürgerkomitee, das Boffers Eltern die Einladung zu einer öffentlichen Versammlung überbringt, landet samt und sonders im siedenden Öl.

Durch die Kontrastierung der völlig abwegigen Perspektive des Erzählers und der nicht völlig akzeptablen Perspektive der Gesellschaft provoziert der Autor den Leser zum Nachdenken über das Problem der Toleranzgrenze gegenüber Gesetzesbrechern und darüber hinaus über die Relativität moralisch-gesellschaftlicher Normen (und Sanktionen) ganz allgemein.

Die mangelnde Effizienz der Verfolgung „leichter" Kriminalität – z.T. zurückzuführen auf die Tatsache, daß die Gesellschaft, da sie von ihr „profitiert", diese nur halbherzig betreibt – begünstigt deren Entwicklung zur Schwerkriminalität, in der fiktiven Welt von Bierces *very short story* wie in der Realität des modernen Lesers (man denke z.B. nur an die vergleichsweise niedrigen Strafen für Wirtschafts- und Umweltverbrechen). Zudem deutet die Einstufung des Babymordes als minder schweres Verbrechen auf eine gefährliche Verwirrung der Gesellschaft in bezug auf die Hierarchie ihrer Werte. Daß Leben und körperliche Unversehrtheit ihrer Mitglieder, als Voraussetzung des Weiterbestandes der Gesellschaft, in jedem Fall höchsten Rang besitzen müßten, hat Bierce in einem Aufsatz über Sozialismus, Anarchismus und Nihilismus ausdrücklich festgestellt: "If Government has any meaning it means [...] denial to the masses of the right to cut their own throats and ours."[9] Schließlich vermittelt der Autor dem Leser ein gehöriges Maß an Skepsis gegenüber der Behandlung von Schwerkriminellen mittels moralischer Appelle: Der Schutz der Gesellschaft vor weiteren Untaten der Verbrecher, so läßt sich Bierces Standpunkt in heutiger Terminologie umreißen, muß in jedem Fall Vorrang haben vor dem Bemühen um deren Resozialisierung. Dieses Bemühen ist nämlich von vornherein zum Scheitern verurteilt, wenn die straffällig Gewordenen hinsichtlich moralischer Sensibilität und „Steuerungsfähigkeit" abnorm sind ("the one passion of their lives", "not altogether sane"). In seinem oben erwähnten Aufsatz sieht Bierce diesen Fall bei schlechterdings allen Mördern als gegeben an. Er bezeichnet diese als „Anarchisten" und plädiert explizit für die Todesstrafe:

> For the anarchist, whose aim is ... destruction ... there should be no close season, for that savage no reservation. Society has not the right to grant life to one who denies the right to live.[10]

An dieser Stelle werden sicher viele der heutigen Leser zögern, die intendierte Rezeptionsperspektive zu übernehmen, da sie auf einem für sie nicht akzeptablen, zu düsteren und statischen Menschenbild beruht.[11]

Im Unterschied zu anderen Geschichten desselben Autors, etwa "The Child's Provider" oder "The City of the Gone Away", die ausschließlich von der Wirkung „schwarzen Humors" leben, stellt "Oil of Dog" daneben – auf provozierende Weise – die Frage nach der Verbindlichkeit bzw. Relativität der moralisch-sozialen Grundwerte der Gesellschaft, in der der Leser lebt und/oder die er sich wünscht. Der Autor zwingt den Leser zu "a reexamination of accepted values in human and social ties."[12]

3. Das Sinnangebot „Entstehung, Erfolg und schließlicher Ruin eines Wirtschaftsunternehmens"

Neben der „privaten" (moralischen) und der „sozialen" Dimension hat die Fabel von "Oil of Dog" auch noch eine ökonomische. Daß dieser Dimension mindestens die gleiche, wenn nicht die größte Bedeutung in der komplexen Wirkungsstruktur dieser Geschichte zukommt, belegt die Fülle von Begriffen aus dem Wirtschaftsleben, die sich im Text finden. Schon im ersten Absatz werden sowohl das Gewerbe von Boffers Mutter als auch seines Vaters Tätigkeit als Produzent ("manufacturer") von Hundeöl als "business" bezeichnet; und die Geschichte endet mit des Erzählers prononcierter Klage nicht über den Tod seiner Eltern, sondern über das von ihm mitverursachte "commercial disaster". Dazwischen halten Wörter wie "industries", "profit", "enterprising" und "career", vor allem aber auch die Tatsache, daß die väterliche Ölfabrik der Hauptschauplatz des Geschehens ist, das Bewußtsein des Lesers durchgängig wach, daß der Erzähler nicht zuletzt der Chronist betriebswirtschaftlicher Abläufe ist, Aufstieg und Fall eines Unternehmer-Ehepaares darstellt. Bierce, der seinem Biographen O'Connor zufolge in den 70er Jahren des vorigen Jahrhunderts als Angestellter einer (Gold-)Bergbaugesellschaft in Dakota "a quick brutal education in the facts of business life"[13] erhielt und sich in der Folgezeit als Journalist wiederholt mit Grundsatzfragen der amerikanischen Industriegesellschaft auseinandersetzte[14], hat mit "Oil of Dog" eine noch heute aktuelle ökonomische Parabel in satirischer Absicht geschrieben.

Die Amoralität von Boffers Eltern steht stellvertretend für jenen absolut skrupellos-egoistischen Typ freien Unternehmertums, der durch das von Bierce keineswegs grundsätzlich in Frage gestellte (früh-)kapitalistische Wirtschaftssystem ermöglicht wurde und der sein Tun wieder und wieder mit dem, wie es Bierce formuliert, "senseless dictum that 'business is business'"[15] zu rechtfertigen versucht hat. Diesem Unternehmer-Typ wird weder die illegale Rohstoffbeschaffung (Hundediebstahl) noch das illegale Unternehmensziel (Kindermord) zum moralischen Problem, solange nur das Geschäft floriert. In seinen Augen genügt der Hinweis auf die vorhandene Nachfrage ("to order", "most valuable"), um seine wirtschaftliche Aktivität zu sanktionieren. Der Gesellschaft wird zugemutet, Enteignungen zur Sicherung der Rohstoffversorgung des privaten Unternehmens ebenso widerspruchslos hinzunehmen wie die Belastung der Umwelt, die zynisch-bedenkenlos als Abfalldeponie mißbraucht wird ("It had been my custom to throw the babes into the river which nature had thoughtfully provided for the purpose"). Das Risiko der Strafverfolgung wird durch den Einsatz juristisch nicht belangbarer Helfer (des minderjährigen Boffer) vermindert.

Die Perspektive des neutralen Chronisten ökonomischer Vorgänge erweist sich als ebenso unzureichend-irreführend wie die übrigen von Boffer gemachten Sinnangebote. Bierce intendiert eine eindeutig kritische Rezeptionsperspektive, prangert Auswüchse des privatkapitalistischen Unternehmertums seiner Zeit an. Die Auswirkungen einer technologischen Innovation machen die Tendenz zur Inhumanität, die der von ihm attackierten Ausprägung freien Unternehmertums innewohnt, unübersehbar deutlich: Durch die zufällige Entdeckung, daß der Abfall ("debris"), der im Dienstleistungsbetrieb von Boffers Mutter entsteht, der ideale Rohstoff für den Produktionsbetrieb seines Vaters ist, da seine Verwendung eine Qualitätsverbesserung der erzeugten Ware bewirkt ("the finest quality of oil"), lösen sich mit einem Schlag die bis dahin existierenden Probleme von Boffers Eltern mit der Abfallbeseitigung wie mit der Rohstoffbeschaffung. Die jeweiligen Arbeitsstätten werden an einem Ort zusammengeführt ("My mother removed her studio to a wing of the factory buildings"), die Arbeitsvorgänge genau aufeinander abgestimmt – es entsteht eine größere Betriebseinheit, ein Konzern ("combining their industries"). Die durch die technologische Innovation und die organisatorische Neugliederung erreichte Rationalisierung erlaubt zum einen die Einsparung von Personal ("I was no longer required [...] thrown into idleness"), führt zum anderen zu einer Erhöhung der Produktionskapazität. Die damit gegebene Aussicht auf höhere Gewinne veranlaßt das Unternehmer-Ehepaar zu gesteigerter Aktivität ("Finding a double profit in her business, my mother now devoted herself to it with a new assiduity"). Diese Aktivität gilt vor allem der für eine Produktionserhöhung erforderlichen Ausweitung der Rohstoffbasis. Der Raubbau an der Umwelt wird nun in noch größerem Maßstab betrieben, die natürlichen Ressourcen werden hemmungslos ausgebeutet ("gathering in children of a larger growth, and even such adults as she could entice to the oilery"). Aus purer Gewinnsucht ("greed"), die alle anderen Regungen erstickt und das Handeln des Unternehmer-Ehepaars geradezu zwanghaft-monomanisch erscheinen läßt ("the one passion of their lives", "took possession of their souls"), entzieht es durch seine ungehemmt-aggressive ökonomische Tätigkeit der Gesellschaft, in der es lebt, die Lebensgrundlage. Der effiziente Konzern wird zum Moloch.

Das vollzieht sich bei Bierce in der augenfälligsten Weise, die sich überhaupt denken läßt: Indem das wirtschaftliche Wachstum das Leben der potentiellen Konsumenten, dem es doch zu dienen vorgibt ("valuable medicine"), direkt zerstört, führt es sich selbst ad absurdum. Die Schäden, die eine ausschließlich an Gewinnmaximierung interessierte „unsoziale Marktwirtschaft" der Gesellschaft zufügt, kann durch den Hinweis auf die Nützlichkeit der erzeugten Waren nicht gerechtfertigt werden. In der Verarbeitung der Konsumenten zur Ware ("conversion of their neighbors into dog-oil") sowie im gegenseitigen Abschlachten der beiden skrupellos-egoistischen Unternehmer hat Bierce grausig-einprägsame Symbole für die letzte Konsequenz dieser selbstmörderischen Wachstumsideologie gefunden.

Die ökonomische Parabel über die Entstehung und den Ruin eines Konzerns gewinnt im Zeitalter weltweiter Umweltzerstörung die zusätzliche Dimension eines aufrüttelnden Appells an die Vernunft. Eine Menschheit, die um kurzfristiger Vorteile (einzelner) willen systematisch Raubbau an ihren Lebensgrundlagen betreibt, hat den Verstand verloren ("not altogether sane"), vernichtet sich letztlich selbst.

Anmerkungen

1 Diese Begriffe finden sich bei Pütz, P.: *Die Zeit im Drama. Zur Technik dramatischer Spannung*. Göttingen, 1970, S. 15.

2 Zum Phänomen der Perspektivenstruktur, das für die Interpretation von Dramen und Erzählwerken gleichermaßen von Bedeutung ist, vgl. Pfister, M.: *Das Drama. Theorie und Analyse*. München, 1977, S. 90ff.

3 Dieser Begriff wurde geprägt von Booth, W. C.: *The Rhetoric of Fiction*. Chicago, 1961, S. 158–160.

4 Vgl. Dolmetsch, C. R.: "Camp and Black Humour in Recent American Fiction". – In Weber, A., Haack, D. (Eds.): *Amerikanische Literatur im 20. Jahrhundert*. Göttingen, 1971, S. 152f.: "Black Humorists [...] aim to shock our sensibilities by constrasting the seriousness of their subjects with the whimsicality implicit in its treatment."

5 O'Connor, R.: *Ambrose Bierce. A Biography*. Boston, 1967, S. 7.

6 Vgl. Weber, B.: "The Mode of 'Black Humor'". – In Rubin, L. D., Jr. (Ed.): *The Comic Imagination in American Literature*. New Brunswick, 1973, S. 361f. Weber nennt als Vertreter dieser Richtung in der amerikanischen Literatur nach dem Zweiten Weltkrieg V. Nabokov, W. Gaddis, T. Berger, J. Purdy, W. Burroughs, J. P. Donleavy, T. Southern, J. Heller, K. Kasey, T. Pynchon, W. Percy, J. Barth, J. Hawkes and B. J. Friedman.

7 Bergson, H.: «Le Rire». – In *Œuvres* (Edition de Centenaire). Paris, 1959 ([1]1904), S. 389. Zur Theorie des Komischen vgl. Vf.: *Studien zum Komischen in Shakespeares Komödien*. Darmstadt, 1971, S. 9–20.

8 Bierce, A.: "Poverty, Crime and Vice". – In *The Collected Works of Ambroce Bierce*. New York, 1911, repr. 1966, Bd. IX, S. 103.

9 Bierce, A.: "The Shadow of the Dial". – In *The Collected Works of Ambrose Bierce*. New York, 1911, repr. 1966, Bd. XI, S. 41.

10 Ebd., S. 28.

11 Mehrere der Charakterisierungen der menschlichen Natur, die sich in Bierces Œuvre finden, erinnern stark an die misanthropischsten Passagen in Swift's *Gulliver's Travels*, einem Buch, aus dem er am Ende von *The Fiend's Delight* (1873) zitiert. Vgl. z.B. Bierces Bemerkungen über "the essential folly and badness of human nature" und "the folly and depravity of human nature" in dem Essay "The Shadow of Death" (*Collected Works*, Bd. IX, S. 39f.) oder seine Definition der Menschheit in dem Essay "To Train a Writer" (*Collected Works*, Bd. X, S. 77): "fools and rogues, blind with superstition, tormented with envy, consumed with vanity, selfish, false, cruel, cursed with illusions – frothing mad!"

12 Grenander, M. E.: *Ambrose Bierce*. New York, 1971, S. 131. – In dieser Beziehung stellt übrigens "Civilization" das essayistische Gegenstück zu "Oil of Dog" in Bierces Werk dar. Dort plädiert er für eine tolerante Haltung gegenüber Rassen und Völkern mit Normen, die von unseren „zivilisierten" Normen abweichen. Diese letzteren seien nämlich oft ebenso "mischievous or absurd" wie die ihren: "For my part, I do not know what, in all circumstances, is right or wrong" (*Collected Works*, Bd. XI, S. 50f.).

13 O'Connor, R.: A.a.O., S. 129.

14 Vgl. vor allem "The Socialist – What He Is and Why" (*Collected Works*, Bd. IX, S. 37–47), "In the Infancy of 'Trusts'" (*Collected Works*, Bd. IX, S. 91–99) und "Industrial Discontent" (*Collected Works*, Bd. X, S. 150–172).

15 Bierce, A.: "Civilization". – In *Collected Works*, Bd. XI, S. 63.

Ulrich Suerbaum, Bochum

Thurber und Christie und Shakespeare.
"The Macbeth Murder Mystery"

I

Natürlich ist es ein Segen, daß es sie gibt, die *very short story*, das *short short play*, das kurze Gedicht, die Fabel – was wollten wir wohl ohne sie im Unterricht machen? Es ist aber zugleich doch auch ein Kreuz mit den Kurzformen, und zwar eben deshalb, weil sie so überaus brauchbar sind.

Die literarischen Kurzformen – bei den nicht-fiktionalen Texten ist es ähnlich – verdanken ihre Beliebtheit und ihr Gewicht als Gegenstände der Lehre weniger ihren eigenen Meriten als Einzeltexte oder Gattungen als vielmehr ihrer vorzüglichen Unterrichtseignung, und diese Eignung wiederum bezieht sich weniger auf das Erreichen ideeller Lernziele als auf eine extreme Anpaßbarkeit an die äußeren und formalen Gegebenheiten des Fremdsprachenunterrichts in der Mittel- und Oberstufe.

Kurzformen sind eminent machbar; sie passen sich dem schulischen Rezeptionsprozeß mit seinen durch lange Intervalle getrennten Stunden oder Doppelstunden besser an als Langtexte. Sie lassen sich bequem zu offenen, kürzbaren und verlängerbaren Reihen zusammenstellen. Sie sind leicht diskutierbar, weil sie sich unschwer überschauen lassen und eine begrenzte Zahl von bemerkenswerten Aspekten enthalten. Sie sind didaktisch gut zu handhaben, unter anderem deshalb, weil sie – siehe beispielsweise *anglistik & englischunterricht* – in der didaktischen Literatur besser bedacht werden als die Langformen. – Bei einer solchen Häufung von unterrichtlichen Vorzügen ist es kein Wunder, wenn die kurzen und extrem kurzen Formen, durch die meisten Richtlinien kräftig gefördert, auch dort ihr Übergewicht ausbauen, wo weder Zeitmangel noch das Fassungsvermögen der Schüler der Behandlung von Langtexten im Wege steht, im Leistungskurs beispielsweise.

Das Problem der Kurztexte besteht darin, daß ihre Vorzüge für den Unterricht gerade jene Aspekte betreffen, die Schule und Leben, Textrezeption im Fremdsprachenunterricht und Textrezeption außerhalb des Unterrichts, voneinander trennen. Die Überbetonung von Kurzformen führt zu Verzerrungen und Deformierungen im Verhältnis des Rezipienten zur Literatur und zur Welt der außerschulischen Texte überhaupt. In der modernen Literatur, in der ‚hohen' Literatur sowohl wie in der Unterhaltungsliteratur, sind die ganz kurzen Formen meist nur noch Nebensachen, Lückenfüller. Die meisten der Medien beispielsweise, für die unsere beliebtesten *very short stories* ursprünglich geschrieben wurden, existieren nicht mehr. (In Deutschland etwa publizieren nur ein paar Fernseh- und Modezeitschriften noch Kurzgeschichten dieses Typs.) Das Leistungsvermögen der Kurzformen ist begrenzt, und selbst im Gesamtwerk ihrer Autoren nehmen die Kurztexte oft eine Nebenrolle ein, die wenig von ihrer Bedeutung als Schultexte ahnen läßt. *Request Stop* ist kein bedeutendes Pinter-Stück, und Hemingway erschöpft sich nicht in den kürzeren Nick-Adams-Stories. Außerschulische Textrezeption, jene Form der Rezeption also, zu der der Unterricht hinführen und zu deren Reflexion er anleiten soll, ist fast immer, sofern sie die alltägliche Zeitungslektüre überschreitet, vor allem Rezeption von Langtexten oder von deren medialer Umsetzung im Fernsehen oder im Film, einerlei ob es sich um unterhaltende oder um informierende und problemverarbeitende Texte handelt. Im Leben, im beruflichen wie im privaten, ist die Welt der Texte noch immer überwiegend eine Welt von Büchern.

James Thurbers "The Macbeth Murder Mystery"[1] ist eine ganz kurze Geschichte, die von zwei literarischen Langformen, einem Detektivroman à la Agatha Christie und Shakespeares *Macbeth,* und von deren Ähnlichkeiten und Unterschieden handelt. Es ist eine Geschichte, die zwei Gattungen persiflierend zur Debatte stellt und dadurch Gelegenheit gibt, Wesenszüge und Unterscheidungen – strukturelle und wertende – von Kriminalgeschichte und Shakespearedrama, von ‚trivialer' und ‚hoher' Literatur, zu diskutieren.

James Thurber

The Macbeth Murder Mystery

"It was a stupid mistake to make," said the American woman I had met at my hotel in the English lake country, "but it was on the counter with the other Penguin books – the little sixpenny ones, you know, with the paper coves – and I supposed of course it was a detective story. All the others were detective stories. I'd read all the others, so I bought this one without really looking at it carefully. You can imagine how mad I was when I found it was Shakespeare." I murmured something sympathetically. "I dont's see why the Penguin-books people had to get out Shakespeare plays in the same size and everything as the detective stories," went on my companion. "I think they have different-colored jackets," I said. "Well, I didn't notice that," she said. "Anyway, I got real comfy in bed that night and all ready to read a good mystery story and here I had 'The Tragedy of Macbeth' – a book for high-school students. Like 'Ivanhoe'." "Or 'Lorne

Doone'," I said. "Exactly," said the American lady. "And I was just crazy for a good Agatha Christie, or something. Hercule Poirot is my favorite detective." "Is he the rabbity one?" I asked. "Oh, no,"said my crime-fiction expert. "He's the Belgian one. You're thinking of Mr. Pinkerton, the one that helps Inspector Bull. He's good, too."

Over her second cup of tea my companion began to tell the plot of a detective story that had fooled her completely – it seems it was the old family doctor all the time. But I cut in on her. "Tell me," I said. "Did you read 'Macbeth'?" "I *had* to read it," she said. "There wasn't a scrap of anything else to read in the whole room." "Did you like it?" I asked. "No, I did not," she said, decisively. "In the first place, I don't think for a moment that Macbeth did it." I looked at her blankly. "Did what?" I asked. "I don't think for a moment that he killed the King," she said. "I don't think the Macbeth woman was mixed up in it, either. You suspect them the most, of course, but those are the ones that are never guilty – or shouldn't be, anyway." "I'm afraid," I began, "that I – " "But don't you see?" said the American lady. "It would spoil everything if you could figure out right away who did it. Shakespeare was too smart for that. I've read that people never *have* figured out 'Hamlet', so it isn't likely Shakespeare would have made 'Macbeth' as simple as it seems." I thought this over while I filled my pipe. "Who do you suspect?" I asked, suddenly. "Macduff," she said, promptly. "Good God!" I whispered, softly.

"Oh Macduff did it, all right," said the murder specialist. "Hercule Poirot would have got him easily." "How did you figure it out?" I demanded. "Well," she said, "I didn't right away. At first I suspected Banquo. And then, of course, he was the second person killed. That was good right in there, that part. The person you suspect of the first murder should always be the second victim." "Is that so?" I murmured. "Oh, yes," said my informant. "They have to keep surprising you. Well, after the second murder I didn't know *who* the killer was for a while." "How about Malcolm and Donalbain, the King's sons?" I asked. "As I remember it, they fled right after the first murder. That looks suspicious." "Too suspicious," said the American lady. "Much too suspicious." When they flee, they're never guilty. You can count on that." "I believe," I said, "I'll have a brandy," and I summoned the waiter. My companion leaned toward me, her eyes bright, her teacup quivering. "Do you know who discovered Duncan's body?" she demanded. I said I was sorry, but I had forgotten. "Macduff discovers it," she said, slipping into the historical present. "Then he comes running downstairs and shouts, 'Confusion has broke open the Lord's anointed temple' and 'Sacrilegious murder has made his masterpiece' and on and on like that." The good lady tapped me on the knee. "All that stuff was rehearsed," she said. "You wouldn't say a lot of stuff like that, offhand, would you – if you had found a body?" She fixed me with a glittering eye. "I – " I began. "You're right!" she said. "You wouldn't! Unless you had practiced it in advance. 'My God, there's a body in here!' is what an innocent man would say." She sat back with a confident glare.

I thought for a while. "But what do you make of the Third Murderer?" I asked. "You know, the Third Murderer has puzzled 'Macbeth' scholars for three hundred years." "That's because they never thought of Macduff," said the American lady. "It was Macduff, I'm certain. You couldn't have one of the victims murdered by two ordinary thugs – the murderer always has to be somebody important." "But what about the banquet scene?" I asked, after a moment. "How do you account for Macbeth's guilty actions there, when Banquo's ghost came in and sat in his chair?" The lady leaned forward and tapped me on the knee again. "There wasn't any ghost," she said. "A big, strong man like that doesn't go around seeing ghosts – especially in a brightly lighted banquet hall with dozens of people around. Macbeth was *shielding somebody*!" "Who was he shielding?" I asked. "Mrs. Macbeth, of course," she said. "He thought she did it and he was going to take the rap himself. The husband always does that when the wife is suspected." "But what," I demanded, "about the sleepwalking scene, then?" "The same thing, only the other way around," said my companion. "That time *she* was shielding *him*. She wasn't asleep at all. Do you remember where it says, 'Enter Lady Macbeth with a taper'?" "Yes," I said. "Well, people who walk in their sleep *never carry lights*!" said my fellow-traveler. "They have a second sight. Did you ever hear of a sleepwalker carrying a light?" "No," I said, "I never did." "Well, then, she wasn't asleep. She was acting guilty to shield Macbeth." "I think," I said, "I'll have another brandy," and I called the waiter. When he brought it, I drank it rapidly and rose to go. "I believe," I said, "that you have got hold of something. Would you lend me that 'Macbeth'? I'd like to look it over tonight. I don't feel, somehow, as if I'd ever really read it." "I'll get if for you," she said. "But you'll find that I am right."

I read the play over carefully that night, and the next morning, after breakfast, I sought out the American woman. She was on the putting green, and I came up behind her silently and took her arm. She gave an exclamation. "Could I see you alone?" I asked, in a low voice. She nodded cautiously and followed me to a secluded spot. "You've found out something?" she breathed. "I've found out," I said, triumphantly, "the name of the murderer!" "You mean it wasn't Macduff?" she said. "Macduff is as innocent of those murders," I said, "as Macbeth and the Macbeth woman." I opened the copy of the play, which I had with me, and turned to Act II, Scene 2. "Here," I said, "you will see where Lady Macbeth says, 'I laid their daggers ready. He could not miss 'em. Had he not resembled my father as he slept, I had done it.' Do you see?" "No," said the American woman, bluntly, "I don't." "But it's simple!" I exclaimed. "I wonder I

66

didn't see it years ago. The reason Duncan resembled Lady Macbeth's father as he slept is that *it actually was her father!*" "Good God!" breathed my companion, softly. "Lady Macbeth's father killed the King," I said, "and, hearing someone coming, thrust the body under the bed and crawled into the bed himself." "But," said the lady, "you can't have a murderer who only appears in the story once. You can't have that." "I know that," I said, and I turned to Act II, Scene 4. "It says here, 'Enter Ross with an old Man'. Now, that old man is never identified and it is my contention he was old Mr. Macbeth, whose ambition it was to make his daughter Queen. There you have your motive." "But even then," cried the American lady, "he's still a minor character!" "Not," I said, gleefully, "when you realize that he was also *one of the weird sisters in disguise!*" "You mean one of the three witches?" "Precisely," I said. "Listen to this speech of the old man's. 'On Tuesday last, a falcon towering in her pride of place, was by a mousing owl hawk'd at and kill'd.' Who does that sound like?" "It sounds like the way the three witches talk," said my companion, reluctantly. "Precisely!" I said again. "Well," said the American woman, "maybe you're right, but –" "I'm sure I am," I said. "And do you know what I'm going to do now?" "No," she said. "What?" "Buy a copy of 'Hamlet'," I said, "and solve *that!*" My companion's eye brightened. "Then," she said, "you don't think Hamlet did it?" "I am," I said, "absolutely positive he didn't." "But who," she demanded, "do you suspect?" I looked at her cryptically. "Everybody," I said, and disappeared into a small grove of trees as silently as I had come.

II

Das Bemerkenswerte an der Lektürekunst von Thurbers Dame aus Amerika, die Shakespeares *Macbeth* zu einem Detektivroman macht, sind die Bewußtheit, mit der sie ans Werk geht, und der Erfolg, mit dem sie ihr Vorhaben durchführt. Der Kauf des Penguinbändchens in der Hotelhalle war ein Versehen gewesen, aber sie hatte schon vor der Lektüre gemerkt, daß sie keinen Krimi gekauft hatte, "a good Agatha Christie, or something", sondern einen Klassiker, "a book for high-school students". Sie liest die Tragödie trotzdem als Krimi, weil sie nichts anderes hat und weil sie unbedingt einen Krimi lesen will. Sie schafft die Transformation: *Macbeth* läßt sich als Detektivgeschichte lesen. Es gelingt ihr, den Täter zu ermitteln (nachdem sie Macbeth, der sich anfangs sehr verdächtig macht, als unschuldig erkannt hat), den wahren Hergang zu rekonstruieren und eine Reihe von Rätseln zu lösen, die die Shakespearekritik seit Generationen beschäftigt haben.

Das ist ein Jux, aber ein sehr aufschlußreicher, denn gerade die fiktionale Verwirklichung einer unmöglichen Leseweise und einer falschen Gattungszuordnung läßt erkennen, was einen Text zum Krimi macht (in diesem Falle zu einer

Detektivgeschichte) und was ihn von einem normalen Text (in diesem Falle einer Tragödie) unterscheidet. Die Geschichte nimmt damit Stellung zu Fragen, auf die der normale Leser eines Krimis keine Antwort weiß und die auch in der Literaturtheorie durchaus umstritten sind.

Eine der Fragen, die hier aufgeworfen werden, ist die nach der Rolle des Lesers. Es ist ein Gemeinplatz der modernen Literaturtheorie, daß der Rezipient nicht passiv ist, sondern durch seine Aktivität den Text konstituiert oder rekonstruiert. Während wir aber sonst den Rezipienten eines Textes meist hypothetisch konstruieren müssen[2], ist hier der Leser im Text leibhaftig da und erläutert jede seiner Operationen; und während wir sonst gelegentlich Schwierigkeiten haben, unsere theoretische Überzeugung von der aktiven Mitwirkung des Lesers im Prozeß der literarischen Kommunikation am konkreten Beispiel zu bewahrheiten, haben wir hier einen Lesevorgang, der wirklich und wahrhaftig das Werk konstituiert. Der Leser macht den Text ohne den Autor und gegen den Autor zu einer Detektivgeschichte.

Thurbers Heldin vollzieht die Umwandlung vor allem dadurch, daß sie auf den Text feste Regeln, allgemeine Regeln der *mystery story*, anwendet. Auch damit kommen wir in den Bereich einer vieldiskutierten generellen Frage. Gattungen wie der Krimi – davon geht man allgemein aus – sind dadurch charakterisiert, daß die zugehörigen Texte sich bestimmten Regeln und Konventionen unterwerfen. Diese Regeln sind aber normalerweise schwer zu fassen und zu formulieren, so daß die literartheoretische Diskussion über das Vorhandensein und die Erkennbarkeit universeller gattungsimmanenter Regeln des Kriminalromans eher zur Resignation als zu klaren Ergebnissen geführt hat.[3]

Bei Thurbers *Macbeth*-Leserin nun gibt es keine Zweifel an der Existenz und an der Brauchbarkeit von Regeln, nach denen Krimis[4] konstruiert sind und nach denen sie gelesen werden müssen. Bei ihr werden Gattungsregeln explizit formuliert und konsequent angewandt.

Schließlich führt die Geschichte noch in einen weiteren Komplex von Grundfragen bei der Beschäftigung mit literarischen Texten, nämlich in den der Unterschiede zwischen ‚hoher‘, ‚echter‘ Literatur und Trivialliteratur. Der Witz des Gattungswandels besteht ja nicht zuletzt darin, daß die Leserin aus einem klassischen Meisterwerk einen bloßen Spannungs- und Unterhaltungsschmöker macht.

Es lohnt sich, den Fragen nachzugehen, die durch Thurbers Heldin aufgeworfen werden; nämlich

– wie ihre Leseverfahren und ihr Regelsystem beschaffen sind und wie sie funktionieren und ob das, was hier an *Macbeth* exemplifiziert wird, auch in der ‚echten‘ Kriminalliteratur gilt; und

- warum Shakespeares *Macbeth,* obwohl als Krimi lesbar, eigentlich kein Krimi ist oder mehr als ein Krimi ist, und wo die essentiellen Unterschiede liegen, falls es sie gibt; und schließlich
- wie es der Autor bewerkstelligt, eine Diskussion über Langtexte und deren Strukturen in eine Geschichte von dreieinhalb Seiten zu packen.

III

Die wichtigste Prozedur des alternativen Lesens des *Macbeth* ist die Umwandlung des Textes in ein Fragespiel. Theoretiker des Detektivromans, besonders Richard Alewyn, haben immer wieder betont, daß die Frage in der Gattung eine besondere Rolle spielt.[5] Bei Thurber enthält der Text Dutzende von Fragesätzen; ihre Frequenz ist um ein Vielfaches höher als im Original. Außer den Fragesätzen gibt es noch eine Reihe von implizierten Fragen, von denen die Protagonistin beim Lesen des Textes ausgeht.

Die Hauptfrage ist natürlich jene Frage, die den klassischen Detektivroman konstituiert und ihm seinen Scherznamen gibt: *Whodunit.* Daneben gibt es aber auch eine lange Reihe weiterer Fragen ohne unmittelbaren Bezug zum Täterrätsel, z.B. "But what do you make of the Third Murderer?" oder "But what about the banquet scene?"

Die Infragestellung der im Text dargebotenen fiktiven Wirklichkeit ist total. Auch das im Original als Gewißheit Mitgeteilte – wie die Täterschaft des Macbeth und die Mittäterschaft seiner Frau – wird zur Frage. Insbesondere erscheinen alle Personen, auch die bei Shakespeare eindeutig guten, zunächst einmal als fragwürdig und potentiell verdächtig.

Zu dem ersten Axiom, ‚Ein *murder mystery* ist eine Geschichte, bei der der Leser lauter Fragen stellen muß‘, gehört als komplementäre Regel ein zweites Axiom: ‚Murder mysteries sind Geschichten, in denen sich alle gestellten Fragen eindeutig beantworten lassen.‘

In unserer Geschichte wird jede einzelne von den über dreißig direkt gestellten oder implizierten Fragen klar und unzweideutig beantwortet. Die Geschichte ist als ein Frage- und Antwortspiel angelegt, genau gesagt sogar als doppeltes Frage- und Antwortspiel. Zuerst gibt die Heldin, die Macduff als den wahren Täter ermittelt hat, Auskunft über die Fragen, die sie sich gestellt und beantwortet hat; zweifelnde Gegenfragen des Erzählers beantwortet sie, bis kein Widerspruch mehr erfolgt. Dann trägt der Erzähler, der inzwischen *Macbeth* mit neuen Augen gelesen hat, seine Antwort auf die Hauptfrage vor – der Vater von Lady Macbeth ist der Täter – und pariert die ungläubigen Fragen der Dame mit ergänzenden Antworten, bis auch seine Lösung einwandfrei dasteht.

Ein Teil der Pointen der Geschichten besteht darin, daß einige seit Generationen diskutierte, unentscheidbare Fragen der *Macbeth*-Interpretation hier erneut gestellt werden und unter Rekurs auf geltende Regeln der Gattung eine ebenso klare wie absurde Antwort finden. So verliert beispielsweise die in Wirklichkeit nicht beantwortbare Frage, warum zu den zwei von Macbeth für den Mord an Banquo gedungenen Mördern im letzten Moment noch ein dritter stößt, hier ihre Rätselhaftigkeit. Es ist natürlich Macduff, und der ist auch der eigentliche Mörder Banquos, denn einmal wird der zweite Mord immer vom gleichen Täter begangen wie der erste, und zum anderen darf die Tat nicht von zwei gewöhnlichen Verbrechern begangen werden – "[...] the murderer always has to be somebody important".

Eine totale Infragestellung und Problematisierung der im Text präsentierten Wirklichkeit, eine totale Beantwortung jeder Frage, und das alles als Eigenaktivität des Lesers – wenn es nur diese Grundregeln gäbe, dann müßten ein totales Kunstwerk und eine totale Kreativität des Lesers resultieren und den originalen *Macbeth* und dessen übliche Rezeptionsweisen weit hinter sich lassen.

Innerhalb des durch die Axiome gesetzten Rahmens gilt jedoch eine Gruppe von Regeln, die wir global als Limitierungsregeln bezeichnen können. Sie lenken und begrenzen das Frage- und Antwortspiel und begrenzen vor allem den Spielraum der Aktivitäten des Lesers.

Zwei der Regeln betreffen Aktivitäten des Autors, die den Leser in seiner Freiheit beeinflussen, Fragen zu stellen und zu beantworten. Die Verzögerungsregel besagt, daß der Leser die Antwort auf wichtige Fragen, vor allem auf die Täterfrage, nicht unverzüglich finden können darf. Das Vergnügen der Suche muß ausgedehnt sein. "It would spoil everything if you could figure out rightaway who did it." Damit verbunden ist die Überraschungsregel: "They have to keep surprising you." Der Prozeß des Findens von Antworten muß mindestens zu einem Großteil außerhalb der Voraussicht und Erwartung des Lesers liegen.

Der Leser muß im Prinzip alles in Frage stellen, alle Personen verdächtigen, aber er kann sich in der Praxis doch durch eine Folge von Limitierungsregeln leiten lassen, die das Infragestellen wieder zurücknehmen. Wer von vornherein stark verdächtig ist, kann es nicht gewesen sein, denn seine Täterschaft würde ja gegen Verzögerungs- und Überraschungsregel verstoßen. Also müssen Macbeth und Lady Macbeth unschuldig sein: "You suspect them the most, of course, but those are the ones that are never guilty – or shouldn't be, anyway."

Ihr nächster Hauptverdächtiger ist Banquo, und als der dann das zweite Mordopfer wird, registriert sie das mit Befriedigung als eine Anwendung des Überraschungsgesetzes. Sie zitiert die entsprechende besondere Regel: "The person you suspect of the first murder should always be the second victim."

Die Grundregel, daß allzu Naheliegendes als Lösung ausscheidet, hilft ihr auch zu erkennen, daß sie die Königssöhne, die ja im Stück ihrer Flucht wegen Verdacht auf sich ziehen, aus ihren Erwägungen ausschließen kann: "Much too suspicious. When they flee, they're never guilty. You can count on that."

Das Phänomen der Limitierung, wonach bei der Suche nach Antworten die prinzipielle Offenheit (jeder kann es gewesen sein, keiner gehört von vornherein zu den Guten) durch eine Reihe von Regeln wieder eingeschränkt wird, finden wir nicht nur bei Personen, sondern auch bei der Umwandlung des sprachlich Dargestellten in Material für Fragen, in Befragungsobjekte. Es sieht nur so aus, als müßte der Leser den ganzen Text problematisieren, in Frage stellen. In Wirklichkeit erstreckt sich die suchende Aufmerksamkeit der Leserin nicht gleichmäßig auf den ganzen Text; sie sucht nur nach markierten Stellen. Sie befaßt sich mit einer Reihe von Passagen, die für sie als fragwürdig und antwortbedürftig gekennzeichnet sind, die für sie das Signal ‚Achtung Spur!' tragen. Der Rest des Textes besteht bei ihrem Leseverfahren aus bedeutungslosem Füllmaterial.

Da im Falle des Shakespearedramas eine Markierung der Fragestellen durch den Autor nicht deutlich genug erfolgt ist, wendet Thurbers Leserin von sich aus ein gattungsspezifisches Auffindungsverfahren an. Ihre Aufmerksamkeit gilt den Stellen, an denen eine Person ein normabweichendes Verhalten an den Tag legt, und das heißt in ihrem restringierten System: ein Verhalten, das mit dem eines Unschuldigen nicht ohne Schwierigkeiten in Einklang zu bringen ist. Bei der Beurteilung des fraglichen Verhaltens helfen wieder Gattungsregeln. Resultat kann sowohl Belastung als auch Entlastung sein.

Solche Fragestellen liegen beispielsweise vor, wenn Macbeth bei der Erscheinung von Banquos Geist und Lady Macbeth in der Schlafwandelszene Äußerungen machen, die auf ihre Schuld deuten. Bei der Klärung der Fragen – beide stellen sich schuldig, um den Verdacht vom Partner abzulenken – stützt sie sich auf die Regel, daß Eheleute im Krimi immer so handeln, wenn sie den anderen für den Täter halten: "Macbeth was shielding [Lady Macbeth] […]. The husband always does that when the wife is suspected. […] She was acting guilty to shield Macbeth."

Ein Fragefall ist auch von vornherein die Entdeckung des Mordes. Man muß immer darauf achten, wer als erster die Leiche findet. Wenn diese Person dann nicht wie ein normaler Mensch reagiert und ‚O Gott, da oben liegt eine Leiche!' ruft, sondern – wie in diesem Falle Macduff – Sprüche von sich gibt, die offensichtlich einstudiert sind ("'Confusion has broke open the Lord's anointed temple' and 'Sacrilegious murder has made his masterpiece' and on and on like that"), dann steht für den geschulten Leser der Täter fest.

Die Gattung, in die *Macbeth* bei Thurber hineingelesen wird, präsentiert sich also als eine Textart, die vor allem durch ihren Bezug zum Leser charakterisiert wird. Sie ist für eine bestimmte Leseweise geschrieben und unterliegt bestimmten Regeln, die der Rezipient kennt und anwendet. Kern des Regelwerks ist ein System von Fragen, die durch vorgegebene Frageraster oder durch Markierungen im Text deutlich eingegrenzt sind, und Antworten, die im Rahmen der limitierten Fragen – und nur in diesem – vollständig und eindeutig sind. Der Leser wird zu einer ungewöhnlich aktiven Mitwirkung im literarischen Kommunikationsprozeß animiert, aber auch seine Problematisierung und Antwortsuche unterliegt in starkem Maße eingrenzenden Bedingungen.

IV

Thurbers Heldin weiß genau, was ein Krimi ist, auch wenn sie ihre Gattungskompetenz am falschen Objekt ausläßt. Die Strukturen, nach denen sie sucht, die Regeln, die sie anwendet und die Rezeptionsmethoden, deren sie sich bedient, sind – wie man beispielsweise bei einer Anwendung der Thurberschen Verfahren auf Romane von Agatha Christie leicht feststellen kann – die des klassischen Detektivromans. Man kann sogar sagen, daß die Wesenszüge des Krimis – sowohl der Detektivgeschichte als auch der *crime novel*, in der man den Täter schon kennt – bei der durch "The Macbeth Murder Mystery" nahegelegten Perspektive der Leseweise und des Regelsystems besser erfaßt werden als bei der üblichen Betrachtung aus der Perspektive der Personen und der Handlung. Was den Krimi ausmacht, ist vor allem die Anlage als regelhaftes und limitiertes Frage- und Antwortspiel.

Bei dem Shakespearedrama ist die Leseweise, die einem solchermaßen konstituierten Text gemäß ist, zwar anwendbar, aber sie ist so inadäquat, daß das Unverhältnis zu komischen Effekten führt. Es ist klar, daß sich das auch dann nicht wesentlich ändern würde, wenn Thurber seine Figuren ihre Rezeptionsmethode in größerer Breite und mit mehr Ernsthaftigkeit vorführen ließe. Der allergrößte Teil dessen, was Shakespeares *Macbeth* ausmacht, wird bei dieser Leseweise nicht erfaßt. Es ist im System irrelevant. Seine einzig denkbare Funktion ist die von Versteckmaterial für die relevanten Informationen.

Es ist offensichtlich, daß ein Hauptgrund für die Absurdität dieser Krimi-Lesart von *Macbeth* darin besteht, daß erst die Dame und dann der Erzähler sich als Detektive in die Geschichte katapultieren, die Täterfrage stellen, die nicht existiert, und den falschen Täter ermitteln. Es wird die falsche Krimi-Kategorie angewandt: eine *crime story* mit bekanntem Täter wird für eine *detective story* gehalten.

Es ist aber auch klar, daß nicht nur diese vordergründig-grotesken Fehler die Lesart inadäquat machen, sondern daß eine tieferliegende Diskrepanz zwischen der Machart und Wirkungsweise des Shakespearestückes auf der einen Seite und andererseits der Axiomatik und Leseweise des modernen Krimis überhaupt – *crime story, detective story* oder was auch immer – existiert.

Obwohl *Macbeth* – abgesehen von der dramatischen Darbietungsweise – sämtliche Kriterien der klassischen Definition einer modernen *crime novel* von Julian Symons erfüllt – von der Handlungsstruktur über das Interesse an Psychologie und Charakteren bis zur Erörterung gesellschaftlicher und moralischer Werte[6] –, ist es definitiv kein Krimi, weil die Grundregeln, das Bausystem und die textadäquaten Leseweisen der modernen Kriminalliteratur nicht gelten. Es gibt kein System von Fragen und Antworten. Es gibt kaum markierte Einzelfragen, keine textimmanente Problematisierung und keine einheitsstiftende Generalfrage. Es gibt (von den Handlungsungewißheiten, die gelöst werden, abgesehen) kaum Antworten und Lösungen, schon gar keine eindeutigen. Man kann beim Lesen nicht nach Regeln verfahren.

Damit ist die Frage beantwortet, warum *Macbeth* kein Krimi ist, aber nicht die, warum Shakespeares Drama mehr ist, besser ist als ein Krimi. Das ist durchaus offen, denn mit der Einsicht der Nichtanwendbarkeit der Krimi-Axiomatik und des Krimi-Systems haben wir nicht nur die Lesart von Thurbers Heldin falsifiziert, sondern einen Großteil unserer seriösen literaturwissenschaftlichen Leseweisen des *Macbeth* in Frage gestellt.

Auf ihre Art liest auch die moderne Shakespearekritik *Macbeth* als eine Art Krimi. Sie läßt dem Text Interpretationsweisen angedeihen, die eher dem System Krimi angemessen wären, und belegt die Einmaligkeit und Perfektion des Shakespearedramas durch den Hinweis auf Vorzüge, die jeder gute Krimi in weit höherem Maße aufweist.

Gerade *Macbeth* wird immer als ein besonders spannendes Stück angepriesen, aber verglichen mit einem Krimi ist es eher unspannend, weil dem Text Spannung im Sinne von *suspense* im Krimi – temporäres, genau umreißbares Nichtwissen, verbunden mit Gewißheit der kommenden Aufklärung – weitgehend fehlt.

Wir fassen das Shakespearedrama vorwiegend als geschlossenes und einheitliches Aussagesystem auf, in dem jede Einzelheit funktional eingesetzt ist und zu einem *total response* auf seiten des Rezipienten beiträgt, obwohl in keinem Shakespearedrama die Einzelheiten auch nur annähernd so vollständig in einen Gesamtplan integriert sind wie in einem Detektivroman. Wenn *Macbeth*, wie es eine Lieblingsmetapher der neueren Kritik besagt, ein Teppich aus vielen einzelnen *patterns* – verbalen, personalen, thematischen Mustern – ist, dann enthält dieses Gesamt-*pattern* wesentlich mehr lose Fäden als der typische Krimi.

Auf diesem Wege läßt sich also die größere Gewichtigkeit des Shakespearetextes nicht glaubhaft machen. Es erscheint sinnvoll, sich von der verbreiteten Vorstellung zu lösen, ein Drama wie *Macbeth* hätte eine zentrale, eindeutige Bedeutung (wenn auch eine andere als die von Thurbers Heldin unterstellte) und bilde ein geschlossenes System, ein besseres und höheres als das des Krimis.

Zwar gibt es auch beim *Macbeth* systemhafte und gattungshafte Züge, beispielsweise eine sehr allgemeine Strukturverwandtschaft mit anderen elisabethanischen Tragödien. Es gibt vor allem auf der Ebene der kleineren Texteinheiten – Szenen, Monologe – Subsysteme mit bestimmten Bauformen und Verfahrensweisen. Aber im ganzen zeichnet sich Shakespeares Stück gerade dadurch aus, daß es auf strenge Funktionalität in irgendeinem Sinne und auf einen festumrissenen Interessenfokus verzichtet. Es wird eine Geschichte – eine im wesentlichen fertig vorgefundene Geschichte – dramatisch dargestellt. In diesem durch das Handlungs-Personen-Gerüst und durch die Möglichkeiten des Dramas gegebenen Rahmen bewegt sich der Autor offenbar ohne weitere Limitierungen. Er geht allen Fragen, Problemen, Themen nach, die sich ergeben, ohne Rücksicht darauf, ob die Behandlung zu einer Lösung oder zu einem Abschluß führt oder nicht.[7] Während Thurbers Heldin alle Figuren im Stück auf ihre Verdächtigkeit und Unverdächtigkeit reduziert, interessiert sich Shakespeare in jeder Situation für das, was in seinen Personen vorgeht.

Diese Kompositionsweise hat ein hohes Maß an Differenziertheit, aber auch an Redundanz zur Folge. Nicht nur bei der Lektüre als Krimi, sondern bei jeder denkbaren Inszenierung oder Leseweise geht ein beträchtlicher Teil der im Text enthaltenen Aussage über das Notwendige und irgendeinem spezifischen Zweck Dienende hinaus. Dieser Machart entspricht eine große Varianz der möglichen Rezeptionsweisen – von denen die Lektüre als Krimi nur eine ist.

Man kann also bei dem durch Thurbers Geschichte angeregten Vergleich zwischen Detektivroman und Shakespearetragödie nicht davon ausgehen, daß die Höherwertigkeit des einen und die relative Minderwertigkeit des anderen Textes einfach eine Sache der gewählten Gattung oder Form sei. Gattungen an sich sind weder trivial noch nicht-trivial.

V

"The Macbeth Murder Mystery" entspricht nicht der Vorstellung, die man sich von einer typischen Kurzgeschichte macht; es werden keine Geschehnisse geschildert, die Charaktere beleuchten oder soziale Verhältnisse an signifikanten Ausschnitten demonstrieren. Man kann den Text auch kaum als charakteristisch für den Autor einstufen, denn die Geschichte handelt nicht von Thurbers

Lieblingsstoff, dem Ehekrieg zwischen der lauten, dominierenden, aggressiven Frau und dem ängstlichen, unterdrückten und untüchtigen *Little Man*, der sich behauptet, indem er – wie Walter Mitty – in eine Welt seiner Phantasie flieht oder durch List und Verschmitztheit doch noch zu kleinen Siegen kommt.[8]

Der Text demonstriert aber dennoch etwas für die jüngere Erzählliteratur Typisches und Wichtiges, nämlich die Vermittlung von Inhalten, die an sich keinerlei narrativen Charakter haben, durch das Medium der erzählten Geschichte – ein Vorgang, den wir täglich erleben, beispielsweise im Fernsehen, wo alle Themen der aktuellen Diskussion vom Umweltschutz bis zu Ausländerproblemen in der Form von narrativen Fernsehspielen verarbeitet werden.

Was der Autor in seinem Text darlegen will – *Macbeth* als Krimi gelesen – , das hat nicht die Struktur einer Geschichte. Es ist eine witzige Grundidee, die sich mit verschiedenen Figuren als ‚wahrem' Täter variieren und in eine Anzahl einzelner Pointen aufspalten läßt. Die Darbietung dieses nicht-narrativen Materials als Geschichte – Erzähler trifft Dame, die *Macbeth* als Krimi gelesen hat – bietet dem Autor eine Reihe von Möglichkeiten: Er kann die einzelnen Einfälle in eine Reihe bringen, den Gesamtkomplex wirkungsvoll gliedern (Einführung, Lesart I mit Macduff als Mörder, Lesart II mit anderem Mörder, Schlußpointe: *Hamlet* als nächster Krimi), Spannung generieren, den Leser involvieren und Partei ergreifen lassen.

Thurber beschränkt sich dabei auf ein Minimum an narrativen Elementen: Zwei Personen, die in einem Hotel ins Gespräch kommen, der Erzähler, der nichts zu seiner eigenen Person mitteilt, und die Protagonistin, von der man nur erfährt, daß sie Amerikanerin und "murder specialist" ist; keine Handlung, außer zwei Unterhaltungen; zwei knappe situative Einkleidungen der Gespräche, einmal beim Teetrinken im Hotel, einmal auf dem Golfplatz; keine Beschreibung, wenig Bericht, fast nur wörtlich wiedergegebene Konversation, bei der jeweils ein Partner dominiert, während der andere Stichworte liefert und Fragen stellt.

Trotz des Verzichts auf eine weitergehende erzählerische Ausgestaltung steigert das knappe narrative Gerüst die Wirkung des Stoffes ungemein. Jede der Pointen wirkt flach, wenn man sie aus ihrem Platz im Kontext der Geschichte herausnimmt. Die Geschichte demonstriert nicht nur das Leistungspotential des Narrativen, der Darbietung von Gedanken- und Sachkomplexen als Geschichten, sondern auch die besondere Kunst Thurbers, die eine Kunst der Andeutung und der Implikation ist. Das zeigt sich am deutlichsten in der verdeckten Dramatisierung der Gespräche. Obwohl kein charakterisierendes Wort über die Personen gesagt wird, entwickelt sich ihr Verhältnis doch insgeheim zu einem Scharmützel im Thurberschen *Battle of the Sexes:* mit der redseligen Frau, die anfangs allein das Sagen hat und den Mann zum Zuhörer und schüchternen Zwischenfrager degradiert, und dem Erzähler, der sich ermannt und das Spiel der Krimileserin mit so viel skurriler Phantasie weitertreibt, daß er sie übertrifft, sprachlos macht und sich den Triumph des letzten Wortes verschafft.

Andeutung und Anspielung machen es möglich, den Text im Rahmen einer Miniaturform zu halten. Das gilt auch für das Verhältnis des Geschichtchens zu den Langformen, von denen die Rede ist. Thurber kann nur deshalb auf wenigen Seiten so viel Interessantes über den Detektivroman und über Shakespeares *Macbeth* zur Sprache bringen, weil er die besprochenen Texte als bekannt voraussetzen und durch Anspielung abrufen kann. Es gehört zu den Ironien der Thurberschen Geschichte, daß das klassische Shakespearestück und der klassische Detektivroman, so verschieden sie sein mögen, doch eines gemein haben, was sonst in der modernen Rezeptionssituation selten ist: einen Bekanntheitsgrad, der es ermöglicht, mit ihnen ein Spiel der Intertextualität zu treiben.

Anmerkungen

1 Zuerst veröffentlicht im *New Yorker*, 2. Oktober 1937; Erstveröffentlichung in Buchform in Thurber, J.: *My World and Welcome to It*. New York, 1942. Copr. © 1942 James Thurber. Copr. © 1970 Helen W. Thurber and Rosemary T. Sauers. From *My World and Welcome to It*, publ. by Harcourt Brace Jovanovich. Hier abgedruckt nach *The Thurber Carnival*. 1945; rpt. New York, o.J., S. 60–63. Zur Publikationsgeschichte s. Bowden, E. T.: *James Thurber: A Bibliography*. Columbus/ Ohio, 1970, S. 131.

2 Zum unbefriedigenden und unabgesicherten Stand der Wirkungs- und Leserforschung speziell bei der Kriminalliteratur vgl. die kritischen Übersichten bei Nusser, P.: *Der Kriminalroman*. Stuttgart, 1980, S. 9f. und 154–165. Vgl. auch die Überblicke über die Theorien zur Leserpsychologie und zum Leserinteresse bei Marsch, E.: *Die Kriminalerzählung. Theorie – Geschichte – Analyse*. München, [2]1983, S.38–45, und Egloff, G.: *Detektivroman und englisches Bürgertum: Konstruktionsschema und Gesellschaftsbild bei Agatha Christie*. Düsseldorf, 1974, S. 79–87. Den sehr ähnlichen Stand der englischsprachigen Diskussion über Kriminalroman und Leser reflektiert die Reihung von Hypothesen zur Frage "Why we read them" in der Gattungsgeschichte von Symons, J.: *Bloody Murder. From the Detective Story to the Crime Novel: A History*. Harmondsworth, [2]1974, S. 11–19.

3 Zum Verlauf und zum gegenwärtigen Stand der Diskussion über die Gattungsregeln des Kriminalromans (bzw. der Detektivgeschichte) s. Verf.: "Warum *Macbeth* kein Krimi ist: Gattungsregeln und gattungsspezifische Leseweise". *Poetica* 14, 1982, 113–133, hier 114f.

4 Unter ‚Krimi' werden im folgenden (auch wenn hauptsächlich von der besonderen Spielart *murder mystery* die Rede ist) in Übereinstimmung mit der Alltagssprache alle Werke der Kriminalliteratur verstanden, einerlei ob sie erzählend oder dramatisiert dargeboten werden und ob sie einen Ermittler (Detektiv, Polizisten) als Zentralfigur haben oder nicht.

5 „Anatomie des Detektivromans". – In Vogt, J.: (Ed.): *Der Kriminalroman. Zur Theorie und Geschichte einer Gattung.* 2 Bde., München, 1971, Bd. II, S. 372–404, hier S. 379–384.

6 Im Zusammenhang mit seiner These: "The detective story has changed into the crime novel" stellt Symons in *Bloody Murder* eine Liste der Kriterien der *crime novel* auf, die sich ohne Gewaltsamkeit auch auf ein Werk wie *Macbeth* anwenden lassen: "Plot: Based on psychology of characters [...]. Detective: Often no detective. [...] Most often the central character is just somebody to whom hings happen. Method: Usually straightforward, rarely important. [...] Clues: Quite often no clues in the detective story sense. Characters: The basis of the story. The lives of characters are shown continuing after the crime, and often their subsequent behaviour is important to the story's effect. Setting: Often important to the tone and style of the story, and frequently an integral part of the crime itself, i.e. the pressures involved in a particular way of life lead to this especial crime. Social attitude: Varying, but often radical in the sense of questioning some aspect of law, justice, or the way society is run. Puzzle value: Sometimes high, sometimes almost non-existent. But characters and situation are often remembered for a long time." (S. 182–184)

7 Zu diesem Fragenkomplex s. Verf.: *Shakespeares Dramen.* Düsseldorf, 1980, S. 119–178.

8 Zum Spektrum von Thurbers Themen s. Holmes, C. S. (Ed.): *Thurber: A Collection of Critical Essays.* Englewood Cliffs/N.J., 1974, S. 6f. Vgl. auch Holmes, C. S.: *The Clocks of Columbus: The Literary Career of James Thurber.* London, 1973, S. 90ff.

GRIECHENLANDKUNDE
EIN FÜHRER ZU KLASSISCHEN STÄTTEN
von Ernst Kirsten und Wilhelm Kraiker

Fünfte, überarbeitete und durch Nachträge ergänzte Auflage.
XXIV, 935 Seiten mit 193 Abb. im Text u. auf 24 Tafeln sowie 1 mehrfarbige Faltkarte.
In zwei handlichen Halbbänden in abwaschbarem Kunststoffeinband zusammen DM 78,-

Tausenden von Griechenland-Reisenden hat dieses Buch seit seiner ersten Auflage im Jahre 1955 zur gründlichen Vorbereitung eines Hellas-Aufenthaltes, zur zuverlässigen Führung auf klassischem Boden und zum Wachhalten der Erinnerungen an große Eindrücke gedient. Die Verfasser stellen die archäologischen Stätten in den kulturgeschichtlichen Rahmen der griechischen Landschaften und führen den Leser vom minoischen Kreta über die Bauten des klassischen Athen, Delphi und Olympia, die hellenistischen Stadtanlagen, die Römerstädte Korinth und Thessalonike bis zur Faustburg Mistra und zu den Klöstern des Mittelalters durch alle Sehenswürdigkeiten eines Landes, in dem der Betrachter wie nirgendwo anders vor ungewohnten und großartigen Landschaftsbildern und vor geschichtlich bedeutsamen Schöpfungen aller Zeiten mit Ehrfurcht erfüllt wird, aber auch sachkundiger Erklärung der Einzelheiten bedarf.

SÜDITALIENKUNDE
von Ernst Kirsten

1. Band: Campanien und seine Nachbarlandschaften.
Mit Beiträgen von Fritz Hamm (†) und Hans Riemann.

1975. XII, 659 Seiten. Mit insges. 111 Abb. im Text u. auf 12 Kunstdrucktafeln. Kart. DM 76,-

Nicht nur der Fachmann sollte es begrüßen, daß Ernst KIRSTEN in einer Zeit, die vom Tourismus entscheidend mitgeprägt wird, einen zuverlässigen Begleiter für Studien in Süditalien geschaffen hat. Die inhaltl. und drucktechn. Gestaltung entspricht der der bewährten *„Griechenlandkunde"* (5. Aufl. 1967). Der klare geschichtl. Überblick reicht vom Beginn der Metallzeit bis zum Ende der Staufer. Zu Recht stehen die Ausgrabungen antiker Stätten und die Beschreibung archäolg. Befunde der Magna Graecia im Mittelpunkt, jedoch auch die mittelalterlichen Befestigungen und die byzant.-christl. Bauten kommen nicht zu kurz. Die Kap. I/II behandeln Landschaft und Geschichte des gesamten Mezzogiorno, – die naturkundl. Einleitung auf den S. 12–33 stammt von Dr. F. HAMM (†), Direktor am Geolog. Landesamt Hannover –, die Einzeldarstellung klammert Apulien, die Küste der Basilicata und einen Großteil Calabriens für Bd. 2 aus: aus gutem Grund, da sonst der Führer zu unhandlich geworden wäre. Verfasser der zentralen Kap. VIII–X (Herculaneum, Pompei, Poseidonia-Paestum) ist Prof. Dr. H. RIEMANN, der sich vielen von uns bei den Pompei-Kursen des Dtsch. Archäol. Inst.'s in Rom als Kenner der Materie empfohlen hat. 111 Abb. im Text (Grundrisse, Schnitte, Grabungspläne) und auf 12 Kunstdrucktafeln ergänzen den Text. Mit einem Wort: es ist ein Führer entstanden, dem in unserem Sprachraum nichts Vergleichbares an die Seite gestellt werden kann.

(Wolfgang Königer in DAV-Mitteilungsblatt 1/1977)

CARL WINTER · UNIVERSITÄTSVERLAG · HEIDELBERG

Ferdinand Schunck, Bochum

Erzählexperiment und Erkenntnisproblem:
Joyce Carol Oates' "Notes on Contributors"

[1] BENJAMIN ACKLEY! Author of *Zoological Lyrics* (Touch Press). Arrested February 10, 1970, in a raid on a Detroit rooming house, held for possession of illegal drugs; a coordinator for the April 15 Moratorium Day March; long-limbed, sandy-haired, freckle-armed, -shouldered, -legged; his head shaved in awe of the martyrdom of Morley Hill, he kneels for two hours each day and chants Morley Hill's prayer *Speed it up, speed it up, speed it up.* His mother, a widow from Livonia, Michigan, has granted interviews to both Detroit papers and has appeared on WWJ-TV as a guest of Jack MacCool, "The Voice of the Seventies." She says, "Bennie was a tool that they used. That's all he was just a tool."

[2] EVANGELINE BART. Married Morley Hill in 1962, divorced Morley Hill in 1963. "The Volkswagen bus was mine, but I let him use it. It needed a new muffler. The windshield wipers kept flying off. He tried to pay me rent for it, he was always trying to give me money – ten-dollar bills in books, you know, those crazy books he was leaving around the house. I sent everything back. He had nothing, not even the kids. They loved him but they have their own friends, you know? Saturdays kids like to play with their own friends. He was always showing up here in Cleveland. My husband didn't mind him but he sort of got underfoot, you know? Lora and Ronnie will miss him."

[3] ROY DEVLIN. Twenty-six years old, an organizer of the Futurists Coalition for Jimmy Querbach (who campaigned for the Michigan House of Representatives but gave up in mid-summer of 1969) and an ex-student of Morley Hill's, who followed Hill from San Francisco to Cleveland to Rochester, New York, to Detroit, Michigan. Wanted for questioning in the Ackley case and in connection with a supply of ammunition and dynamite found in an apartment in Highland Park, Michigan; consequently out of town on May 1, 1970; given to fits of depression, hard hot breathing, fever and chills, headaches, racing heartbeat, a sense of desperation. "Each cell of my being radiates despair," Devlin has written.

[4] WHITNEY FARBER. Ex-student of Morley Hill's, born September 10, 1942, died May 1, 1970, in the parking lot of Recorder's Court, Detroit. Taught in the Composition Clinic of Oakland Community College. His students recall him as "zany but dedicated."

[5]   STELLA HANZEK. Notes on Morley Hill: "He is angelic. His skin is translucent. His eyes are apocalyptic, they have seen the corners of the universe and all the tides. I would die for Morley Hill." Died May 1, 1970.

[6]   MORLEY HILL. Born June 3, 1933; died May 1, 1970. Survived by his children, Lora and Ronnie Hill.

[7]   LIONEL McEVOY. Identified by bridgework. Background confused – a mother in Georgia, a father somewhere in Texas. No fixed address. Arrested August 7, 1968, for camping out on the museum lawn; fined; released. Rode with Morley Hill in the Volkswagen bus from Cleveland to Detroit; evidently a friend of Ackley's. Born in Georgia, 1943 or 1944; died May 1, 1970, in Detroit.

[8]   NORMAN PRAEGER. Born 1915, Long Island; was driving his 1970 Buick through Recorder's Court parking lot at about five miles an hour; bald, sunny, flush-faced, talkative, a polka-dot personality; sports commentator for WST radio; survived by a wife and twenty-two grandchildren.

[9]   JIMMY QUERBACH. Author of the pamphlet *Why Must We Kill?* Peace candidate in 1969; ex-friend of Morley Hill's; interviewed in New York City, he said recently: "Why is everyone pestering me about Morley Hill? I only met him three or four times. Always a big crowd, always Hill slobbering and crying through a megaphone – he had no heart for politics, he said, and he was right. He had no head for politics either. ... Why are people always bugging me about him? He got us beat up by some hoodlums at a Big Boy Hamburger Stand, then when the police came he yelled at them to leave us alone. That innocent slob of a murderer!"

[10] RACHEL RANDALL. In the back of the Volkswagen bus with the box of explosives, the lunch-bag with the tinfoil sandwich wrappers carefully folded for safe-keeping, the kite that belonged to Morley Hill's six-year-old son, the Esso roadmap, the old olive horse-blanket, the three grimy tennis balls, etc. 1968 graduate of Southfield High School, Michigan, a diary of green-inked cascades of love: *Speed it up, speed it up, speed it up....* Blond hair cropped short; a long eager nervous neck; intelligent nostrils; two parallel lines between her youthful eyebrows; shoulders hunched forward in dedication. Recording Secretary of the Futurists.

[11] ABBOTT SMITH. Patrolman who stopped the Volkswagen bus not ten minutes before the collision-explosion. "He was driving all over the street and I said to myself, what the hell is that? But when I talked to him he looked so scared I let him go. I could see the sweat on his chest, where his shirt was pulled open. He looked like he was going to cry – a guy of about

forty, losing his hair, driving these kids to Kensington Park for a day of hiking, so he said. I should of asked him what the hell he was doing downtown then.... He kept saying *Thank you, officer. Thank you.* He was so scared I let him off with a warning."

[12] BUDDY TATE. Born 1960. Blinded by shattered glass from the explosion, likes to listen to television in the back bedroom of the Tates' "modest frame home" on Wolverine Street. "He is a brave little boy," Mrs. Tate said in an interview with Alexis Crane of the Women's Page of the *Detroit Free Press.* "Sure, he can't see the Get Well cards personally, but he loves to get them. Every morning I read him the mail. We sure appreciate all the cards and presents and we want to thank everybody so far, but also tell them not to forget Buddy. Out of sight is out of mind, so they say, and I hope people won't just forget him."

[13] HANNAH WIGEL. Teaches sociology at the State University of New York at Buffalo. Met and married Morley Hill when he was an instructor in English at the University of Rochester, in 1967; divorced him in late 1969. Her apartment on Kenmore Avenue is small, clean, bare, ascetic; Miss Wigel herself is small and nervous, her dark hair parted carefully in the center of her head. She has an Oriental look, a dark, deft, submissive, very feminine look about her, though she is from Potsdam, New York. She says of her marriage to Morley Hill: "He was always running from one place to another. He lived at the center of a circus, and it was a moving circus. The people around him changed – the faces got younger – they were all ratty, all loud. I suppose I failed him. Those girls who bothered him, his students and girls who just hung around, they were always saying that he was a saint; well, I don't believe in sainthood.... I don't believe in martyrdom.... I don't believe it was any accident, his getting blown up. No. I believe he did it on purpose. As soon as I heard about it I believed he had done it on purpose, and whoever happened to be with him didn't matter to him.... He said he loved me, the way he loved his two children, but it had nothing to do with his behavior. I loved him very much but I couldn't take it. All that talk, those months of talk.... Sometimes the saliva would fly from his mouth, he would be so excited...."

[14] FRITZ WURDOCK. Instructor at Oakland Community College. Shared a desk with Whitney Farber: Farber had the morning use of the desk, Wurdock the afternoon use, someone else – unrelated to this subject – used it in the early evening. One day in April, 1970, he was approached by Farber, whom he knew slightly, an anxious, long-haired, skinny young man who seemed much younger than twenty-eight, and whose bony feet glowed whitely and angrily through the straps of his sandals,

and another man, a stranger to Wurdock. Both were very agitated. Farber kept saying: "You must listen to us. There is a plot to put us all in jail, beginning with Ackley. It is a political arrest, it has nothing to do with drugs. They planted the drugs. The charge is irrelevant. Don't think that you and your family will be spared once they get going … just talking to me like this will be enough to get you arrested.… They're getting concentration camps ready for all of us." Wurdock was on his way to teach a class but Farber kept touching him, tapping his arm angrily. The stranger, a man of moderate height, faced him eye to eye with a small, kind smile. He was about forty years old. His face was ravaged, very pale, ironic and jaunty; his shirt was pulled open at the neck and he was scratching nervously and absent-mindedly at a rash there. He wore ordinary clothing which was wrinkled, but clean, as if he had thrown it into a washing machine, dried it, and had forgotten about ironing it. He wore shoes and socks. He kept saying quietly, while Farber spoke in a high, hysterical whine, "The end is in sight. The end. We are coming through." Wurdock began to feel a little frightened, so when Farber said, "We're only asking for a hundred dollars from you. For Ackley's defense," he gave in almost at once. Later, he began to remember more about Morley Hill: something about the man's eyes. But he was not certain that he wasn't inventing most of it.

In der noch jungen Joyce Carol Oates-Kritik gilt die 1938 in Lockport/New York geborene und im kanadischen Windsor/Ontario als Anglistikdozentin tätige Autorin als überwiegend konventionelle Erzählerin mit deutlichen Affinitäten zur realistisch-naturalistischen Tradition.[1] Dieses Charakterisierungsklischee mag für Oates' bis heute vorliegendes, sehr umfangreiches Werk durchaus zutreffen, verstellt allerdings den Blick für ihre seit etwa 1970 zunehmende Tendenz zum experimentellen Erzählen, ihr vorsichtiges Sich-Öffnen für die diversen avantgardistischen Strömungen, die Jerome Klinkowitz mit Beginn des Veröffentlichungsjahres 1968 in die amerikanische Nachkriegsliteratur eindringen sieht.[2] Paul Goetsch hat in seiner Interpretation der Geschichte "How I Contemplated the World from the Detroit House of Correction and Began My Life Over Again"[3] als einer der ersten auf Oates' sich abzeichnende neue Erzähltendenz aufmerksam gemacht, und Katherine Bastian hat mit der eingehenden Analyse weiterer experimenteller *short stories* (u.a. "Plot", "Exile", "… & Answers", "29 Inventions") das einseitige Bild der rein traditionsverhafteten Erzählerin zurechtgerückt.[4] Auch ein kurzer Blick auf jüngere Romane wie *The Assassins* (1975), *Childwold* (1976) oder *The Triumph of the Spider Monkey*

(1976) mit ihren in den achronologischen Erzählvorgang eingeblendeten Dialogfetzen, phantastischen Erinnerungen, Zitaten, Lyrik-, Tagebuch- oder Interviewfragmenten vermag die These zu erhärten, daß Oates zunehmend an die Experimente der innovativen späten 60er und der 70er Jahre anknüpft. Eines ihrer interessantesten Werke in dieser Hinsicht ist die *short story* "Notes on Contributors" (1975)[5], die wie die im gleichen Erzählband erschienene Geschichte "Double Tragedy Strikes Tennessee Hill Family" an die journalistisch-faktographische Darstellungsform eines Truman Capote oder Norman Mailer erinnert, andererseits aber auch strukturelle und thematische Affinitäten zur zeitgenössischen *new fiction* aufweist. Schon der Titel weist vermeintlich in die Richtung der Faktographie, evoziert er doch – unterstützt von der Typographie, der sich am Alphabet orientierenden Abfolge der Einträge, den formelhaften Wendungen wie "Author of", "Instructor at" – die Textsorte der aus vielen wissenschaftlichen Zeitschriften bekannten herausgeberischen „Mitarbeitervorstellungen". Auch der hohe Anteil an außerliterarisch-empirischer Wirklichkeit scheint den Eindruck der *faction* zu bekräftigen, denn die Bindung an aktuelle politisch-soziale Ereignisse hat etwas vom Charakter des Chronikhaften. Zu diesen Ereignissen zählen einer der beiden "Moratorium Day Marches" vom 15. 10. 1969 und 15. 4. 1970, bei denen für den Aufschub der amerikanischen Kambodscha-Bombardierung sowie generell für die Beendigung des nach dem My Lai-Massaker noch heftiger kritisierten Vietnamkrieges demonstriert wurde; dann die in den ersten Maitagen des Jahres 1970 fast alle amerikanischen Universitäten erschütternden und in der Erschießung von vier Studenten an der Kent State University am 4. Mai 1970 gipfelnden College-Streiks; schließlich der verstärkte Polizeieinsatz gegen die vornehmlich aus dem akademischen Bereich stammende und dem Drogenkult verbundene Friedensbewegung.[6] Nicht zuletzt sind die gehäufte Nennung faktischer Lokalitäten, Einrichtungen und Personen (Recorder's Court, Highland Park, Kensington Park, Wolverine Str., Kenmore Ave.; WWJ-TV, WST radio, *Detroit Free Press*; Jack MacCool, Alexis Crane) sowie die Übernahme dokumentarischer Techniken (Fernseh-, Zeitungsinterview) scheinbar Ausweis einer reportagehaften Objektivität, die für Oates durchaus nicht ungewöhnlich ist.[7] Jedoch geht die Darstellung über die bloße annalenhafte Faktenvermittlung weit hinaus. So genügt schon eine oberflächliche Lektüre, um die Doppelbödigkeit des Titels, seinen eigentlichen Hinweis auf die Mitwirkenden einer enigmatischen Katastrophe zu erfassen. Jedes weitere Lesen zeigt, daß die Geschichte von Morley Hill und den "Futurists" nach formal-ästhetischen Gesichtspunkten so gestaltet ist, daß ihr universelles thematisches Anliegen deutlich wird.

Dies erhellt bereits aus den realistischen Details des *setting,* das nach dem Prinzip der räumlichen Ausdehnung strukturiert ist und sich von der Welt der Dozenten und Studenten am Detroiter Oakland Community College ausweitet in den Bereich von *downtown*-Detroit und schließlich in den gesamtkontinentalen Raum von Detroit bis San Francisco. Die innere Welt des College ist die von intellektuellen Sensualisten, die in Verlagen wie *Touch Press* Tiergedichte veröffentlichen, und von politischen Idealisten, die sich gemäß ihrer Selbsteinschätzung als "Futurists" einer alternativen zukünftigen Welt verschrieben haben. Die Basis der alternativen Daseinsform ist der Drogenkonsum, der sowohl direkt benannt wird ("illegal drugs") als auch metaphorisch-leitmotivisch in Morley Hills Gebet "Speed it up" erscheint, das zur beschleunigten Friedensverwirklichung ebenso auffordern mag wie zur Einnahme von *speed drugs* oder zu einem schneller, d.h. intensiver geführten Leben. Die Hippie-Szene der College-Welt erstreckt sich bis nach *downtown*-Detroit, wo sie sich mit den Aspekten von Gewalt, Bedrohung und Chaos verbindet: Morley Hill und seine Anhänger werden am Big Boy Hamburger Stand verprügelt, Benjamin Ackley in einem Logierhaus verhaftet, und auf dem Parkplatz des Recorder's Court explodiert die Dynamitkiste in Hills VW-Bus. Die Atmosphäre von Gewalt und Ungesetzlichkeit erweitert sich um das Gefühl der Ruhelosigkeit und des Getriebenwerdens, denn Ackley lebt in einem Haus für Nicht-Seßhafte, und Hill ist – wie Hannah Wigel es bildhaft formuliert – Zentrum eines „Wanderzirkus". Mit dem Auto von Evangeline Bart, dessen äußerer Zustand (defekte Scheibenwischer) und mitgeführte Ladung (Sprengstoff, Lunch-Paket, Winddrachen, Pferdedecke, schmutzige Tennisbälle etc.) eine chaotische Welt kurz vor der Auflösung symbolisieren, treiben Hill und seine Gruppe wie Ken Keseys *Pranksters* oder Charles Mansons Bus-Familie quer über den nordamerikanischen Kontinent, "from San Francisco to Cleveland to Rochester, New York, to Detroit, Michigan". Es geht Oates ganz offensichtlich kaum darum, Amerika als realistischen sozialen Hintergrund zu zeichnen, sondern darum, ein emotionales *setting* zu gestalten, d.h. ein psychisches Chaos zu evozieren. Oates' Raum in "Notes" ist, um zwei von Klaus Lubbers geprägte Begriffe aufzunehmen, weniger Aktionsraum als vielmehr gestimmter Raum [8], wobei die Stimmung alptraumähnlich ist; sie ist – wie in den Eden County-Geschichten – Ausdruck chaotischer Gefühle und psychischer Wirrungen.

Die Atmosphäre der Erzählung wird durch die zersplitterte Geschehenswiedergabe und vor allem durch die wechselnde Erzählperspektive mitbedingt und verstärkt. Da die Chronologie der Ereignisse einer Art Figurengalerie oder Steckbriefsammlung Platz gemacht hat, d.h. einer willkürlich anmutenden alphabetischen Anordnung von Namenseintragungen, deren Zusammenhang man auf den ersten Blick nicht so recht erkennt, wird der Rezeptionsvorgang dem Lösen eines Rätsels vergleichbar. Beim ersten Lesen bleiben die Erzählfragmente weitgehend unverbunden; man erkennt allenfalls, daß jede dieser "Notes" sich auf Morley Hill und eine mysteriöse Auto-Explosion bezieht. Die Auswirkung dieser neuen epischen Logik enthüllt sich bei jedem weiteren

Lesevorgang: das linear-sequentielle Lesen wird aufgegeben zugunsten von „Sprüngen" zwischen den einzelnen Figuren, dem Herstellen von Verbindungen sowie dem Verfolgen metaphorischer und motivlicher Andeutungen. Zunächst wird dadurch der Geschehenshergang rekonstruierbar: die durch den Zusammenstoß mit einem anderen Auto erfolgte Explosion eines VW-Busses und der daraus resultierende Tod

1. des Fahrers Morley Hill, eines (früheren) Anglistikdozenten der University of Rochester,
2. einiger dem Hippie-Stereotyp entsprechender mitreisender Anhänger dieser offenbar charismatischen Gestalt,
3. einiger außenstehender Zufallsopfer.

Was aber nach wiederholter Lektüre offenbleibt, ist die Deutung bzw. Bedeutung dieser Explosion. War sie Unfall oder – wie Hannah Wigel behauptet – (Selbst)-Mord? Wenn letzteres, welches waren die Motive? "Notes" erhält damit etwas vom Charakter eines Erhellungsversuchs, bei dem wie in der kriminalistischen Arbeit direkt und indirekt Beteiligte, Augenzeugen und möglicherweise nur periphere Informanten befragt und auf etwaige Befangenheit hin untersucht werden.

Das Bemühen, der fragmentarisch dargebotenen Handlung einen Sinn abzugewinnen, wird vor allem dadurch erschwert, daß die Hauptfigur nur indirekt erschlossen werden kann. Während alle anderen „Mitwirkenden" vom Erzähler, der in die Herausgeberrolle schlüpft, nicht nur auktorial, sondern auch szenisch-medial charakterisiert werden, wirkt der Eintrag zu Hill mit den lapidaren Angaben von Geburts- und Todestag sowie den Namen seiner Kinder wie eine strukturelle Leerstelle. Die Vorgänge um und vor allem im Protagonisten müssen also den Beteiligten abgewonnen werden, die einerseits der Bewertung durch den Herausgeber-Erzähler unterliegen, sich andererseits aber auch handelnd und sprachlich selbst enthüllen. "Notes" verlangt damit einen besonders aktiven Leser, der die einzelnen – in ihrer Einstellung zu Hill stark divergierenden – Figuren in all ihrer Voreingenommenheit und möglichen Selbsttäuschung durchschauen muß, um sich der enigmatischen Zentralgestalt zu nähern, um von der äußeren zur inneren Handlung vorzustoßen. Dem Mosaik von Beziehungen (der einzelnen Beteiligten zu Hill, aber auch untereinander) entspricht das Mosaik von Deutungsmöglichkeiten, die der Rezipient auf ihre Angemessenheit hin untersuchen muß.

Wie stark das Zentralereignis verrätselt und die Hauptgestalt mystifiziert sind, zeigt der erzählerische Auftakt, die Notiz zu Benjamin Ackley. Die vom Herausgeber mitgeteilten Fakten (Datum, politisches Ereignis, Drogenkonsum) vermögen zwar durchaus den historisch-kulturellen Kontext der unruhigen späten 60er Jahre zu evozieren, aber über Morley Hill machen sie nur vage Andeutungen. Die Erwähnung von Gebet und Martyrium lassen den Protagonisten in einer religiösen Aura erscheinen, die aber durch den Gebetsinhalt mit seiner Implikation von *speed drugs* pervertiert wird. Ebenso doppeldeutig erscheint das Verhältnis zwischen Hill und Ackley: aus der Sicht des Herausgebers ist es das zwischen verehrtem religiösen Meister und ihn verehrenden Jüngern ("kneels", "awe"), aus der Perspektive der im Fernsehen interviewten Mutter Ackleys das von Ausbeuter und Werkzeug. Der Erzählauftakt ist in mehrfacher Hinsicht funktional: er erweckt Spannung durch Mystifizierung und enthält alle wichtigen motivlichen, bildlichen und thematischen Keime für die nachfolgenden "Notes". Zu diesen Keimen zählen die Motive der Gewalt ("raid", "arrest") und Unseßhaftigkeit ("rooming house"), die Motive der Suche nach mitmenschlichem Kontakt ("Touch Press") und mystischer Wirklichkeitstranszendierung ("Speed it up"), die Bilder eines Guru und seiner Gefolgschaft und nicht zuletzt das Thema der Erkenntnisschwierigkeit angesichts einer widersprüchlichen Realität.

Die nachfolgenden Eintragungen geben der Geschichte insofern eine lineare Struktur, als der Geschehenshergang progressiv enträtselt wird: die Bart-Notiz fügt den VW-Bus als *ein* Explosionswerkzeug an, unter dem Stichwort Devlin erscheint das Dynamit als *zweites;* der Farber-Eintrag präzisiert den Ort des Geschehens, die McEvoy-Notiz das Resultat, nämlich die Verstümmelung bis zur Unkenntlichkeit ("Identified by bridge-work"). Spätestens unter dem Stichwort Smith haben sich die Andeutungen so weit verdichtet, daß der Handlungsvorgang als "collision-explosion" deutlich wird. Dem linearen Prinzip der Vorgangsenthüllung steht das kontrastiv angelegte Prinzip der Charakter- und Motivausleuchtung gegenüber. Wohl wird die Charakterskizze Hills zunehmend detaillierter, aber auch widersprüchlicher, weil die vom Herausgeber selektierten Figuren in ihrem Persönlichkeitsbild, Wertsystem und folglich auch in ihrer szenisch vorgeführten Haltung zur Zentralgestalt stark divergieren. Aus dem Geflecht der Beziehungen läßt sich folgende Konstellation herauslösen:

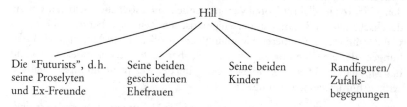

| Die "Futurists", d.h. seine Proselyten und Ex-Freunde | Seine beiden geschiedenen Ehefrauen | Seine beiden Kinder | Randfiguren/ Zufalls-begegnungen |

Der Bewertungskontrast, der sowohl zwischen als auch (bis auf die Kinder) innerhalb der Gruppen auftritt, zeigt sich in aller Schärfe bei den "Futurists". So ist Morley Hill für Stella Hanzek eine Art Messias, den sie in rhapsodisch-hymnischer, von religiösen Bildern durchsetzter Sprache feiert. Seine endzeitlichen Visionen erhellen aus den apokalyptischen Augen mit ihrem das All und alle Zeiten erfassenden Blick; seine Mythisierung und Stilisierung zum göttlichen Wesen, welches die Beschränkung der Leiblichkeit fast abgestreift hat, aus der ätherisch scheinenden Haut. Wie subjektiv diese Einstellung ist, wie sehr „Sternenvision", zeigt der Herausgeber zum einen durch die Namenssymbolik, zum anderen durch den ironisch-lakonischen Kommentar zu Stellas Bereitschaft, für Hill zu sterben: "Died May 1, 1970". Die gleiche, leicht spöttische Haltung der Erzählregie manifestiert sich auch in der Präsentation der anderen „Jünger", so in der Beschreibung von Roy Devlin als "given to fits of depression, hard hot breathing, fever and chills [...]." Im diametralen Gegensatz zu Hills echten Proselyten steht sein „Ex-Freund" Jimmy Querbach, die politische Galionsfigur der "Futurists". Querbach charakterisiert Hill mit einer ganz anderen, sehr drastischen Metapher, nämlich als „unschuldiges Dreckschwein von einem Mörder", unschuldig wohl, weil die politisch-sozialen Verhältnisse ihn dazu machten. Daß diese Charakterisierung nicht minder subjektiv ist als die von Stella Hanzek, zeigt sich erneut in der subtilen auktorialen Ironie. Der Friedensautor und 1969er Friedenskandidat mit der unfeinen Sprache ist nämlich geprägt von persönlichem und politischem Eigennutz, er verleugnet den von seinen Jüngern als Messias verehrten Hill ebenso wie Petrus es gegenüber Christus tat: "Why is everyone pestering me about Morley Hill? I only met him three or four times."

In diesem Eigennutz gleicht ihm Hills erste Ehefrau Evangeline Bart, deren Vornamen der Erzähler als ironischen Kommentar zu ihrem „Evangelium" des Materialismus benutzt. Sie ist so besitzorientiert ("The Volkswagen bus was *mine*, but *I* let him use it"; "He *had* nothing, not even the kids")[9], daß ihr Hills Idealismus als „verrückt" erscheint. Mag ihr Kommentar aufgrund der Inkompatibilität der Charaktere verständlich sein, so ist dies Hannah Wigels Kritik keinesfalls. Mit ihrem die mystische Welt des Orients evozierenden Aussehen und der asketischen Lebensweise unterscheidet sie sich deutlich von Evangeline und ähnelt Hill – und doch ist ihre Verdammung noch schärfer. In den Augen seiner zweiten Frau ist Hill weder Heiliger noch Märtyrer, sondern ein ekstatisch-fanatischer Narziß, dessen Selbstbezogenheit[10] ihn in einen immer stärker werdenden Strudel der Betäubung mittels hektischer Aktivität ("ratty girls", "moving circus") hinabzog, so daß er unausweichlich in Wahn und Selbstzerstörung enden mußte.

Verbindet man Hannah Wigels Selbstbekenntnis "I suppose I failed him" mit Evangeline Barts offensichtlichem Versagen und mit der Einstellung der "Futurists", die Hill zum Übermenschen stilisieren, so bleiben nur noch die beiden Kinder Lora und Ronnie, zu denen Hill echten menschlichen Kontakt zu haben schien. Das konzidieren jedenfalls beide Ehefrauen. Nur aus dieser indirekt, d.h. über andere Figuren zu erschließenden, äußerst spärlich skizzierten Perspektive der Kinder erscheint Hill menschlich – und nicht als Messias oder Mörder.

Aus den Charakterskizzen der Randfiguren, die nur zufällig in Hills Bannkreis gerieten, ergibt sich wieder eine diametral entgegengesetzte Deutung des Protagonisten. Für den Polizisten Abbot Smith ist Hill ein sanfter, höflicher, ja verängstigt wirkender Frühvierziger, während die Bewertung, die der Leser aus dem Buddy Tate-Eintrag gewinnt, eine andere ist. Da der Herausgeber-Erzähler das Bild des durch die Explosion erblindeten Kindes, das dem Fernsehprogramm *zuhört*, zur Groteske verzerrt, kritisiert er indirekt den Dynamit mit sich führenden und damit den Tod anderer offenbar in Kauf nehmenden Morley Hill als den eigentlich Verantwortlichen für Buddys Schicksal. Hauptzielscheibe in der Tate-Notiz ist allerdings Buddys Mutter, die sich in tragisch-ironischer Verkennung der durch Hill verursachten Blindheit ihres zehnjährigen Sohnes in der Klatschspalte einer Zeitung über die vielen *Get Well cards* freut.

Wenn die Erzählerperspektive bisher als eindeutig ironisch bewertet werden muß, so läßt sich aus ihr doch kein sicheres Bild von Morley Hill gewinnen, da die Ironie vornehmlich den jeweiligen perspektivetragenden „Mitwirkenden" trifft, somit eine „objektive" Charakterisierung eher behindert als fördert. Eine interessante, wenngleich in ihrer Annäherung an die Wirklichkeit auch nicht zuverlässigere Bereicherung erfährt das Porträt Hills im strukturell bedeutsamen letzten Eintrag. In der Perspektive Fritz Wurdocks – einer ohne Ironie gezeichneten Figur, die Hill zwar nur einmal zufällig und kurz begegnete, von der aufgrund dieser Randposition aber noch am ehesten eine distanzierte Betrachtung zu erwarten wäre – verschmelzen die Deutungsgegensätze von mythischem Führer und dämonischem Verführer[11] zur Synthese einer bislang nur punktuell erkennbaren Groteske. Hill präsentiert sich im letzten Eintrag mit den biblischen Worten „Das Ende ist nahe" als pathetische Erlösergestalt, die gleichzeitig nervös an einem Hautausschlag kratzt. Während seine Jünger durchaus klischeegemäß angezogen sind und ihre durch die Sandalen scheinenden „zornigen" weißen Füße ihr gesellschaftliches Aufbegehren symbolisieren, erscheint der Meister in normaler – allerdings ungebügelter – Kleidung, in Schuhen und Socken. Darf man daraus schließen, daß dieser Guru im zerknitterten Straßenanzug, dieser Friedensapostel, der sich von Rowdies widerstandslos verprügeln läßt, andererseits aber aufgrund des Hantierens mit Dynamit seine Jünger bis zur äußersten Verzerrung der Groteske (vgl. McEvoys Zahnbrücke) zerbombt, auch für den Herausgeber nur die Karikatur einer mythischen Erlöserfigur ist? Sind Hills wiederholte "Speed it up"-Ausrufe nur als Gebetsparodie zu verstehen und seine Adepten nur als groteske Marionetten mit "shoulders hunched forward in dedication"? Oder dient das verfremdende Stilmittel der Groteske dazu, Hill als entfremdete, gar als tragische – weil in allen zwischenmenschlichen Beziehungen gescheiterte – Außenseitergestalt erscheinen zu lassen? Ist die Explosion Kapitulation vor einer bedrohlich repressiven Gesellschaft, vor dem "plot to put us all in jail" und vor angenommenen "concentration camps", oder ist sie Selbstbehauptung, die heroische Haltung des "We are coming through"? Die Tatsache, daß der auktoriale Regisseur sich eines direkten Kommentars zu Hill enthält, daß der Leser sich aus den widersprüchlichen Splittern der ihm dargebotenen Wirklichkeit eine Bedeutung selbst konstruieren muß, machen die gestellten Fragen zur Persönlichkeit und zu den Motiven Hills unbeantwortbar, ja die Unmöglichkeit ihrer Beantwortung, d.h. der Zweifel an der Erkennbarkeit der Realität, wird zum eigentlichen Thema der Geschichte. Daß dies so ist, erhärtet der Erzählschluß, der die Funktion einer Sinnpointe hat: "But he was not certain that he wasn't inventing most of it." Was bis dahin nur indirekt über Struktur und Perspektive erschließbar war, wird hier explizit als intendierter Sinn des dargestellten Sachverhalts formuliert, klingt im Leser nach und zwingt ihn somit über die Rezeption des Textes hinaus, sich mit der Frage nach der Ergründbarkeit der Welt kritisch auseinanderzusetzen.

Die fiktionale Gestaltung erkenntnistheoretischen Zweifels findet ihr funktionales Äquivalent in der zunächst willkürlich scheinenden Form der alphabetischen Fragment-Montage. Diese Struktur ist Oates' Experiment, dem Nicht-Verstehbaren mit dem Mittel der „Einkreisung" beizukommen, denn der mit Ackley eröffnete Kreis des Alphabets schließt sich mit Wurdock, was auch dadurch unterstrichen wird, daß der letzte Satz in wörtlicher Rede ("For Ackley's defense") auf den Anfang zurückweist. Wenn – so scheint die Dichterin zu argumentieren – die Wirklichkeit nur über subjektive Erfahrungen erschließbar ist und letztlich lückenhaft-widersprüchlich bleibt, ein Autor aber – und so argumentiert Oates wörtlich – nicht darauf verzichten darf, den chaotischen Charakter der Realität "in some orderly manner"[12] zu enthüllen, warum sollte dann eine alphabetische Anordnung der Fragmente dazu weniger geeignet sein als andere, traditionellere Bauformen, zumal dieses Experiment in Verbindung mit der Sinnpointe besonders leseraktivierend wirkt?

Als Geschichte, die von der Welt wie von der skeptisch beurteilten Möglichkeit ihrer Erfassung handelt, steht "Notes" in engem literarhistorischen Zusammenhang zum einen mit den modernistischen Meistern des frühen 20. Jahrhunderts (Conrad, Joyce, Faulkner), zum anderen mit den als Postmodernisten bezeichneten experimentellen Autoren der 60er und 70er Jahre. Aufschlußreich ist ein Vergleich mit Joseph Conrads *Lord Jim*, einem Roman, der mit seiner komplexen Technik durchaus den Anfängen moderner experimenteller Erzählliteratur zugeordnet werden darf. "Notes" und *Lord Jim* handeln stofflich vom Leben und Tod eines mysteriösen Helden, thematisch gesehen aber vor allem vom erfolglosen Versuch des jeweiligen Erzählers, das Rätsel des Protagonisten zu ergründen. In beiden Werken lauten die zentralen Fragen "What had happened?" und "Who was he?"[13] In beiden verfestigen sich die zunächst undeutlichen Geschehensumrisse zusehends, während die Helden auch am Ende "an insoluble mystery"[14] bleiben. Das liegt vornehmlich daran, daß sich ihr Bild nur aus einer Vielzahl von subjektiv gefärbten, einander widersprechenden Kommentaren zusammensetzen läßt: der Erzähler Marlow ist auf die disparaten Urteile der in Jims Bannkreis geratenen Figuren Brierly, den französischen Leutnant, Chester, Stein, Cornelius, Jewel, Brown etc. ähnlich angewiesen wie der Herausgeber von "Notes" auf diejenigen der „Beteiligten". Morley Hills und Jims Tod sind ähnlich mehrdeutig. Sie lassen sich auffassen

1. als heroische Haltung angesichts einer zerstörerischen Wirklichkeit: Jim stirbt "with a proud and unflinching glance"[15], Hill sagt wiederholt "We are coming through";
2. als eskapistische Sehnsucht nach einem Martyrium: Jim läßt sich bereitwillig von Doramin exekutieren, Hills Tod wird von seinen Anhängern wörtlich als „Martyrium" bezeichnet;
3. als egoistischer Verrat an den nahestehenden Menschen. Marlow: "Jim had no dealings but with himself;[16] Hannah Wigel: "Whoever happened to be with him didn't matter to him."

Beide Helden, eher Träumer und Schwärmer als den praktischen Erfordernissen des Lebens gewachsen, haben zudem mythische Züge: Jim ist für die Malaien ebenso Sonnengott wie Hill für seine Jünger eine Christusgestalt oder ein fernöstlicher Buddha. Schließlich lassen sich beide auch als tragisch-isolierte Außenseiter deuten, deren Leben und Tod Ausdruck eines permanenten Leidens an der Welt und am eigenen Ich sind, die aber bei aller Tragik bisweilen auch wieder komisch-grotesk wirken (vgl. Jims Sprung von der *Patna* und Hill als Guru im zerknitterten Straßenanzug). Und ähnlich wie Marlows Kommentare letztlich von einem ironischen Skeptizismus geprägt sind, so ist auch die Erzählerhaltung in "Notes" die einer mehr oder weniger skeptischen Distanz. Wenn, wie es Willi Erzgräber[17] treffend formuliert, *Lord Jim* ein doppeltes Scheitern gestaltet, nämlich das des Protagonisten an der Wirklichkeit und das des Erzählers Marlow beim Versuch, seine Zentralfigur zu ergründen, wenn sich zudem gegen Erzählende die Atmosphäre epistemologischer Skepsis verstärkt, dann gilt Analoges durchaus auch für "Notes".

Natürlich sind die Differenzen nicht zu übersehen. Wie der hohe Anteil außerliterarischer Fakten ausweist, akzentuiert Oates stärker die politisch-soziale Seite der Wirklichkeit, mit der sich ihr Held konfrontiert sieht. Ihr Herausgeber zeichnet den Protagonisten nur indirekt über die „Beteiligten", während Marlow zusätzlich ein persönlich-direktes Zusammentreffen mit Jim gestaltet. Wo Conrad ein detailliertes Bild Marlows präsentiert, der nicht nur Skeptiker ist, sondern auch das Wertsystem der *naval tradition* vorlebt, da prägt Oates ihre Erzählerinstanz nur sehr spärlich aus, nämlich allein als skeptisch-ironische Haltung. Wie die Kargheit der Gestaltung im letztgenannten Punkt exemplarisch zeigt, ist es vor allem die Darstellung, die anders ist, weitaus ökonomischer, funktionaler, verdichteter. Obwohl die Geschichte vom Leben und Tod eines rätselhaften Helden, seiner gescheiterten zwei Ehen, seiner Stationen als Universitätslehrer, exponierter Gestalt der Friedensbewegung, Führer einer mit Drogen experimentierenden, unseßhaften *outsider group* kaum weniger aspektreich ist als in *Lord Jim*, potentiell also durchaus eine ähnliche epische Ausweitungstendenz besitzt, gelingt Oates eine Darstellung auf nur vier Seiten. Dazu tragen vor allem folgende Faktoren bei:

1. Wie der Titel schon andeutet, ist die sprachlich-stilistische Gestaltung teilweise bis zum Skelett einer stichwortartigen Skizze reduziert. Allerdings alterniert dieses Wirkmittel mit szenisch gestalteten und zum Ende hin häufiger und länger werdenden syntaktisch ausformulierten Partien, vielleicht weil die Autorin spürte, daß die extreme stilistische Kondensation im Zusammenwirken mit Alphabetstruktur und Perspektivenwechsel das Prinzip der Verständlichkeit zu sehr unterlaufen hätte.

2. Oates rekurriert auf vorhandene Kenntnisse des Lesers, so daß der kulturelle Sinnzusammenhang sich bereits aus knappen Andeutungen wie "Moratorium Day March", "Peace candidate" und "illegal drugs" ergibt.

3. Das Geschehen ist in Kurzszenen gegliedert, die aus sich heraus kaum verstanden werden können, die aber aufgrund ihrer selektiven Ausrichtung auf den Protagonisten in der Lage sind, einen größeren Komplex als den in ihnen dargestellten zu evozieren. Durch einen zweiten Fokus, nämlich die Handlungsklimax der "collision-explosion", wird die Zeitdimension so verdichtet, daß die Vergangenheit wie in diesen Moment einbezogen wirkt.

4. Da die Figuren nur insofern interessant sind, als sie auf das Zentralereignis reagieren bzw. den Protagonisten beleuchten, genügt eine typisierende „flache" Zeichnung, die z.T. schon durch *telling names* oder ein kurzes Beispiel ihrer Sprechweise gewährleistet wird. So ist Stella Hanzek der Typ der ekstatischen Verehrerin, Whitney Farber der Adept als Hysteriker, Evangeline Bart die besitzorientierte Ehefrau, Buddy Tate das tragische Opfer. Perspektivische Begrenztheit und Unzuverlässigkeit sowie Charaktergegensätze können folglich fast ohne direkte Kommentierung hervortreten.

5. Wichtigste Kürze bedingende Erzählmittel sind Andeutung, Symbolisierung und Mythisierung. Sie zwingen den Leser dazu, die strukturelle Leerstelle des Protagonisten imaginativ zu füllen und dem Erkenntnisproblem der Geschichte mit religiösen Vorstellungen (z.B. vom Martyrium Christi) beizukommen. Es

ist vor allem das Oszillieren zwischen genuinen und pervertierten mythischen Bild- und Denkmustern, das der *story* die Komplexität verleiht, von der sie letztlich thematisch handelt, nämlich von den Irrungen und Wirrungen objektiver Erkenntnis.

Wenn die analysierte Geschichte in formaler und thematischer Hinsicht Affinitäten zur klassischen Moderne aufweist, so ist sie auch mit den diversen avantgardistischen Strömungen der 60er und 70er Jahre verbunden. An Oates' Übernahme faktographischer Techniken mag man den Geist des Experiments wie auch das Interesse an der von Autoren wie Capote oder Mailer geführten Diskussion über das Verhältnis von Realität und Fiktion erkennen. Mit den eigentlichen postmodernistischen Kollegen (Coover, Barth, Barthelme etc.) trifft sie sich in dem Bemühen, die Möglichkeiten der Erzählkunst zu erweitern, thematisch gesehen aber auch im Zweifel an der Fähigkeit der Literatur, Wirklichkeit zu gestalten bzw. zu enthüllen. Wie viele Geschichten der genannten Autoren thematisiert die hier behandelte Erzählung, deren Titelbegriff "Notes" bereits auf das Vorläufige und Fragmentarische von Erkennen und Vermitteln hinweist, die Subjektivität und Relativität der Wirklichkeitserfahrung bzw. -darstellung. Die Vorgänge um und vor allem in Hill werden von jedem der „Beteiligten" mit Hilfe seiner – vom Herausgeber oft als fragwürdig charakterisierten – individuellen Kategorien geordnet, so daß sich im Leser schließlich die von John Barth provozierend vorgebrachte Einsicht von der Fiktionalität aller Wirklichkeit einstellt.[18] Diese Barthsche These spricht nicht nur aus der Sinnpointe von "Notes", sondern wird auch in der *story* "Exile" vom Ich-Erzähler mit dem sprechenden Namen Dr. Zweifel explizit formuliert: "Everything points to the probability that existence is a mental phenomenon and that matter is a 'trick' of consciousness."[19] Ganz analog sieht sich der emeritierte, an der Summe seines Denkens arbeitende, jedoch im Stadium von Notizen verharrende Philosophieprofessor Reuben Weber in Oates' Geschichte mit dem bezeichnenden Titel "A Theory of Knowledge"[20] nach der Begegnung mit einem rätselhaften Jungen vor die Frage gestellt: Was an diesem Jungen ist wirklich, was bloß Phantasieprodukt? Der Erzählschluß läßt offen, ob Weber den Jungen tatsächlich rettet oder ob der beschriebene Vorgang einer seiner zahlreichen – von seiner Tochter besorgt beobachteten – (Alp)träume ist. Wenn die Vorstellungen von Objektivität und Wirklichkeit Illusionen sind, dann ist es auch der Glaube des Erzählers an die Gestaltbarkeit der Welt; erkenntnistheoretische und kommunikationstheoretische Skepsis verbinden sich also. Es ist dieser Vorbehalt gegenüber dem Beitrag der Literatur zur Erkenntnis, den auch die Postmodernisten thematisieren – und zwar so, daß das Thema bereits aus der Form erhellt. "Fragments are the only form I trust", verkündet Donald Barthelmes Erzähler in "See the Moon?"[21], und wenn Joyce Carol Oates Barthelmes radikal phantastischen Collagen auch recht reserviert gegenübersteht[22], verfährt sie doch oft – sicher in deutlich abgeschwächter Form – im Prinzip analog. In "How I Contemplated ..."[23] etwa reiht sie zwölf chronologisch, inhaltlich und stilistisch disparate Elemente aneinander und zwingt damit den Leser ebenso zur Erstellung einer fragwürdigen Ordnung wie Barthelme in den 100 numerierten Fragmenten von "The Glass Mountain"[24] oder Coover in den fünfzehn Abschnitten seiner verschiedene Geschehensmöglichkeiten durchspielenden Geschichte "The Elevator".[25] Das Experiment der Alphabetstruktur in "Notes" ist durchaus nichts anderes als diese numerische Reihung, wird damit der Blick doch genauso auf die Metaebene der Erzählung gerichtet, auf die fundamentale Frage nach der Möglichkeit der Wirklichkeitserkenntnis und dem Beitrag der Literatur dazu, auch wenn die Rolle der Literatur nicht wie bei Barth explizit, sondern nur implizit thematisiert ist. Oates' sich oft als Puzzle ausgebende und einen mitdenkenden Rezipienten verlangende Erzählexperimente sind sicher weniger radikal als die der *new fictionists*, weil sie sich nie von der empirischen Wirklichkeit löst, wie dies Barthelme bisweilen tut, und weil trotz aller Fragmentarisierung eine Handlung immer noch zu erkennen ist. Ihr *setting* in "Notes" bleibt durchaus wie in den meisten anderen ihrer Erzählungen die von Peter Freese ausgemachte typische *edge city* der amerikanischen Nachkriegsliteratur[26] – hier Detroit als sozialer und symbolischer Grenzort leidender und oft entfremdeter Individuen. In dieses *setting* bricht dann das Mysteriöse ein, das mit Erzählmitteln wie Standpunktwechsel und Mythisierung beleuchtet, aber kaum je erhellt wird, ja letztlich aufgrund seiner „Unbestimmtheit" auch unerhellbar bleibt, so daß der Leser selbst Wahrnehmungs- und Reflexionszusammenhänge erstellen muß und damit zum wichtigsten "contributor" wird, der das Puzzle der Welt zusammenzusetzen versucht und dabei das ständige menschliche Verstricktsein in selbstproduzierte Illusionen und Fiktionen entdeckt.

Anmerkungen

1 Diese Verbindungslinie ist in Rezensionen, Aufsätzen und Monographien immer wieder gezogen worden. Vgl. dazu den von Linda Wagner herausgegebenen Band *Critical Essays on Joyce Carol Oates*. Boston, 1979, der in seinem ersten Teil die wichtigsten Rezensionen zu Oates' Büchern enthält und das Klischee von der "ambitious ephebe of Dreiser" – wie Harold Bloom es in *A Map of Misreading*. New York, 1975, S. 164 nennt – ständig wiederholt.

2 *Literary Disruptions: The Making of a Post-Contemporary American Fiction*. Urbana, 1975, S. IX.

3 In Freese, P. (Ed.): *Die amerikanische Short Story der Gegenwart. Interpretationen*. Berlin, 1976, S. 301–313; vgl. S. 302.

4 *Joyce Carol Oates' Short Stories between Tradition and Innovation.* Frankfurt/M., 1983; vgl. vor allem S. 104–129. Bastian geht allerdings nicht auf "Notes" ein.

5 In Oates, J. C.: *The Seduction & Other Stories.* Los Angeles, 1975, S. 165–169.

6 Zu den Details des zeitgeschichtlichen Hintergrunds vgl. Hodgson, G.: *America in Our Time.* Garden City, 1976, S. 263–398 sowie Wallechinski, D., Wallace, I.: *The People's Almanac.* Garden City, 1975, S. 254 ff.

7 Vgl. das Vorwort zum Roman *Them.* New York, 1969, wo Oates betont, empirisch überprüfbare Aussagen seien "incorporated into the narrative *verbatim*".

8 *Typologie der Short Story.* Darmstadt, 1977; vgl. besonders das Kapitel „Räume", S. 120–137.

9 Hervorhebungen hinzugefügt.

10 Vgl. "Whoever happened to be with him didn't matter to him."

11 Diese Deutungsmöglichkeit ergibt sich nicht zuletzt aus der Titelmetapher des Bandes, dem "Notes" entnommen ist: *The Seduction & Other Stories.* A. a. O.

12 Vgl. Oates' Essay "The Short Story" in Current-García, E./Patrick, W. R.: *What Is the Short Story?* Glenview, 1974, S. 138–139; Zitat S. 138.

13 Meine Ausführungen zu Conrad sind dem folgenden Aufsatz verpflichtet: Erzgräber, W.: „Joseph Conrad: *Lord Jim*". – In Goetsch, P./Kosok, H./Otten, K. (Eds.): *Der englische Roman im 19. Jahrhundert. Interpretationen.* Berlin, 1973, S. 288–306.

14 Conrad, J.: *Lord Jim.* London, 1964 (Everyman's Library), S. 224.

15 Ebd., S. 306.

16 Ebd., S. 249.

17 A. a. O., S. 296.

18 Vgl. *Chimera.* New York, 1972, S. 246.

19 In *Night-Side: Eighteen Tales.* New York, 1977, S. 186–201; Zitat S. 194.

20 In *Night-Side.* A. a. O., S. 348–370.

21 In *Unspeakable Practices, Unnatural Acts.* New York, 1969, S. 164.

22 Vgl. ihren Essay "Whose Side Are You On?". *New York Times Book Review,* 4. Juni 1972, 63.

23 In *The Wheel of Love and Other Stories.* Greenwich, 1973, S. 149–165.

24 In *City Life.* London, 1971, S. 59–65.

25 In *Pricksongs and Descants.* London, 1971, S. 40–53.

26 „Die Story ist tot, es lebe die Story: Von der Short Story über die Anti-Story zur Meta-Story der Gegenwart". – In Bungert, H. (Ed.): *Die amerikanische Literatur der Gegenwart.* Stuttgart, 1977, S. 228–251. Vgl. vor allem S. 230.

Bernhard Lindemann, Bochum

Text as system and as process:
On reading Joyce Carol Oates's "Notes On Contributors"

> *What is this puzzle of people! –*
> *what have they to do with one another?*
> J. C. Oates[*]

Before I make any remarks on J. C. Oates's "Notes on Contributors", some comment on the general outline of my approach is necessary.[1] I take it that "Notes on Contributors" is a *text*, that is a linguistic entity which can be characterized by a number of features which serve to distinguish it from, for example, mere lists of words, sentences, paragraphs, or the like. In order to clarify some of the terminology I shall refer to throughout the following pages, let me briefly focus on two different aspects of organization which may be considered to give "structure" to texts. Texts may either be regarded as basically *static systems* whose "structure" can, once and for all, be represented by neatly created networks of relations holding among a finite number of linguistic elements, or "text structure" may rather be regarded as a – perhaps somewhat short-lived – *result of actual processes* occurring in writers and readers who are assumed to make active use of static linguistic systems. Since both views may give rise to diverging attitudes towards texts and text theory, let me briefly outline a number of tenets held to be essential in each of these approaches.[2]

1. Text as System

For about twenty years now, a good number of linguists and, since the most recent "cognitive turn"[3], psychologists and researchers in artificial intelligence[4] as well, have been at pains to elaborate a systematic account of the qualities which characterize a text as a particular kind of linguistic entity. Since I cannot present even a fragmentary overview of the state of the art in this context[5], I shall concentrate on the illustration of four levels of organization which are thought to contribute to the "texture" of a text, and which urge us to regard the text as an entity *sui generis* in the linguistic *system*. More or less following van Dijk[6], I hold that texts are *systematically* organized on four levels, that is those of

(a) microstructure,
(b) macrostructure,
(c) superstructure,
(d) frame.

To begin with the level of *microstructure,* a text appears to be anything but a random, arbitrary collocation of sentences; there are indeed a good number of phenomena which guarantee a variety of inter-sentence connectivities. First of all, sentences connect because there are elements which simply re-appear; either identically ("Ackley", "Morley Hill", "the Volkswagen", "the Futurists"), or in a slightly modified way ("Ackley" ← "Author of" (1)[7], "Devlin" ← "an organizer of", "an ex-student of" (3)), or as substituted for by all kinds of *pro-forms* ("Ackley" ← "he", "his" (1), "Bart" ← "I" (2), "the Volkswagen" ← "it" (2)). Pro-forms refer to elements, their *domains,* which either appeared previously ("Ackley" ← "he" (1), an instance of *anaphoric reference*) or which will follow ("it was any → accident, → his getting blown up" (13), an instance of *cataphoric reference*). Note that the pronoun "it" in the sentence "I loved him very much but I couldn't take it" (13) may be said to be an instance of simultaneous anaphoric *and* cataphoric reference, since it may refer both to a number of preceeding elements ("marriage", "circus", "ratty, loud people", "He loved me") and to those which follow immediately ("All that talk, those months of talk"). The domains of a pro-form may differ considerably in size: their extension may range from words ("Ackley" ← "he" (1)), to sentences ("He was driving all over the street" ← "what the hell is that?" (11)), to nearly entire paragraphs ("She says of her marriage ... I loved him very much" ← "I couldn't take it" (13)). Not only are there instances of *pro-nominal* substitution, but actions may also be substituted for by semantically more neutral *pro-verbs* ("his getting blown up" ← "he did it on purpose" (13)).

In addition to their arrangement which is motivated by the demands of syntax, the elements of a sentence forming part of a larger text typically fall into two classes: those that have been mentioned previously *(topics)* and those that are mentioned for the first time *(comments)*:

"The Volkswagen was mine, but I let him use it. It needed a new muffler ... He tried to pay me a rent for it." (2)

Ordinarily, the topic/comment distribution has to be *well balanced,* that is sequences of sentences which abound in topical elements will normally be considered unacceptable ("boring"), as will those which are perfused with an extreme number of new, non-introduced comments. Furthermore, it is assumed that topics and comments "behave" like characters on a stage (*staging*[8]), that is newly introduced comments will occupy the "foreground" for a while (they will dominate a certain *reference space*[9]), before being "backgrounded" in order to give way to newly arising comments; note the shift of topics in (2): "Volkswagen bus" ... "rent, money" ... "kids" ... "husband".

Finally, text sentences have to be coherent in their selection of spatial and temporal *deictica* which are chosen to represent relations of time and space. Note, for example, the choice of congruent tenses in the following sentences: "(Devlin) consequently out of town on May 1, 1970 . . . Devlin has written" (3); "He is angelic . . . I would die for Morley Hill.' Died on May 1, 1970" (5).

However, texts not only cohere sentence-wise; there are a number of facts which back the claim for some higher level of organization which is assumed to be responsible for the observation that, normally, it is not only longish texts which can be summarized, abstracted, or similarly dealt with. It appears that there is ample evidence that the formation of *macrostructures* – which, in the way of global semantic grids, coordinate large areas of textual information – plays a decisive role not only in the inventing and writing, but also in the reading and memorizing of texts. For instance, in Oates's text we have a *title* which, quite traditionally, bears a macrostructural relation to the ensuing portions of the text; we have fourteen *paragraphs,* each of which is macrostructurally related ("the life and times of . . .") to the proper names introducing each paragraph. Further we have the fact that all of the paragraphs obviously center on a very restricted number of semantic elements ("Morley Hill", "his getting blown up", "the Ackley case", etc.); the global macrostructure is once even explicitly referred to: ". . . someone else – unrelated to this subject –" (14).

Macrostructures, however, not only operate *globally,* they also build up *locally.* Thus, "Devlin is really desperate" may serve as a local macrostructure for "given to fits of depression, hard hot breathing, fever and chills, headaches, racing heartbeat, a sense of desperation" (3), and "Hanzek has fallen deeply in love with Hill" for "He is angelic. His skin is translucent. His eyes are apocalyptic, they have seen the corners of the universe and all the tides. I would die for Morley Hill." (5). Likewise, "polka-dot personality" sums up the essence of Norman Praeger ("bald, sunny, flush-faced, talkative, sports commentator, twenty-two grandchildren" (8)).[10]

Both micro- and macrostructure provide a form of organization which is, semantically, specific to a particular text. There is, however, a type of linguistic structure, the *superstructure,* which serves to organize not only a particular text but, in addition, a whole *class of texts.* These superstructures organize texts as far as questions of *text type* or *genre* are concerned. For example, in Oates's text we find the conventional "notes on contributors"-schema: "contributors" are listed in alphabetical order, there are notes on their works ("Author of *Zoological Lyrics*" (1), "Author of the pamphlet *Why Must We Kill?*" (9)), and the reader is informed about their social background. In addition to micro- and macrostructure this form of genre-bound texturing serves to organize the entire text *from outside.*

Lastly, text elements cohere on a fourth level of systematic organization: that of *frames, schemas, scripts, scenarios.*[11] Frames are clusters of elements which *typically co-occur* in our knowledge systems as far as *world knowledge* is concerned. (However, note that the three different types of linguistic organization discussed above (micro-, macro-, superstructure) are to be excluded from this level.) Here are some examples of frame relations[12]: [the Volkswagen] [muffler] [the windshield

97

wipers] (2) (note the use of the definite article with a non-introduced element due to the "car"-frame); [blinded] [listen to television] (12); [bedroom] [home] (12); [identified] [bridgework] [blown up] [explosion] (7); [arrested] [fined] [released] (7). It is interesting to note that frame knowledge often helps in disambiguating instances of microstructural indeterminacy in the text surface; thus it helps to track down "hoodlums" instead of "the police" as the domain of "them" in the sentence: "He got us beat up by some hoodlums at a Big Boy Hamburger Stand, then when the police came he yelled at them to leave us alone." (9).

I wonder whether a prospective reader, especially a "non-initiated" one who has had the patience to follow my remarks up to this point, will not have been entertaining a kind of *reservatio mentalis* which could, approximately, be formulated as follows: "Okay, there may be all sorts of nitty-gritty structure in the text, but what has that got to do with my reading, with my understanding of it?"

My answer to this question may appear to be somewhat unexpected: "relatively little!" That is to say, I should like to support his doubts that the foregoing enumeration of *static* relations, which can be traced against the background of differently founded linguistic knowledge systems (micro-, macro-, superstructure) or non-linguistic knowledge systems (frames), will ever be able to function as an even vague representation of the *processes* which develop and flow in the actual moment of reading. In fact, it does not at all appear to be an unwarranted expectation that linguistic theory should tell our sceptical reader a bit more about how and why these static systems are activated during the actual processes of reading, instead of merely confronting him with isolated, illustrative instances picked from the text surface – a nasty habit, indeed, which appears to be wide-spread, and not only among linguists.

In this context, one thing should be evident right from the start: an enumeration of knowledge systems, as illustrated in the first section of the present paper, does not *by itself* provide an answer to the question of how these systems keep being activated and de-activated in instances of actual *text processing*. It would seem necessary to postulate some higher, more integrated form of organization to accomplish this. In a forthcoming article[13], I outline a network of four interlocking *strategies* which, it is suggested, govern the coordinated "triggering" of knowledge systems in the reader; a reader is said to be LOOKING FOR

    (A) ABOUTNESS,
    (B) CONTINUITY,
    (C) DISCONTINUITY,
    (D) INTEGRATION.

I shall now try to illustrate some of my tenets connected with these four strategies in a *procedural description* of what may happen in a reader walking through Oates's story *from its beginning to its end*.[14]

2. Text as Process

The title: I assume that the average reader will normally approach a text, previously unknown to him, by a LOOKING FOR ABOUTNESS-strategy. That is to say, he will be looking simultaneously for clues which tell him about the *type* of text he is being confronted with (the *superstructural* format)[15] and in particular about its "message" (*macrostructural* formulations in the title)[16] which may include references to prototypical structures of world knowledge (*frames*).[17] This search for *advance organizers*[18] is supposed to start even before the reader has encountered the very first letter of a particular text. As regards Oates's text, it may not be unreasonable to assume that, due to the surrounding linguistic and semiotic context[19], the reader has been induced to form an expectation which roughly includes knowledge clusters like "fiction", "story", "short story", "American background".

However, even this hazy outline of the probable ABOUTNESS of this text is likely to be massively frustrated in a number of ways by even the most superficial processing of the title. One glance at it, followed by a brief skimming of what follows, reveals that the arrangement of the text is in accord with the linguistic conventions of a "notes on contributors"-schema which functions here as the text's global superstructure; but, (a) What is the function of such a text type in a book (J. C. Oates, *The Seduction & Other Stories*) which includes *no* individual "contributions" by "authors", which are, consequently, *not* mentioned in the table of contents? (b) How can the "notes"-schema tie in with the other texts in this volume, all of which are essentially *fictional* and *stories*? (c) How can "Notes on Contributors" ever function as a *macrostructure* of what follows – a quality normally attributed to titles? (d) If "contributors" does not refer to "authors" whose contributions are collected in the present volume, what is then the hidden, figurative meaning of "contributors", and to what do they "contribute"?

Thus it follows that a first processing of the title and a short glance through the following text will leave the reader feeling rather baffled and frustrated in so far as he has been LOOKING FOR ABOUTNESS. However, he may have been prompted to activate a different kind of strategy: LOOKING FOR DISCONTINUITY. As a result of his failure to establish knowledge structures which vaguely meet the demands of the ABOUTNESS-strategy, he may henceforth be prone to expect, accept, and wrangle with solutions for *discontinuities* and *deviations*, which may arise on his way ahead.

(1): The very first sentence following the surname "Ackley" should not cause any difficulties of processing: it is perfectly in accord with the superstructural format which has been triggered by the title as well as with the entire organization of the text. However, problems start with the following sentences. Instead of being confronted with information which roughly keeps to the *same level of generality* (the "author's" works, his social background, and his further activities), the reader faces a kaleidoscopic blend of fragments. At first, it may not seem excessively unusual to be informed about a progressive poet's (cf. *Zoological Lyrics!*) previous conviction (note the frame relation holding among [arrest] [raid] and [illegal drugs]). Gradually, however, the superstructural format changes from a "notes on contributors"-schema to that of a "wanted persons file" ("a coordinator", "long-limbed, sandy-haired, freckle-armed, -shouldered, -legged", "head shaved". Note, too, the verbless sentences!). This change may induce the reader to assign a different meaning to "contributors" (something like "contributors to a criminal act") which, in turn, may serve as a first hypothetical semantic macrostructure holding globally among the individuals listed below.

Moving on, the reader comes across another frame which is hard to integrate and which includes elements of semi- or pseudo-religious worship ([head shaved in awe of] [martyrdom] [kneels] [chants] [prayer]) all connected with the name Morley Hill. Here, for the first time, the reader most probably gives up processing the text roughly sentence by sentence, and shifts instead his attention to entries under "MORLEY HILL". Yet this does not lead him anywhere at the moment either since the names of Hill's children are also not included in the list (note that "Lora" could have changed her surname!), and so he goes on with reading (1).

The characteristic blend of "real-world" and fictional entities in the following lines ("Livonia, Michigan", "Detroit", "WWJ-TV", "The Voice of the Seventies", "Jack MacCool") and in the lines above ("Touch Press", "Detroit", "April 15 Moratorium Day March") may serve to trigger the superstructural schema of *faction*, a type of text fairly common in contemporary American writing. The last two sentences of (1) bring about an additional change in the superstructure: whereas the bulk of (1) has been *descriptive* up to this point, what follows hints at a *story*, at *narration* (note the opaque, figurative reference "tool" (→ Ackley) which may vaguely tie in with the "criminal act"-frame triggered above; and note the unintelligible microstructural reference of the anaphoric pro-form "they").

Let me sum up our reader's activities so far. The processing of the first paragraph may result in a different interpretation of "contributors", and in a first, tentative establishment of a global macrostructure: "contributors to a crime". Superstructural changes the reader has made include those from a "notes on contributors"-schema, via descriptive "wanted persons file", to "factional narration". The direction of reading is not likely to remain linear, but will, due to "cross-referencing", be bound to proceed by a sort of back-and-forth movement.

(2): Connects with (1) since its first sentence takes up an element mentioned in (1): "Morley Hill". Furthermore, since Morley Hill is again and again referred to throughout (2), it should not be too daring to surmise that, for the time being, the reader will assign to Morley Hill the superstructural status of a "hero" or "main character" in a "story" which, so his assumption, will then unfold prismatically, that is as a result of a puzzle of "episodes" distributed over the entire body of the text.

Thus, the processing of the introductory sentence of (2) will provide a first, sketchy outline of Hill's "personality" as a result of Oates's skilful play on frame relations holding among [marriage] [divorced] and their respective [dates]: 1962 and 1963. Note that the sentence "The Volkswagen bus was mine … ten-dollar bills in books" which follows the initial sentence rather abruptly is, again, at a very different level of generality. It may at first be interpreted as hinting at a number of rather crude motives from which Hill's marriage failed ("Hill did not in the least take care of his wife's Volkswagen bus, so she divorced him after only one year"), before being given a different macrostructural interpretation later on.

Further processing of (2) proceeds via a number of *locally foregrounded*[20] elements and of frame relations which are attached to them: [Volkswagen] [muffler] [wipers], [pay rent] [money] [ten-dollar bills], [kids] [have friends] [play]. Note that the referent of "My husband" (↔ Hill) in the last sentence but one can again be disambiguated by recourse to frame knowledge. The inference that Hill may be dead now ("Lora and Ronnie will miss him") ties in again with information gathered previously: by jumping to entries under "MORLEY HILL", which was supposed to happen in the processing of (1).

Thus, by the end of (2), our reader is likely to have INTEGRATED the DISCONTINUITIES which have turned up so far into the following strategy (ABOUTNESS): presumably, this *story* (the alphabetical ordering of "entries" seems to be the result of a pun on "contributors") is about a *main character*, Morley Hill, whose life and death will be portrayed in what follows as a result of a mosaic of information which the reader has to gather from different "informants" (Are these people "contributors" to his death? What did he die of?).

(3): Starts with the introduction of a "politics"-frame ([organizer] [Futurists Coalition] [campaigned] [Michigan House of Representatives]) which has not been activated before. On going through the text once more up to this point, there are only two elements, largely neglected up to now, which may be said to tie in loosely with this new frame: [coordinator] and [April 15 Moratorium Day March] in (1). The "politics"-frame is held up in the next step of processing, that is in the jump from "Jimmy Querbach" in the first sentence of (3) to entries under "JIMMY QUERBACH" in (9). Even a superficial perusal of its initial sentence will provide (a) [peace candidate] as an element of the frame triggered in (3), (b) "*Kill?*" in the title of Querbach's pamphlet " *Why Must We Kill?*" as an echo of "death", an element of macrostructural importance in connection with Morley Hill, who (c) is again referred to ("ex-friend of Morley Hill's") in (9). Jumping back to (3), Hill is again referred to ("an [ex-student of] Morley

Hill's"), but this time in a way which allows inferences about Hill's profession ([university teacher] [professor]), and about the different geographical backdrops to his career: San Francisco, Cleveland (already mentioned in (2)), Rochester, and Detroit.

"Wanted for" in the following sentence momentarily re-activates the "wanted persons file"-superstructure which had already been triggered in (1) and has been backgrounded ever since; "Ackley [case]", a formulation likely to serve as a heading in a legal document, additionally repeats the "crime"-frame from (1). [ammunition] and [dynamite] may serve to specify "crime" for the first time, [dynamite found in an apartement] may even hint at a "politically motivated assassination" – note the ties with the "politics"-frame activated at the beginning of (3), and with "politics" and "*Kill*" in (9).

The mention of an exact date in the next clause, "May 1, 1970", seems to be motivated by more than just the superstructural "faction"-schema: it also serves to connect the paragraphs macrostructurally, since (a) it is attached to an important *macro-fact* (Hill's death; if we remember that (6) is likely to have been read already in the processing of (1)), and (b) this date is repeated several times in connection with the deaths of other people, involving precursory jumps to (4), (5), and (7).

By the end of (3), the reader will find his expectations fulfilled in so far as he has been guided by a strategy of LOOKING FOR CONTINUITY. The superstructural schema has remained the same (a "factional mosaic", proceeding via backward and forward jumps), and the preliminary macrostructure erected in (2) ("life and death of Morley Hill") has been corroborated and been given further specification ([university teacher] whose ex-[students] and ex-friends are involved in [politics] and [crime], and possibly in an [assassination]).

(4)–(7): (4) yields further ties with Morley Hill by activating once more the "university teacher"-frame ("ex-[student of]" which, in turn, serves to connect Farber and Devlin) and by including the date of Farber's death, "May 1, 1970". Further, "in the parking lot of Recorder's Court, Detroit" for the first time specifies the circumstances of Farber's (and possibly Hill's) death(s) by activating frame knowledge. They were probably killed together in an [explosion] – note the connections with [dynamite] in (3) – which [blew up] their [car] (inference from [parking lot]) in front of a [court] building (note the modified repetition of [case] from (3)); note again the frame relations holding among [taught] [Composition Clinic] [College] [His students] in the next sentence.

In (5), Hill is again the focus. As I have said before, "He is angelic ... I would die for Morley Hill" may be *generalized*[21] *to* "Stella Hanzek has fallen deeply in love with Morley Hill", which may serve as a representation of a *local macrostructure* for (5). Particularly noteworthy is that brilliant instance of grim irony resulting from the juxtaposition of "would die" and "died on". Furthermore, Hanzek's wording may also re-activate the frame of "pseudo-religious worship" ([angelic], skin [translucent], eyes (are) [apocalyptic], [corners of the universe], [I would die for]) which the reader has already encountered in (1). Simultaneously, it may also serve to characterize collectively the in some ways awkward emotional and psychic states which afflict the characters related to Hill: Ackley: "head shaved in awe", "kneels", "chants prayers"; Devlin: "given to fits of depression, hard hot breathing, fever and chills, headaches, racing heartbeat, a sense of desperation. 'Each cell of my being radiates despair'"; Farber: "zany but dedicated".

The initial sentence of (7) serves to introduce McEvoy as a further character related to the Hill circle (a few lines later: "Rode with Morley Hill", "friend of Ackley's", "died May 1, 1970"); it corroborates the "explosion"-frame activated in (4) via inferences drawn from [identified] and [bridgework].

(8): By a series of interlocking inferences ("was driving"[22] $\Rightarrow$ "Recorder's Court parking lot" $\Rightarrow$ "survived by") Praeger is assigned the status of an "innocent victim" killed accidentally on May 1, 1970 (a further inference!). It is interesting to observe that his Buick must have been brand-new (a "1970" model), a fact which may serve as a further detail to be contributed to that locally macrostructural characterization of Praeger as "a polka-dot personality".

Up to this point, the story's macrostructure unfolds as follows: Hill, Farber, Hanzek, McEvoy, and Praeger (as an innocent bystander) were all killed in an explosion on May 1, 1970, which blew up Hill's (?) car in a parking lot of the Recorder's Court in Detroit. Devlin and, indirectly through Devlin ("wanted for questioning in the Ackley case"), Ackley, seem to be involved and, at least partially, responsible (Ackley: "head shaved in awe of the martyrdom of Morley Hill", "was a tool that they used"; Devlin: "supply of ammunition and dynamite", "consequently out of town on May 1, 1970", "Each cell of my being radiates despair").

(9): Re-activates the "politics"-frame which was triggered in (3) ("Author of the pamphlet", "Peace candidate"; note again the irony resulting from the juxtaposition of "*Kill*" and "Peace candidate"). Due to his view of Hill's political activities ("Hill slobbering and crying", "he had no heart/head for politics", "innocent slob of a murderer"), Querbach is likely to receive the macro- and superstructural status of an "opponent" who is conspicuously at pains to steer clear of any involvement in the Hill affair ("Why is everyone pestering me about Morley Hill? I only met him three or four times", "Why are people always bugging me about him?"). This may, in turn, induce the reader to construct a *macro-motive* for the deaths of Hill and those people who happened to be near him on May 1, 1970: probably they all fell victim to a politically motivated assassination in which Querbach pulled the strings, and in which Devlin, and possibly Ackley, were tangentially involved.

It is at this point of processing that the LOOKING FOR ABOUTNESS-strategy, by repeated recourse to differently founded knowledge systems and by incessant cross-inferencing, has led to an acceptable result, to a global semantic macrostructure which will be put to the test and, if necessary, partially modified in the processing of what remains (LOOKING FOR CONTINUITY).

(10): Randall's position in the reader's macrostructural puzzle may remain somewhat blurred. There are indeed indications which suggest that she should be counted among Hill's ardent followers who died with him in the explosion: "In the back of the Volkswagen", "a diary of green-inked cascades of love: *Speed it up, speed it up, speed it up*" ("love" indirectly, via the local macrostructure of (5), connects with (5), and "*speed it up*" is a repetition from (1)); "Blond hair ... hunched forward" is a characterization which is locally summarized in the following "dedication". However, *no* mention is made of her death (May 1, 1970?), and there is a hint at connections with the "Futurists" ("Recording Secretary"), an organization connected with Hill's ex-friend and political adversary Querbach. Note particularly the ambiguous "In the back of the Volkswagen bus with the box of explosives" which may serve to attribute to her the highly different macrostructural statuses of (a) a further innocent victim, (b) a further (in addition to Ackley) "tool" in Querbach's plot, and (c) a convinced member of the "Futurists" who successfully launched a kamikaze attack on a political adversary (Hill and his flock).

(11): Smith is likely to be treated as an "indirect witness" of the explosion. This explosion actually happened in the Volkswagen bus which was introduced in (2), indirectly referred to in (4) ("parking lot"), and was again explicitly mentioned in (7) and (10). Note that, up to this moment, no satisfactory explanation could be given for Hill's state of utter emotional confusion ten minutes before his death ("he looked so scared", "sweat on his chest", "his shirt was pulled open", "He looked like he was going to cry", "He kept saying *Thank you, officer. Thank you.*") since the ruling *macro-frame* "politically motivated assassination" normally precludes the victim's knowledge of the exact where and when of his execution.

(12): (12) introduces ten year-old (inference from "Born 1960") Buddy Tate, an "innocent victim". Note again some instances of Oates's grim irony resulting from her play on frame relations connected with "blindness", such as "likes to [listen to] [television]", "he [can't see] the Get Well cards personally", "Every morning I [read him] the mail", and "[Out of sight] is out of mind".

(13): Frame-guided expectations raised in (3) ("ex-[student of] Morley Hill's") as regards Hill's profession are corroborated ("[instructor in English at the University of] Rochester"). The "fast marriage – fast divorce"-frame triggered in (2) is repeated with "[Met and married] Hill ... in [1967]", and "[divorced] him in late [1969]". Note Oates's play on interlocking frames in the following description of Wigel's appearence ("small and nervous, her dark hair parted carefully in the center of her head") which echo those referred to in the description of the furnishings of her apartment ("small, clean, bare, ascetic"); note Oates's appeal to the reader's knowledge of very specific cultural frames later on: "very [feminine look] about her, [though she is from Potsdam, New York]".

The next sentence, "She says of her marriage to Morley Hill:", functions as a local macrostructure, a *topical sentence*[23], which organizes the following quotation in advance. Here, the reader comes yet again across a number of structures which have already been attached to either Hill's followers ("center of a circus", "moving circus", "people changed", "all ratty, all loud") or to Hill himself ("saint" takes up Hanzek's hymn in (5), "martyrdom" as a repetition from (1)). The important thing is, however, that Wigel's view[24] introduces a choice of at least two new macrostructures which are likely to re-organize the text's global interpretation: "I don't believe it was any [accident], his getting blown up" indicates for the first time that Hill himself may be responsible for his own death and the deaths of four other people; "he had done it [on purpose], and whoever happened to be with him didn't matter to him" may reveal him as one of those gurus whose leadership culminates in the wilful execution of themselves and their disciples.[25] In the light of this, a detail which has been dangling in limbo so far may become fully integrated now: Hill's state of utter emotional confusion immediately before his suicide, a fact which was reported in (11). At the end of paragraph (13), "All that talk, those months of talk" and "saliva would flow from his mouth" connects with "slobbering and crying" and, via pun, with "slob" in (9).

(14): Returns to elements introduced in (4): "Oakland Community College", and "Whitney Farber". Note the frame-based relations holding among [Instructor] [College] and, via an inferenced [office], [desk]. The following "One day ..." introduces a part of the text which becomes increasingly *story-like* (note the meta-textual "this subject" in the sentence before, and the fact that this last paragraph is the longest of all): an *episode,* in which the characters are *introduced* according to the superstructural conventions of *narration* ("Farber, ... an anxious, long-haired, skinny young man who ... sandals", "The stranger, a man of moderate height ... wore shoes and socks"); it remains a noteworthy fact, however, that two of the characters are properly introduced only *at the end* of the entire story.

Once more the reader is confronted with those instances of hysterical, pseudo-religious/political confusion which, up to now, have proved to be spread among the members of the Hill group: "Both were very agitated", "Farber kept saying", "They're getting concentration camps ready for all of us", "Farber kept touching him, tapping his arm angrily", "Farber spoke in a high, hysterical whine", "The end is in sight". Again, there are elements which, via frame knowledge ([plot] [political arrest] [plant] [concentration camps]) re-activate a macrostructure which was erected in (9) for the first time and which was dispensed with later on, in (13): Hill as the victim of an assassination plotted by his political opponents, in which Ackley played indeed the role of a "tool" ("They planted the drugs"; the macrostructural function of the metaphorical "tool" is likely to unfold not until Farber's view has been processed); Hill as the prophetic guru ("The end is in sight. The end. We are coming through") capable of attracting ("something about the man's eyes") and dominating people ("Wurdock began to feel a little frightened").

As a result of the foregoing, we are likely to conclude that a prospective reader of Oates's "Notes" will be left largely in the dark as regards any definite answer to the puzzle of what "really happened" in the story-world.[26] This sense of irritation and undecidedness, which surely amounts to a blow to the reader's fundamental expectations about story-telling, may however be neutralized and integrated on a higher level of superstructural organization ("experimental prose", "metafiction"[27]) on which the discontinuities and deviations occuring in Oates's and similar texts are even searched for and appreciated.

Thus, this *meta-story* may be said to sharpen a reader's attention towards a plethora of processes which both incessantly and simultaneously occur in any instance of actual reading, processes which a general science of text processing is, in turn, trying to understand and make explicit. It should be evident by now that further progress in this direction will lie in a future specification and elaboration of the interlocking global *strategies* (LOOKING FOR ABOUTNESS, CONTINUITY, DISCONTINUITY, INTEGRATION) which are supposed to govern the reader's choice and activation of linguistic and non-linguistic knowledge systems (micro-, macro-, superstructure, frame). As regards Oates's text, I hope that my remarks are an exemplary, if still informal, step in this direction.

Notes

* Oates, J. C.: "Puzzle". – In *Marriage and Infidelities*. New York, 1972, p. 53.
1 Though my approach is essentially that of a linguist rather than that of a literary critic, I should like, nevertheless, to draw the reader's attention to a number of critical works on Joyce Carol Oates and her œuvre (cf. also F. Schunck's contribution to the present volume): Bastian, K.: *Joyce Carol Oates's Short Stories Between Tradition and Innovation;* Wagner, L. W. (Ed.): *Critical Essays on Joyce Carol Oates;* Grant, M. K.: *The Tragic Vision of Joyce Carol Oates;* Waller, G. F.: *Dreaming America;* Rozga, M.: *Development in the Short Stories of Joyce Carol Oates;* Bender, E. T.: *The Artistic Vision: Theory and Practice of Joyce Carol Oates.*
2 In the following I should like to draw on and elaborate some ideas which I have sketchily outlined in a forthcoming article: Lindemann, B.: "Machine vs. reader …".
3 Cf. the ever rising influence of questions raised and findings made in the field of cognitive psychology and their impact on the progress of linguistic theory since the beginning of the 1970s. Cf. Wessells's 1982 introduction to cognitive psychology, and, as regards linguistic issues, the excellent illustrations of cognitively founded reasoning in Sanford, A. J., Garrod, S. C.: *Understanding Written Language,* Graesser, A. C.: *Prose Comprehension Beyond the Word,* le Ny, J. F., Kintsch, W. (Eds.): *Language and Comprehension.*
4 "By 'artificial intelligence' I therefore mean the use of computer programs and programming techniques to cast light on the principles of intelligence in general and human thought in particular." (Boden, M.: *Artificial Intelligence and Natural Man,* p. 5); for an "artificial intelligence approach" to linguistic issues, cf. the contributions to Lehnert, W. G., Ringle, M. H. (Eds.): *Strategies for Natural Language Processing;* especially David Waltz's overview of "The State of the Art", *ibid.* pp. 3–36.
5 Cf. de Beaugrande's and Dressler's *Introduction to Text Linguistics* and my article "Text as Process".
6 Cf. van Dijk, T. A.: *Text and Context;* –: *Macrostructures;* –: *Textwissenschaft.*
7 Bracketed numbers refer to paragraphs in Oates's text.
8 A term introduced by Chafe (1972) and Grimes (1975).
9 Grimes's term; cf. Grimes, J. E.: "Reference spaces in text".
10 Cf. the four types of "macrorules" ("strong/weak deletion, generalization, construction") which, according to van Dijk, serve to "derive macrostructures from microstructures" (van Dijk, T. A.: *Macrostructures,* pp. 46–50).
11 Since the question of an adequate differentiation among these partly overlapping terms has remained largely unsettled over the last ten years I shall, for the sake of simplicity, regard them as homonyms in the metalanguage and stick to "frame" as a kind of *passe-partout*. Cf. also my remarks on frame-theory, in Lindemann, B.: "Text as Process", pp. 21–29.
12 I use square brackets […] to indicate those elements assumed to belong to a particular frame.
13 Cf. Lindemann, B.: "Machine vs. reader".
14 What I particularly try to avoid is anything verging on those static "coherence graphs" in the line of Kintsch/van Dijk (cf. Kintsch, W., van Dijk, T. A.: "Toward a model"), which are a linguist's *post festum* construction resulting from on *optimal* knowledge of relations holding among *all* elements of the *entire* "text base". It

should also be evident that the following procedural approach still gives only an idealized picture of a reader's activities since – for reasons of greater simplicity and perspicuity – it does not try to get hold of the different versions of a reader's text structure all of which are an outcome of *repeated* readings of the *entire* text.

15 Cf. the gestalt-like arrangement of many *poetic* texts which reveal their superstructural format "at a glance" ("Petrarchan" vs. "English" sonnet). Cf. clues which hint at a text's superstructure and which are part of the title (*The Castle of Otranto: a Gothic Story* [Walpole]; *Ivanhoe: a Romance* [Scott]).

16 E.g., *The Old Man and the Sea* (Hemingway); *The History of the Adventures of Joseph Andrews, and of his Friend Abraham Adams* (Fielding).

17 E.g., *Church Going* (Larkin); *The Birthday Party* (Pinter); *The Ambassadors* (James); *Fiesta* (Hemingway); *Boy Meets Girl* (Spewack); *The Egoist* (Meredith); *The Castle Spectre* (Lewis); *The Funeral* (Donne); *Musée des Beaux Arts* (Auden).

18 A term introduced as early as 1960 by David Ausubel. Cf. Ausubel, D.: "The use of advance organizers".

19 Cf. my tentative scanning of this area in Lindemann, B.: "Machine vs. reader", section 4.1.

20 Cf. my remarks on "reference space" in the first section of the present paper.

21 According to van Dijk, the macrorule "generalization" applies when "we do not simply leave out globally irrelevant propositions but abstract from semantic detail in the respective sentences by constructing a proposition that is conceptually more general" (van Dijk, T. A.: *Macrostructures*, p. 47).

22 Note Oates's choice of the progressive aspect ("was driving") which is, rather elliptically (with no mention being made of the explosion which killed Praeger!), followed by the participle "survived".

23 "TOPICAL SENTENCES often (occur) at the beginning or at the end of a passage. The cognitive function of such sentences is obvious: they directly provide the macrostructure of a certain passage instead of leaving the construction of the macrostructure to the hearer/reader, *i.e.* they facilitate comprehension." (van Dijk, T. A.: *Text and Context*, p. 150).

24 Note the obvious inter-dependencies among terms such as "perspective", "point of view" on the one hand, and "macrostructure" on the other.

25 Cf. the mass suicide of nearly 800 black and white Americans and their leader Jim Jones (the "People's Temple"), which happened on November 18, 1978 in "Jonestown", Guyana. I assume that this or similar knowledge structures related to [sects] and their often crude political acitivities are likely to be activated by the contemporary reader (especially when he is American), even though "Notes on Contributors" was first published in *Triquarterly* as early as Winter 1971, and although the story does not mention a factional date later then May 1, 1970.

26 Let me add that the entire make-up of Oates's text strongly reminds me of the "non-narrative" cinema of Robert Altman, the American director whose films (especially *Nashville* and *A Wedding*) tell similarly intricate and blurry "stories".

27 Cf. Klinkowitz, J., Sómer, J.: "Innovative short fiction", and Freese, P.: „Die Story ist tot".

Ausubel, D.: "The use of advance organizers in the learning and retention of meaningful verbal material". *Journal of Educational Psychology* 51, 1960, 267–272.

Bastian, K.: *Joyce Carol Oates's Short Stories Between Tradition and Innovation*. Frankfurt/M., 1983.

de Beaugrande, R. A., Dressler, W.: *Introduction to Text Linguistics*. London, 1981.

Bender, E. T.: *The Artistic Vision: Theory and Practice of Joyce Carol Oates*. Diss. Notre Dame, 1977.

Boden, M.: *Artificial Intelligence and Natural Man*. Hassocks, 1977.

Chafe, W.: "Discourse structure and human knowledge". – In Caroll, J. B., Freedle, R. O. (Eds.): *Language Comprehension and the Acquisition of Knowledge*. Washington, 1972, p. 41–69.

van Dijk, T. A.: *Text and Context*. London, 1977.

–: *Macrostructures*. Hillsdale/N. J., 1980.

–: *Textwissenschaft*. Tübingen, 1980.

Freese, P.: „Die Story ist tot, es lebe die Story: Von der Short Story über die Anti-Story zur Meta-Story der Gegenwart". – In Bungert, H. (Ed.): *Die Amerikanische Literatur der Gegenwart: Aspekte und Tendenzen*. Stuttgart, 1977, p. 228–251.

Graesser, A. C.: *Prose Comprehension Beyond the Word*. New York, 1981.

Grant, M. K.: *The Tragic Vision of Joyce Carol Oates*. Durham/N. C., 1978.

Grimes, J. E.: *The Thread of Discourse*. The Hague, 1975.

– : "Reference spaces in text". – In Allén, S. (Ed.): *Text Processing. Text Analysis and Generation, Text Typology and Attribution*. Stockholm, 1982, p. 381–414.

Kintsch, W., van Dijk, T. A.: "Toward a model of text comprehension and production". *Psychological Review* 85, 5, 1978, 363–394.

Klinkowitz, J., Somer, J.: "Innovative short fiction: 'vile and imaginative things'". – In Klinkowitz, J., Somer, J. (Eds.): *Innovative Fiction*. New York, 1972, p. XV–XXVIII.

Lehnert, W. G., Ringle, M. H. (Eds.): *Strategies for Natural Language Processing*. Hillsdale/N. J., 1982.

Lindemann, B.: "Text as process: An integrated view of a science of texts". *Journal of Literary Semantics* 12,1, 1983, 5–41.

–: "Machine vs. reader: On representing process in discourse description". To appear in *Journal of Literary Semantics*, 1985.

le Ny, J. F., Kintsch, W. (Eds.): *Language and Comprehension*. Amsterdam, 1982.

Rozga, M.: *Development in the Short Stories of Joyce Carol Oates*. Diss. Univ. of Wisconsin-Milwaukee, 1977.

Sanford, A. J., Garrod, S. C.: *Understanding Written Language*. Chichester, 1981.

Wagner, L. W. (Ed.): *Critical Essays on Joyce Carol Oates*. Boston, 1979.

Waller, G. F.: *Dreaming America. Obsessions and Transcendence in the Fiction of Joyce Carol Oates*. Baton Rouge/La., 1979.

Wessells, M. G.: *Cognitive Psychology*. New York, 1982.

anglistik & englischunterricht

die wissenschaftliche Serie für Englischlehrer und Referendare, für die Studierenden und die Forschenden in der Anglistik.

Herausgegeben von Prof. Dr. Hans-Jürgen Diller · Dr. Joachim Kornelius Dr. Stephan Kohl · Dr. Erwin Otto · Prof. Dr. Gerd Stratmann.

Lieferbare Bände:

In Vorbereitung befindliche Bände:

Preis des Einzelbandes DM 20,–. Jahresabonnement DM 45,–. Studentenabonnement DM 39,–

CARL WINTER · UNIVERSITÄTSVERLAG · HEIDELBERG

Erwin Otto, Bochum

Die Jungfrau und die Ungeheuer.
Ellis Komeys "I can face you" als parabolischer Spiegel politischer Konstellationen im Afrika des 20. Jahrhunderts

1. Ellis Ayitey Komey, ghanaischer Autor der *very short story* "I can face you" und Mitherausgeber der Kurzgeschichtenanthologie *Modern African Stories*[1], ist selbst für Kenner der zeitgenössischen afrikanischen Literatur weitgehend unbekannt geblieben, was vermutlich auf seine minimale literarische Produktion zurückzuführen ist.

In *Who's Who in African Literature*[2] sind einige von Komeys biographischen Daten verzeichnet: Er wurde 1934 in der Nähe von Accra geboren, studierte an der Accra Academy und an der University of London, verbrachte sechzehn Jahre in England und war Herausgeber des "international black magazine 'Flamingo'".[3] Er veröffentlichte Kurzgeschichten und Gedichte und war 1972, im Erscheinungsjahr von *Who's Who*, "the Managing Director of 'Ludeco', an organization dealing with publishing, public relations and tourism in Accra".[4]

In *A Reader's Guide to African Literature*[5] wird die von Komey und Mphahlele herausgegebene Anthologie erwähnt. Beispielsweise spielt jedoch der Name Komey in zwei der bekannteren, neueren deutschen Darstellungen von Schäfer und Riemenschneider[6], die sich (auch) mit afrikanischer Literatur beschäftigen, keine Rolle mehr.[7] Obwohl der Autor offenbar unbedeutend ist, läßt sich die Frage, warum eine seiner Geschichten hier abgedruckt und analysiert wird, leicht beantworten: Die Geschichte spielt in Afrika und greift bekannte, auch heute aktuelle politische Konstellationen auf; sie thematisiert sowohl das grundlegende menschliche Bedürfnis nach Frieden und Freiheit als auch das afrikaspezifische nach wirtschaftlicher und kultureller Unabhängigkeit und Eigenständigkeit. Die Geschichte motiviert nicht nur zur Beschäftigung mit zeitgenössischer afrikanischer Literatur, sie regt auch dazu an, sich mit den besonderen politischen Verhältnissen des Kontinents auseinanderzusetzen. Darüber hinaus repräsentiert sie gleich mehrere literarische ,Subgattungen', da sie sich nicht nur als Allegorie darbietet, sondern – trotz ihrer Kürze und Einszenigkeit – wesentliche Merkmale politischer, didaktischer und satirischer Literatur aufweist. Da zudem das Vokabular keine größeren Schwierigkeiten bereitet, stellt sie sich für den Englischunterricht etwa ab der 10. Klasse als ideale Lektüre dar, die ein überdurchschnittlich großes Angebot für den schulischen Bereich bereithält. Diese Tatsache läßt Rückschlüsse auf Komeys

Biographie zu: Auch ohne Kenntnis weiterer Details legt "I can face you" als kunstvoll konstruiertes, fein abgestimmtes literarisches Produkt die Vermutung nahe, daß der Autor eine reiche Lektüre klassischer westlicher Literatur – wenn nicht gar deren Studium – betrieben hat.

Die Idee zur Darstellung nationaler Attitüden und ihrer Durchschaubarkeit und Lächerlichkeit in einem bestimmten politischen Kontext ist natürlich nicht neu und erinnert beispielsweise an das 1951 uraufgeführte Drama von Peter Ustinov, *The Love of Four Colonels*[8], in dem je ein englischer, amerikanischer, französischer und russischer Offizier die Gunst einer "Beauty" zu gewinnen suchen und in diesem Bemühen unbewußt nationalspezifische Vorurteile bestätigen, da sie sich – für den Zuschauer freilich auf ,spielerische' Weise, aber auch in komischer und ironischer Darstellung – permanent selbst und gegenseitig dekuvrieren.

Ellis Komey

I Can Face You

You can see as you enter the "Black Sun" club in Africa that there is segregation. Not colour segregation or tribal. Not even class segregation but segregation nevertheless. And you don't need anybody to point it out to you. It is all there in the hall, grouped in three corners. In one corner, in their three-piece Savile Rows and bowler hats, are the Limeys. In another corner, with their tight pants and two patch back pockets and T-shirts, are the Yankees. In the third corner, often wearing fur caps and leather jackets, are the Reds. Each group is employed in outwitting, outdoing, outmanœuvring and outbluffing the others. The only thing they have in common is that they are all humans and of the same colour – more or less. That is about as far as their similarity goes, apart from the fact that each group, at the bottom of it all, is aiming at the same end. Even their language differs, though by instinct they should be speaking the same language. The Limeys speak English with what is supposed to be an Oxford accent; the Yankees speak English with a distorted blend which they insist on calling American; and the Reds, when it suits them or they want to be co-operative, speak English with the Moscow radio accent. But to make their personality felt, they often substitute a Russian word here and there for an English word in everyday use. For instance, while a Limey will say, "Not at all, old boy," and a Yankee will say, "Nothing doing, buddy," the Red will vomit out, "Niet."

It is all very confusing how these three opposing groups came to meet at the "Black Sun" in the first place. Usually they can't stand being in the same place at the same time. But here, here they are still striving to outbid each other over which of their groups is best equipped to entertain this or that virgin girl. Not that there are lots of virgin girls in the "Black Sun" these days. On the contrary, there has not been a girl in the club for some time now. But they still come to avoid being outmanœuvred behind their backs and also to avoid being branded as cowards. So they come every night, waiting for the time when they will have to put their capabilities to the test.

It was the Limeys who first found the club. They patronized it proudly because, being aloof and conservative, they wanted to be left alone where they could chatter over their own days in London. And the "Black Sun" is in a suitably remote spot. But then a few months after they started going there, word went round why the Limeys were not being seen these days in the centre of other activities and the Yankees began to say that the Limeys were a dead lot anyway and they would kill the place. So the Yankees went in to give the place some life and so save it from dying because, they claimed, they were progressive and young in heart and mind. And of course the Reds got to hear about it and got vexed, protesting that it wasn't the Yankees who were progressive but they themselves. After all, they claimed, they were the first to send a sputnik into orbit while Davy Crockett was still looking for his rocket. If there was any saving to be done about the "Black Sun" they were better equipped to do it. So they went in, too, and the owner is now thinking of closing the place down because, he says, they just stand there as if waiting for something to blow up and telling him how he should run the place but not buying anything. And the very fact that they are there keeps away people who might otherwise patronize the place.

And that night the owner of the club is complaining to the three groups and pleading with them to leave him in peace when she walks in. None of them see her come in, they only smell her entrance. She smells fresh and when they all turn to look, she is standing in the centre of the floor. She is beautiful in a mysterious way. She is rich without giving the impression of knowing how rich she is and her appearance of innocence baffles them all. For a moment nobody moves. As if struck by lightning they stick firm where they stand. She looks tall and large and satisfied, yet there are traces of sadness in her eyes. The Yankees whistle and the Russians murmur something. But it is the Limeys who see the sadness in her eyes. One moves slowly forward and stretches out his hand.

"My dear," he says, "come and join our Commonwealth and soon, very soon, we will make you our queen."

When the Red sees him getting close to the lady, he moves confidently towards her. The Yankee, seeing the Red ready to interrupt, shoots forward, passing the Red and, with open arms, pushes the Limey aside.

113

"Say, honey," he says, "don't listen to that Limey."

"But I don't want to be a queen," the lady tells the Limey.

"That's right, baby," the Yankee says, "tell him, and don't listen to any of his Commonwealths talk, honey. Them Commonwealths are dying anyhow. Now you hitch up with me, honey, and I'll give you a Cadillac for Christmas, a sable for New Year and perhaps a trip into space and all the trimmings that go with press-button living. Now what d'ya say, honey?"

"My dear chap," the Limey says, "the gracious lady may not want all that and, besides, you are interfering in my territory. I saw her first."

"But I don't want a Cadillac for Christmas, a sable for New Year or a trip into space and all the trimmings that go with press-button living. All I want is...."

"Bah," says the Red, who is now quite close to the lady and the other two. Don't listen to their capitalistic and imperialistic doubletalk. *Niet!* It's all lies, *bourgeois* lies. What you want is socialism and I am the only one who can offer that to you with no strings attached. And when you feel free I can send you to the moon. I have already been and I know it's nice there, away from all these imperialists. I am the only friend you have got. If I had not been around they would have sucked you bone dry...."

"You leave her alone," cries the Yankee, "and keep out of this if you know what's good for you...."

"Is that a threat?" demands the Red.

"Take it any way you like, Red," replies the Yankee.

"Withdraw that threat," says the Red, "and apologize."

"I'll do no such thing."

"If you don't," says the Red, "I must warn you that one of these days I will shatter your headquarters to smithereens. And I have the capabilities to do it, too."

"You just try it once, just once," says the Yankee, "and see whose headquarters are blown to kingdom come. I have capabilities more powerful than yours, I can assure you."

"*Niet,*" says the Red.

"Gentlemen," interrupts the Limey, "you must be calm. The situation can be approached calmly and it can only be solved democratically. In the first place, I am the one who spoke to the gracious lady first but, as we cannot all be with the same lady, the only solution is to allow the lady to choose for herself which one of us she would like to be with."

114

"That's right, Mac," agrees the Yankee.

"*Da*", says the Red.

"Furthermore, seeing that I was the first to speak to her, I feel it is my duty to guide her as to her choice. So if you two gentlemen ..."

"*Niet!*" says the Red. "Colonialist double-talk."

"You keep out of this, Red," says the Yankee. "You go ahead, Mac. And don't forget that you have more in common with me than with the Red."

"As I was saying before I was interrupted," the Limey says. "If you two gentlemen will leave alone with the lady I am sure I can bring her to some agreeable solution."

"*Niet!*" says the Red. "I am staying to stop you from spreading false propaganda about me."

"Well," says the Yankee, "in that case, I'm staying too, if only to stop the Red from interfering and to protect the lady from his evil intentions."

The quarrel starts again with the Red, at the top of his voice, accusing the Yankee of imperialism and the Yankee accusing the Red of slavery and dictatorship. The virgin lady watches them, perplexed. All she had wanted was to be directed on her way to "Peaceville". The proprietor renews his pleading with the three groups that their presence in his club is not helping him at all and that they must leave him in peace. But they do not pay any attention to him or to his plea; for they believe their presence there is for the good of the place. Then, suddenly, they stop arguing and withdraw to their segregated corners. The virgin lady has already receded unobserved into the darkness to find her own way.

2. Komeys *very short story* ist die einfache Geschichte eines Mißverständnisses, ein Beispiel mißlungener Kommunikation, sie ist eine Antwort auf die Gegenwart der Weißen in Afrika, sie stellt das allgemein menschliche Bedürfnis nach Frieden in einen Gegensatz zu ideologisch und wirtschaftlich motivierten traditionellen und miteinander konkurrierenden Gesellschaftssystemen. Der Erzähler kontrastiert diese Systeme und vermittelt eine Lehre, die insbesondere auf der Ebene allegorischer und satirischer Stilformen realisiert wird. "I can face you" ist die didaktische Geschichte eines Ghanaen über das nachkoloniale Erlebnis eines (scheinbar) freien afrikanischen Landes, dessen Versuch der Orientierung in der außerhalb Afrikas in Machtblöcke aufgespaltenen Welt fehlschlägt. In der Hierarchie der Werte steht nicht etwa der erhoffte Friede an erster Stelle, sondern der Kampf um Vormachtstellungen, der – nicht nur in dieser Kurzgeschichte – in der Dritten Welt ausgetragen wird.

Da in Komeys Geschichte drei der beteiligten Personen jeweils als Vertreter eines Landes – eines Machtbereichs – außerhalb Afrikas gekennzeichnet sind (wobei die tatsächlichen weltpolitischen Gegebenheiten aufgrund des exemplarischen Charakters der Darstellung sich als sekundär erweisen), gilt es, im ersten Teil der Interpretation jene Mittel zu analysieren, die der Erzähler zur Beschreibung dieser drei wie auch der beiden anderen beteiligten Personen einsetzt. Anhand der Charakterisierungen werden die beiden ‚Spielebenen' der Geschichte veranschaulicht. Erst durch die Übertragung der ‚Bildlichkeit' erschließt sich die eigentliche Bedeutung der ungemein dicht komponierten *very short story*. Da diese Bedeutung die Analyse einer zweiten (bildhaften) Ebene erforderlich macht, werden die diese Ebenen konstituierenden Techniken der Allegorisierung und der Rückübersetzung auf eine ‚realistische' und dem Verständnis des Rezipienten – insbesondere des Schülers – zugänglichere Ebene beschrieben. Abschließend sollen noch einmal gesondert jene Merkmale der Geschichte untersucht werden, die ihre Einordnung in die Bereiche politische und didaktische bzw. satirische Literatur nahelegen.

2.1 Während aus den Bezeichnungen "Reds" und "Yankees" leicht die beiden größten Machtblöcke assoziierbar sind, verbirgt sich hinter dem Namen "Limeys" für die Briten als Vertreter des Commonwealth etwas mehr als die in "Red" und "Yankee" zum Ausdruck kommende Geringschätzung.[9]

Die Charakterisierung der Personen erfolgt auf drei verschiedene Weisen:

a) durch den allwissenden Erzähler, der gleichermaßen Äußerlichkeiten, Einstellungen und Ziele beschreibt,
b) durch andere Personen in der Form kritisierender Dialoge,
c) durch Selbstdarstellung und (dekuvrierendes) tatsächliches Verhalten.

2.1.1 Die "Limeys" werden zunächst als Gentlemen vorgestellt. Aussehen, Verhalten, Sprache und Gesellschaftsformen entsprechen den traditionellen Stereotypen des wohlsituierten englischen Geschäftsmannes oder Politikers: "Bowler hats", "English with [...] an Oxford accent" (S. 109), "It was the Limeys who first found the club [...] being aloof and conservative", "they wanted to be left alone where they could chatter over their own days in London" (S. 110). In ihrem Versuch, einen Bestandteil ihres gesellschaftlichen Lebens in die afrikanische Umgebung zu übertragen, wirken die "Limeys" skurril, weltfremd, unflexibel, zumal sie fortan das Clubleben wichtigeren Aktivitäten vorziehen. Der Erzähler weiß folglich auch zu berichten, daß die "Yankees" die "Limeys" für "a dead lot" halten und befürchten, "[that] they would kill the place" (S. 110).

Den Eindruck, daß die Briten den Zenit ihrer Macht überschritten haben, verstärken die "Yankees" im Wettstreit um die Gunst der "virgin" – etwa durch ihre abfällige Bemerkung "'Them Commonwealths are dying anyhow'" (S. 111) –, durch die eine Funktion der Dialoge in der Geschichte offenkundig wird: Der Einsatz wörtlicher Rede – meist Mittel der direkten Auseinandersetzung der drei Rivalen und natürlich (im anderen Kommunikationssystem) Mittel der Selbstentlarvung des Sprechers – dient hier der Kritik und Diffamierung und somit der subjektiven Charakterisierung des Gegners. In diesem Sinne äußern sich die "Reds" über "Limeys" und "Yankees", denen sie "'capitalistic and imperialistic double-talk'" unterstellen und deren Werben sie als "'*bourgeois lies*'" abtun (S.111).

Gemäß ihrer demokratischen Tradition schalten sich die "Limeys" vermittelnd in die Auseinandersetzung zwischen "Reds" und "Yankees" ein, fordern zu den ihnen vertrauten politischen Tugenden auf ("'calmly'", "'democratically'", S. 112) und demonstrieren Kompromißbereitschaft, Selbstvertrauen, aber auch Schlitzohrigkeit. Das Einverständnis von "Yankees" und "Reds" verleitet die "Limeys" dazu, die Entscheidungsfindung der "virgin" beeinflussen zu wollen ("'I feel it is my duty to guide her as to her choice'", S. 112), ein zwar geschickt formuliertes Vorhaben, das eine edle Gesinnung suggeriert, die demokratische Einstellung jedoch als Mittel zur Erlangung eines persönlichen Vorteils entlarvt. Der Dialog hat hier nacheinander in einem ‚direkten‘ und einem ‚indirekten‘ Kommunikationssystem die Funktionen von Selbstdarstellung und Vermittlung sowie von Täuschung und Selbstentlarvung. In beiden Funktionspaaren kommt ein wesentliches Strukturelement der gesamten Geschichte zum Ausdruck, die Diskrepanz zwischen ‚Sein‘ und ‚Schein‘ im Sinne eines Kontrastes zwischen Autostereotyp und Stereotyp. Dabei entbehrt es nicht einer gewissen Ironie, wenn stereotype Vorurteile permanent bestätigt werden.

Die Charakterisierung der "Limeys" wird vervollständigt durch die "Reds", die den "Limeys" "'Colonialist double-talk'" (S. 112) unterstellen (Kritik/Diffamierung), den Erzähler, der trotz seiner kolonialen Erfahrung durch seine Feststellung "But it is the Limeys who see the sadness in her eyes" (S. 110) einen höheren Grad an Sensibilität postuliert[10], und die "Limeys" selbst, die ihre nationalspezifischen Werte ins Spiel bringen, indem sie der "virgin" anbieten, "'we will make you our queen'" (S. 111) – ein fraglos doppelbödiges Angebot, das nicht realisierbar ist, und ein bezeichnendes Licht auf die britische Monarchie wirft: Zumindest nach außen hin wird ihr Ausverkauf zugunsten persönlichen Gewinnstrebens betrieben.

2.1.2 Die "Yankees" entsprechen in Teilen ihrer Kleidung dem Stereotyp des amerikanischen Cowboys ("tight pants and two patch back pockets and T-shirts", S. 109); ihre Sprache ("English with a distorted blend which they insist on calling American", S. 109) kritisiert der Erzähler als verzerrtes, entstelltes, wenn nicht gar degeneriertes Englisch und kontrastiert in diesem

Zusammenhang das verbindliche, leicht überhebliche "'Not at all, old boy'" der "Limeys" mit dem ungebildet wirkenden, slanghaften "'Nothing doing, buddy'" der "Yankees" sowie die Anreden oder Bezeichnungen der "virgin" als "'My dear'" (S. 111) und "'gracious lady'" (S. 111/112) durch die "Limeys" mit "'honey'", "'baby'" (S. 111) und dem ,angepaßten' "'the lady'" (S. 112) durch die "Yankees".

Der auktoriale Erzähler weiß zu berichten, wie die "Yankees" sich selbst einschätzen: Sie halten sich für das positive Gegenteil der "Limeys", strahlen ungebrochenes Selbstbewußtsein aus und sind überzeugt, daß sie mit ihrem weltoffenen, jugendlich-dynamischen Auftreten ("progressive and young in heart and mind", S. 110) der Sterilität des englischen Clublebens einen energischen Kontrast entgegensetzen können ("the Yankees went in to give the place some life and so save it from dying", S. 110). Die "Yankees" agieren weder überlegt noch überlegen, doch sie reagieren immer gerade noch rechtzeitig, um ihre Chance zu wahren. Instinkthaft, impulsiv, geradlinig und völlig undiplomatisch verfolgen sie ihr Ziel: "The Yankee [...] shoots forward, passing the Red and, with open arms, pushes the Limey aside." (S. 111)

Weitere Merkmale ihres Charakters sind aus den Dialogen ableitbar: Die "Yankees" setzen auf die materielle Verführung ("'a Cadillac for Christmas, a sable for New Year'", S. 111), die Technisierung der Alltagswelt ("'press-button living'", S. 111) und ihre (verbal demonstrierte) militärische Überlegenheit gegenüber den "Reds", deren Drohung sie mit einer Gegendrohung beantworten: "'Just try it once [...] and see whose headquarters are blown to kingdom come. I have capabilities more powerful than yours'" (S. 112). Anhand des Dialogs wird wiederum in erster Linie Selbstdarstellung betrieben, zu der sowohl die Großzügigkeit des Angebots an die "virgin" gehört als auch die Drohgebärde gegenüber den "Reds" und insbesondere das mit sexuellen Konnotationen verbundene Potenzgehabe. Die "Reds" ergänzen ihrerseits durch ihre Anschuldigungen der "Limeys" und "Yankees" das Bild vom unaufrichtigen, taktierenden Politiker ("'Don't listen to their capitalistic and imperialistic double-talk'", s.o.) mit den Mitteln der Kritik und Diffamierung.

Schließlich kommt dem Dialog ebenso wie bei den schlitzohrigen "Limeys" auch in bezug auf die "Yankees" auf einer ,indirekten' Kommunikationsebene die Funktion zu, die positive Selbstdarstellung zu entkräften, die Autostereotypen als kalkuliertes Verhalten zu entlarven. Die Diskrepanz von ,Sein' und ,Schein' bezieht sich bei den "Yankees" auf die Unstimmigkeiten zwischen Macht- demonstration und tatsächlicher Macht und zwischen Diffamierung und Anbiederung: Die von ihnen totgesagten "Limeys", die zuvor als Rivale nicht einmal ernst genommen wurden, dürfen in dem Moment die Diplomatenrolle übernehmen, als die "Yankees" über den unsachlichen Streit mit den

"Reds" ihre Chance schwinden sehen, die "virgin" für sich zu gewinnen. Die "Yankees" bestimmen das weitere Vorgehen ("'You keep out of this, Red'" und "'You go ahead, Mac'", S. 112) und lassen den "Limeys" scheinbar freie Hand, da sie annehmen, daß diese aufgrund einer historisch bedingten (hier aber nicht näher bestimmten) Affinität in ihrem Sinn verhandeln könnten ("'don't forget that you have more in common with me than with the Red'", S. 112). Ihr Verhalten entspricht zwar der tatsächlichen politischen Konstellation, verrät aber auch Charakterschwäche und verweist andererseits auf taktisches Geschick und spontanes Ausnutzen der jeweils günstigsten Situation. Allerdings stellt sich ihr mangelndes Vertrauen in das Verhandlungsgeschick der "Limeys" sofort wieder ein, als die "Reds" unmißverständlich auf ihrer Position beharren.

Der eigentliche Kampf um die "virgin" findet zwischen "Yankees" und "Reds" statt. Die alte Schule der Diplomatie, Sensibilität und Kompromißbereitschaft der "Limeys" bietet keine adäquaten Erfolgsmittel mehr.

2.1.3 Ebenso wie bei "Limeys" und "Yankees" vermittelt der Erzähler auch von den "Reds" einen ersten Eindruck über deren Kleidung und Sprache: "fur caps and leather jackets" (S.109) sind die Attribute des kälteerprobten Russen, die so gar nicht in das heiße Afrika passen. Zwar bedienen sich die "Reds" gelegentlich der englischen Sprache ("with the Moscow radio accent", S. 109), sie ziehen aber, wenn es um Ablehnung eines Vorschlages geht oder darum, das Ende ihrer Kooperationsbereitschaft unmißverständlich klarzumachen, das wirkungsvolle muttersprachliche "Niet" vor, dessen kompromißlos scharfe Artikulation den Erzähler zu der Feststellung veranlaßt, "the Red will vomit out '*Niet*'" (S. 109). Bei den folgenden Charakterisierungen der "Reds" stützt sich der Erzähler weiterhin auf seine ‚Beobachtungen', er berichtet in der Funktion der quasi objektiven Instanz und suggeriert so seine Anwesenheit bei den entscheidenden Ereignissen im "Black Sun"-Club. Die "Reds", so der Erzähler, halten sich für die wirklich Progressiven im Dreierclub und argumentieren mit dem punktuellen technischen Erfolg ihres Sputniks, der sie selbstsicher und eingebildet wirken läßt ("the Red [...] moves confidently towards her", S. 111). Bis auf die kurze Schlußpassage der Geschichte sind alle weiteren Charakteristika der "Reds" den nun folgenden Dialogen zu entnehmen: Die Argumentationsstrategie der "Reds" setzt ein mit Diffamierung der Rivalen und kompromißloser Ablehnung von deren Ideologie, gefolgt vom Exklusivangebot des im Gegensatz zu den materiellen Verführungen des "Yankee" nicht greifbaren "socialism [...] with no strings attached" (S. 111), verstärkt durch eine halb materielle Verlockung, "'I can send you to the moon'" (S. 111). Die Funktionen des Dialogs – Diffamierung, Selbstdarstellung, Angebot – werden wie bei den "Yankees" ergänzt um die Aspekte Bedrohung ("one of these days I will shatter your headquarters to smithereens", S. 111), Hilflosigkeit und Selbstentlarvung. Das russische "*Niet*" (S. 112) verdeutlicht, daß der Kommunikationsverlauf zwischen "Yankees" und "Reds" offenbar nach Drohung und (gleicher, unsachlicher, verbalstrategischer) Gegendrohung grundsätzlich erschöpft ist. Es dominiert die Strategie des Kalten Krieges. Unnachgiebigkeit und die Demonstration vermeintlicher Stärke, Voreingenommenheit, aber auch Sorge um realen Verlust und Minderung des Ansehens verhindern jede sachliche, konstruktive Kommunikation. Dabei gibt sich der "Red" nach außen sehr selbstsicher, indem er den Vorschlag des "Limey", die "virgin" selbst wählen zu lassen, akzeptiert. Er lehnt aber sofort ab, als er dessen Trick durchschaut. Miß- trauen und seine ständige Angst vor Diffamierung – die andererseits seine erste ‚Angriffswaffe' ist ("'I am staying to stop you from spreading false propaganda about me!'", S. 112) – charakterisieren den "Red" zwar als einen verbal aggressi- ven ("the Red, at the top of his voice", S. 112), aber im Grunde unsicheren Vertreter, den es schmerzen muß, vom "Yankee" auch noch der "slavery and dictatorship" (S. 112) bezichtigt zu werden.

Der Erzähler deckt nicht zuletzt durch seine abschließende Schilderung der Auseinandersetzung zwischen "Reds" ("accusing the Yankee of imperialism", S. 112) und "Yankees" schonungslos deren Schwächen auf: Ein nur mangelhaft kaschiertes egoistisches Machtstreben ohne Sensibilität für die Bedürfnisse Schwächerer, Hilfesuchender und Abhängiger bestimmt ihre Argumentation, verhindert tatsächliches Handeln und führt zur Erstarrung in von Ideologien geprägten Positionen.

2.1.4 Darunter leiden die beiden anderen Personen der Geschichte – wenn auch auf verschiedene Weise: Der "owner"/"proprietor" des Clubs beklagt, daß alle drei Gruppen nichts kaufen, daß sie ihm Vorschriften machen, wie der Club zu führen sei, daß sie den Eindruck machten, "as if waiting for something to blow up" (S. 110) und durch ihre bloße Gegenwart andere Kunden vom Besuch des Clubs abhalten; folglich seine zweimal geäußerte Bitte, "to leave him in peace" (S. 110, 112) und seine Feststellung, "that their presence in his club is not helping him at all" (S. 112). Da der Eigentümer des Clubs nicht mit Namen genannt, sondern nur nach seiner Funktion bezeichnet wird, kann die Klärung seiner Identität sinnvoll nur über den Ort seiner Tätigkeit erfolgen: "Black Sun" wirkt wie die synästhetische Form eines metaphorischen Ausdrucks, wobei "sun" für sich alleine mit dem Gefühl der Wärme verbunden ist, während "black" im afri- kanischen Kontext diese Empfindung über visuelle Sinneswahrnehmung spe- zifiziert und darüber hinaus noch zahlreiche vorwiegend negative Konnota- tionen aufweist. Im Kontext der Kurzgeschichte steht "the 'Black Sun' in Africa" (S. 109) für die Sonne der Schwarzen, die in Afrika scheint, für Afrika schlechthin also, übersetzt man das Bild zurück in ein Gedachtes. Der "proprie- tor" steht als „Besitzer" Afrikas folglich für Afrika selbst. Daß die afrikanische Sonne schwarz ist, dürfte – wiederum im Kontext der Geschichte – darüber hinaus als Folge seiner ‚Besetzung' durch die Weltmächte zu verstehen sein, die, aus der Sicht des Afrikaners, ‚Unheimliches' im Schilde führen, das zur Zerstörung des natürlichen, ideologisch unbeeinflußten, ursprünglichen Afrika führt. Denkbar wäre auch ein Wortspiel zwischen den Homonymen "sun" und "son", wodurch die Abhängigkeit des ‚schwarzen Sohnes' von den Weltmächten ‚kunstvoll' verdeutlicht wäre.

Aus der Idealvorstellung eines unverdorbenen, ursprünglichen Afrika erklären sich Rolle und Bedeutung der "virgin". Der Erzähler betont in seiner Beschreibung vor allem die Attribute ihrer Natürlichkeit und Unberührtheit: "She smells fresh [...]. She is beautiful in a mysterious way"; "her appearance of innocence"; "she looks tall and large and satisfied" (S. 110). Zwei darüber hinausgehende Aspekte sind jedoch entscheidender als ihre Attraktivität: "She is rich without giving the impression of knowing how rich she is" (S. 110) legt die Vermutung nahe, daß das Interesse der nicht afrikanischen Anwesenden ausschließlich diesem Reichtum (verschiedener Länder der Dritten Welt z.B. an Rohstoffen) gilt und nicht etwa humanitäre Ziele im Vordergrund stehen, und "there are traces of sadness in her eyes" (S. 110) verweist auf ihre Trauer um den Zustand ihres Landes (oder Kontinents) und um den Verlust von Natürlichkeit, Selbständigkeit und Frieden. Diese Trauer resultiert auch aus der Erkenntnis der Diskrepanz zwischen Sehnsucht nach Ursprünglichkeit und Ungestörtheit und der Notwendigkeit der Übernahme von technologischem Know-how außerafrikanischer Mächte, Trauer vielleicht nicht nur, weil das eigene Überleben seinen Preis hat (ökonomischer Aspekt), sondern auch, weil die Einflüsse der Zivilisation einen großen Teil Afrikas bereits so weit verändert haben, daß z.B. Autarkie oder kulturelle Eigenständigkeit dem Ziel wirtschaftlichen Wohlstandes weit untergeordnet wurden (anthropologischer und ökonomischer Aspekt). Die "virgin" ist die Personifizierung eines der wenigen verbliebenen ‚unschuldigen' Länder Afrikas. Ihre Spezies ist selten geworden ("Not that there are lots of virgin girls in the 'Black Sun' these days", S. 109/110), aber es gibt sie noch, und ihr Grund, ihre Unschuld aufs Spiel zu setzen, ist eine doppelte Angst ("to avoid being outmanœuvred" und "to avoid being branded as coward", S. 110), freilich auch ein Hinweis darauf, daß ihre Unschuld bereits befleckt ist, wenn sie sich "Limeys", "Yankees" und "Reds" anbieten.

2.1.5 Keine der fünf Personen weist einen ausgeprägten Charakter auf, sondern jeweils gleichbleibende, typisierende Züge, die einerseits dem von "proprietor" und "virgin" verkörperten Typ des Afrikaners und andererseits dem von "Limeys", "Yankees" und "Reds" verkörperten Typ des Weißen – "humans [...]of the same colour" (S. 109) – zu eigen sind. Während "proprietor" und "virgin" inhaltlich ähnliche Ziele (nämlich Ruhe und Frieden) anstreben – "pleading with them to leave him in peace" (S. 110); "All she had wanted was to be directed on her way to 'Peaceville.'" (S. 112) – , ist den drei Rivalen eher die

Methode, mit der sie ihr Ziel verfolgen, gemeinsam. Das Ziel, ein noch ‚neutrales' afrikanisches Land für ihre Zwecke zu gewinnen, glauben sie über ihre Angebote zu erreichen. Die Unaufrichtigkeit ihres Handelns hat der Erzähler jedoch schon zu Anfang durchschaut, da ihr Vorgehen vor allem davon bestimmt ist, den Gegner zu überlisten – "outwitting, outdoing, outmanœuvring and outbluffing the others"; "to outbid each other" (S. 109) –, um den Gewinn für sich alleine zu verbuchen. Die Folge ist die groteske Situation, daß sie Segregation gerade dort (untereinander) betreiben, wo "colour [...] or tribal [...] or [...] even class segregation" (S. 109) ohnehin schon zu einem gefährlichen Politikum geworden ist. Ihr Gewinnstreben suggeriert eine scheinbare Gemeinsamkeit, die jedoch nicht darüber hinwegtäuschen kann "[that] usually they can't stand being in the same place at the same time" (S. 109). Eine offensichtlich tatsächlich bestehende Gemeinsamkeit ist hingegen ihre Ignoranz, ihr Mangel an Verständnis und Einfühlungsvermögen. Das Ergebnis ihres Werbens um die "virgin" – eine Folge der vielen Negativa, die nur eine Entscheidung gegen alle nach sich ziehen konnten – wird vom Erzähler wie ein Beispiel von vielen vermittelt: "Limeys", "Yankees" und "Reds" haben eine gemeinsame Niederlage hinnehmen müssen, und der Kreis zum Anfang der Geschichte schließt sich, "[as] they [...] withdraw to their segregated corners" (S. 112).

3. Die Interpretation der Geschichte erfolgte bisher trotz der Konzentration auf die Charakterisierungen und trotz der Anlehnung an das (werkimmanente) Prinzip des 'close reading' doch nicht ohne Bezug auf den historisch-gesellschaftlichen Kontext, der die Analyse auch dann entscheidend mitbestimmt, wenn man im Englischunterricht die Charakterisierungen in einem ersten Schritt auf eine vorwiegend ‚organisatorische' Aufgabe beschränkt, die aus der (in Teil 2 durchgeführten) Zuordnung der über die Geschichte verteilten und über Erzähler, Dialog und Selbstdarstellung vermittelten typisierenden Züge zu den einzelnen Personen bestehen würde, was sogar in tabellarischer Form zusammenfaßbar wäre. Insbesondere die Funktionen des Dialogs müßten im Hinblick auf diese Charakterisierungen herausgearbeitet werden, als da sind: Kritik/Diffamierung, Selbstdarstellung, Entkräftung/Entlarvung, Angebot/Verlockung, Bedrohung, Vermittlung, Täuschung, Anbiederung, Aufdeckung von Hilflosigkeit/Kommunikationsunfähigkeit und Mißtrauen. Bei dieser Betrachtungsweise wirkt als ein (vorwiegend den Inhalt) bestimmendes Prinzip das des Kontrasts strukturierend: Kontraste bestehen nicht nur zwischen "virgin"/"owner" und "Limeys"/"Yankees"/"Reds", sondern auch zwischen den drei Rivalen – sinnfällig beschrieben durch "segregation", die in der Geschichte ironischerweise nur in der alten Welt zu bestehen scheint; der Kontrast zwischen ‚Sein' und ‚Schein' wirkt darüber hinaus dekuvrierend; und

schließlich gibt es einen Kontrast, den man nicht mehr nur als komisch empfindet, dem vielmehr schon bissig-satirische Züge zu eigen sind: Er ergibt sich aus jenen Stereotypen, aus denen Vorurteile gemacht sind, und aus der hieraus resultierenden Erwartungshaltung des Rezipienten. Um es nur grob kontrastiv zu rastern: Das erwartete Verhalten von "Limeys", "Yankees" und "Reds" ist zivilisiert, ihr tatsächliches Verhalten ist unzivilisiert; das erwartete Verhalten von "virgin" und "proprietor" ist unzivilisiert, das tatsächliche Verhalten ist zivilisiert. Freilich entbehren diese Gegenüberstellungen nicht einer gewissen unfreundlichen Parteilichkeit. Um diesen Kontrast aber überhaupt erschließen zu können, ist es notwendig, sich die zweite Ebene der Geschichte bewußt zu machen, eine Übertragung vorzunehmen. Ansonsten würde sich selbst der Titel "I can face you" seinem vollen Verständnis entziehen. Auf dem Hintergrund der im Zusammenhang mit den Charakterisierungen bereits vorgenommenen Übertragungen läßt sich der Titel als programmatischer Ausspruch der "virgin" verstehen, die den drei Bewerbern mutig gegenübertritt, Selbstbewußtsein, Stolz, ja sogar Überlegenheit demonstriert angesichts der sich aus den (materiellen/ideologischen) Angeboten ableitbaren völligen Fehleinschätzung traditioneller menschlicher Werte und (Ur-)Bedürfnisse durch die Machthaber der alten Welt. Da der Erzähler die Ich-Form nicht in seine Geschichte übernimmt, kann ein hoher Grad an Identifikation des Erzählers mit der durch die Titelaussage zum Ausdruck gebrachten Verhaltensweise angenommen werden. So verstanden läßt der Titel – in der Funktion eines Mottos – die Geschichte in einem ganz anderen Licht erscheinen: Das junge Afrika (die "virgin") will von den Vertretern der Industrienationen überhaupt nichts, es hat mit materiellen Werten nichts im Sinn, es belehrt die Mächtigen der Welt und gibt sie der Lächerlichkeit preis. Unter diesem Blickwinkel enthält die Geschichte offensichtlich dominant satirische Züge. Aber auch für eine Interpretation von "I can face you" als Satire ist die Übertragung von der bildhaften auf eine ‚realistischere‘ Ebene Voraussetzung.

3.1 Der erste ‚Anlaß‘, welcher die Interpretation der Geschichte auf zwei ‚Spielebenen‘ nahelegt, ist die Personifikation von Ländern bzw. Machtbereichen. Die Personen werden nicht namentlich genannt, sie sind keine individuellen Charaktere, sie sind keine konkreten Vertreter ihrer Länder; sie werden pauschal stereotyp oder funktional (gattungsmäßig) bezeichnet. Der zweite ‚Anlaß‘ ist die Handlung; ein allgemeiner aber zugleich exemplarischer Vorgang, der lehrhaft wirkt. Dieser Vorgang erhält seinen Sinn erst durch die Übertragung von der privaten Clubebene auf die Ebene der weltpolitischen Aktualität. Einzelne Übersetzungen aus den Charakterisierungen wären in etwa wie folgt zu ergänzen: Für "entertain this or that virgin girl" (S. 109) könnte "offer" eingesetzt werden; weitere Konnotationen wie "swallow the bait", "persuade", "satisfy", "win/gain" oder gar "acquire" und "get the mastery of [the virgin]"

sind – aus der Perspektive von "Limeys", "Yankees" und "Reds" –
assoziierbar. Für "They [the virgin girls] will have to put their capabilities to the
test" (S. 110) könnte – aus der Perspektive der "virgin" – ebenfalls "offer" eingesetzt werden, oder weitergehend "present oneself", "go in for an investigation/
check-up" oder "satisfy someone". Die Notwendigkeit der Übertragung ergibt
sich u. a. auch aufgrund der sexuellen Konnotationen, denn Kolonialismus wird
in unserer *very short story* in Verbindung gebracht mit Prostitution und Potenz-
protzerei – zumindest so lange, bis die "virgin" am Ende der Geschichte endlich
‚zu Wort kommt' und der Erzähler ihr eigentliches Ziel beschreibt: "All she had
wanted was to be directed on her way to 'Peaceville'." (S. 112) Diese bildhaft
belebte Darstellung eines abstrakten Begriffs – ein *telling name* und hier eine
didaktische Simplizität – erinnert u. a. an John Bunyans *The Pilgrim's Progress*
(1678), das einflußreichste puritanische Erbauungsbuch, ein allegorischer
Roman, dessen Held Christian auf seiner christlichen Pilgerreise zur "Celestial
City" diversen Anfechtungen an Orten widerstehen muß, in deren Bezeichnungen Abstraktum und allgemeine Lokalisierung kombiniert sind, wie "Slough of
Despond", "Valley of Humiliation", "Vanity Fair", "Doubting Castle" oder
"River of Death".

Auch aus solchen Namensgebungen wird deutlich, daß das Erzählte nicht das
Gemeinte ist, sondern Verweischarakter besitzt. Allegorisierte Begriffe erfordern eine Rückübersetzung; diese veranschaulicht, was vorher als Bild abstrakt
gestaltet wurde; sie erschließt eine existentielle Wirklichkeit; sie verweist auf den
Gleichnischarakter der Geschichte. Allegorische Erzählweise konstituiert die
Parabel, deren Entschlüsselung eine lehrhafte Erkenntnis vermittelt. Da die
Wirklichkeit in der Parabel nicht unmittelbar, sondern verklausuliert in einem
anderen Vorstellungsbereich dargestellt wird, muß die Erkenntnis des Gemeinten durch einen Analogieschluß anschaulich gemacht werden.

Wenn "I can face you" im Englischunterricht ab Klasse 10 eingesetzt wird, kann
auf eine Betrachtung der Parabel als ‚literarische Form' nicht verzichtet werden.
„Kern der Parabeldidaktik" – so Schrader in ihrer Darstellung verschiedener
literarischer Kurzformen – sollte dabei „der Versuch sein, Verfahren zu entwik-
keln, mit denen der Transfercharakter allegorischer Rede, die Beziehbarkeit von
Bild- und Sachteil verstehbar werden kann."[11] Ohne die Parabel gleich zum
Thema einer Unterrichtsreihe machen zu wollen, sollten im Kontext von
Komeys Geschichte darüber hinaus einige grundsätzliche strukturelle Aspekte
der Parabel erarbeitet werden: So etwa die „Gattungsstruktur der Parabel: Parabel als allegorische Sprachform [...]. Morphologische und strukturelle Elemente: Handlungsaufbau, Figuren-, Zeit-, Raumdarstellung, Metaphorik, Syntax [...]. Funktions- und Wirkbezüge [... und ...] die Appellstruktur der Gattung; Typen der Parabel: religiöse, politische, existentielle Parabeln."[12]

3.2 Komeys Geschichte ist ein Beispiel für den Typ der politischen Parabel. Da die politische Aussage in den traditionellen Formtyp der Parabel eingekleidet ist, könnte man vermuten, der Autor habe mit seiner Erzählung besonderen Wert auf die Betonung des literarästhetischen Bereiches gelegt. Andererseits scheint aber die politisch-lehrhafte Aussage zu dominieren, welche in einer bestimmten literarischen Gestaltung, die als Mittel in der politischen Auseinandersetzung angesehen werden kann, zur Wirkung gebracht wird. Die Zielsetzung der Geschichte wäre somit eine außerliterarische. Offensichtlich jedoch hält diese politische Parabel das ‚Angebot‘ individueller Gewichtung bereit und vermeidet dadurch Eindeutigkeit. Sie stellt die Fragen nach Freiheit, politischen Ideen und wirtschaftlicher Macht im weltpolitischen Kontext, sie zielt anhand eines Beispieles ab auf existentielle, historisch-gesellschaftlich bedingte Probleme des Menschen. Dabei ist das Beispiel an eine bestimmte historisch-gesellschaftliche Situation gebunden, die so kompliziert ist, daß eine *very short story* ihr kaum gerecht werden kann. Die didaktische Absicht deutet sich schon dadurch an, daß ein komplizierter Zusammenhang bewußt simplifiziert und pointiert dargestellt wird und so den Transfer auf einen übergeordneten Kontext fordert. Wenn Komey auch nicht direkt beeinflussen will, so schimmert doch zumindest der indirekte Appellcharakter der Geschichte durch.

Politische Literatur muß nicht unbedingt agitatorisch sein, sie ist jedoch in der Regel didaktisch, und dies unabhängig von ihrer affirmativen oder progressiven Intention. Komeys Geschichte vermittelt in der Form einer exemplarischen (Muster-)Darstellung eine Lehre. Man könnte den Text also als mittelbar belehrende Dichtung auffassen, die sich von bloß rhetorisch gestalteten, eindimensional funktionalen Textformen wie etwa der politischen Rede oder dem politischen Pamphlet abhebt und ästhetische Formeigenschaften – wie Bildhaftigkeit oder allegorische Erzählweise – als rhetorische Stilmittel verwendet. Die traditionell instruktive Geschichte hat eine kritisch-aufklärende Funktion im Hinblick auf Wissen, Erkenntnis und Verhalten. Sie weist die entscheidenden Merkmale solcher politischen Literatur auf, die auch eine eindeutig didaktische Funktion hat, wie etwa Betonung der Stereotypik, klischeehafte Zeichnung, Simplifizierung oder zeitkritischer Bezug.[13] Das Genre der politischen Erzählung bedient sich nicht nur gern der Allegorie und Parabel – u.a. deswegen, weil durch sie die intendierte Lehrhaftigkeit offenbar stärker zum Tragen kommt –, sondern auch anderer traditioneller ‚Formtypen‘, wie im vorliegenden Beispiel der Satire, die einerseits – ebenso wie die Parabel z.B. aus Gründen der Zensur – zu einer ‚vordergründigen‘ Verschleierung der politischen Aussage beitragen kann, andererseits jedoch, und das ist die Regel, auf Entlarvung, Verspottung und Preisgabe abzielt.[14] Die Kontraste beispielsweise zwischen Lesererwartung und tatsächlicher Handlung der Personen, zwischen Selbstdarstellung (‚Schein‘) und ungewollter Dekuvrierung (‚Sein‘) entsprechen einem Grundprinzip satirischen Erzählens, nach dem das Gegenteil einer Handlungsweise eintritt, welche aufgrund der Umstände und des Kontextes als die einzig folgerichtige angesehen wurde. Dieses Gegenteil wird durch Nachahmung von Klischees und durch starke Verzerrung erreicht und als deutliche Abweichung von einer Norm empfunden. Die Abweichung wiederum wirkt lächerlich oder gibt Anlaß zur Verachtung oder Entrüstung. Indem die Satire auf Bewußtmachung zielt, fordert sie vom Leser Vorkenntnisse und die Fähigkeit zum Transfer. Satire kann aber – wie es in "I can face you" teilweise auch der Fall ist – zustandekommen, indem negative Vorurteile bestätigt werden. Hier wird der Erzähler zu einer den Leser bestätigenden Autorität. Da man immer schon gewußt hat, daß ‚die Russen und Amerikaner sich schlecht benehmen‘, wirkt die Darstellung wie ein Beweis, der die Rivalen der Lächerlichkeit preisgibt. Die Tonlage der Geschichte ist aus diesem Grunde überwiegend ironisch, durchsetzt mit ernsten, aber auch komischen Elementen, wie dem witzigen Vergleich zwischen technischem Erfolg der "Reds" und angeblichem Versagen der "Yankees": "After all, they claimed, they were the first to send a sputnik into orbit while Davy Crockett was still looking for his rocket." (S. 110)

4. Abschließend sei noch einmal zusammenfassend betont, warum "I can face you" in besonderer Weise geeignet erscheint, im Englischunterricht ab der 10. Klasse behandelt zu werden: Hier hält eine einzelne und besonders kurze Geschichte gleich eine Vielzahl von Angeboten und damit Einsatzmöglichkeiten bereit, die vom Einstieg in die neoafrikanische Prosa oder Literatur bis zur Anwendung verschiedener Interpretationsverfahren reichen, die zur Erarbeitung der konstitutiven Merkmale politischer Literatur im allgemeinen, wie zur Analyse eines Textes unter dem Blickpunkt seines didaktischen Gehaltes und seiner satirischen Funktion im besonderen anregen, die zur Auseinandersetzung mit Stilmitteln allegorischer Erzählweise und dem Konstrukt der Parabel auffordern und darüber hinaus die Tätigkeit, Transfer auf verschiedenen Ebenen durchzuführen, schulen.

Unberücksichtigt blieb in dieser Darstellung der rein sprachliche Aspekt. Wie in der afrikanischen Literatur in Englisch generell, stellt sich auch hier die Frage nach dem Idiom. Es zeugt von gewachsenem Selbstvertrauen, wenn die Herausgeber der Anthologie *Modern African Stories* es nicht etwa als Makel, sondern eher als Zeichen der Originalität werten, "[that] there is interesting pidgin dialogue in English so evident in several of us. We can also claim to bring new experience to the language which enriches it; a dialogue that captures African speech idioms."[15] Und es wird die Frage aufgeworfen, ob es nicht Zeit sei, solche intellektuellen ‚Kunstprodukte‘, wie z.B. das Konstrukt der vorliegenden Kurzgeschichte, der Vergangenheit zuzurechnen und sich stattdessen auf die Sprache zu konzentrieren, d.h. Englisch in Afrika vielleicht so ‚einzufärben‘, daß es zu einem erkennbaren afrikanischen Englisch wird: "Is it not reasonable to predict that as long as English is, as it is now, mainly a political medium, an instrument of unity among various tribes and therefore a language of the *élite* only – as long as this is the situation – experimentation with styles must continue to be an intellectual pastime, a self-indulgence on the part of the writer who, naturally, feels weary of English English?"[16]

Die Antworten hierauf können freilich zur Zeit noch nicht gegeben werden. Die letzten zwanzig Jahre, in denen die Existenz einer eigenständigen afrikanischen Literatur erst richtig ins Bewußtsein nichtafrikanischer Leser drang, in denen sie aber auch vorwiegend von ‚Intellektuellen', d.h. mit westlichen Kulturen durchaus vertrauten Autoren verfaßt wurde, sind ein zu kurzer Zeitraum, um sprachliche Veränderungen, welche zu neuen, dauerhaften Idiomen führen, erfolgversprechend untersuchen zu können.

Anmerkungen

1 Komey, E. A., Mphahlele, E. (Eds.): *Modern African Stories.* London, 1964. "I Can Face You", S. 109–112. Seitenzahlen im Text nach dieser Ausgabe.
2 Jahn, J., Schild, U., Nordmann, A.: *Who's Who in African Literature. Biographies, Works, Commentaries.* Tübingen, 1972, S. 179.
3 Ebd.
4 Ebd.
5 Zell, H. M., Silver, H. (Eds.): *A Reader's Guide to African Literature.* London, 1972, S. 15.
6 Schäfer, J. (Ed.): *Commonwealth-Literatur.* Düsseldorf, 1981; Riemenschneider, D. (Ed.): *Grundlagen zur Literatur in englischer Sprache. West- und Ostafrika.* München, 1983. Während in Schäfers Band lediglich der Artikel von Riemenschneider, „West- und Ostafrika", S. 147–173, für unsere Belange von Interesse ist, gewährt Riemenschneiders Buch neben der „Einleitung" (S. 7–30), die mit seinem Artikel im *Commonwealth*-Band leider nahezu identisch ist, vielfältige und äußerst aufschlußreiche Einblicke nicht nur in die afrikanische Literaturszene, sondern auch in Geschichte, Politik, Bildungswesen und Kultur. Beide Bände bieten umfangreiche Bibliographien, die den Einstieg in die afrikanische Literatur sehr erleichtern.
7 Nach Auskunft des "Castle Information Bureau" in Accra vom 17. 5. 1984 hatte Komey als Journalist und "humorist" mit einer eigenen regelmäßig erscheinenden Kolumne einen beträchtlichen Bekanntheitsgrad erreicht. Er sei jedoch nach längerer Krankheit vor nahezu zehn Jahren "somewhere in the Eastern Region" verstorben.
8 Ustinov, P.: *The Love of Four Colonels.* – In ders.: *Five Plays.* London, 1965, S. 175–248. Ustinov schrieb dieses Drama bereits 1950; Uraufführung in London 1951; Uraufführung einer leicht modifizierten Fassung für Amerika in New York 1953. Ustinov greift zwar auf die politische Konstellation nach dem Zweiten Weltkrieg zurück, dürfte aber auch von der Starrheit der Positionen in der Zeit des Kalten Krieges beeinflußt worden sein, da er nationale Attitüden karikiert und als die entscheidenden Schwächen den vier Siegermächten bzw. den Machtblöcken – allerdings auf ‚spielerische', oft humorvolle Weise – anlastet.

9 "Limey" ist ein (amerikanisches) Slangwort ursprünglich für einen englischen See-
mann oder ein englisches Schiff und ist abgeleitet von "lime-juice", den die englischen Seeleute zur Verhinderung des Skorbuts zu sich nahmen, bzw. von
"limejuicer", der Bezeichnung für einen englischen Matrosen, und steht heute für
jeden Briten. "Limey" verweist auf Großbritannien als Kolonialmacht und eine nicht
näher bestimmte Abhängigkeit Englands von Amerika.

10 Während "Yankees" und "Reds" stark simplifiziert dargestellt werden, erfolgt die
Beschreibung der "Limeys" differenzierter, was möglicherweise eine Folge des langen Aufenthaltes von Komey in Großbritannien ist und seiner genaueren Kenntnis
nationaler englischer Attitüden.

11 Schrader, M.: *Epische Kurzformen. Theorie und Didaktik.* Königstein/Ts., 1980,
S. 151.

12 Ebd.

13 Vgl. zur ersten Orientierung z.B. die zusammenfassende Darstellung „Politische
Literatur" in Krywalski, D. (Ed.): *Handlexikon zur Literaturwissenschaft.* 2 Bde.
Reinbek, 1978 (München, 1974), Bd. 2, S. 383–388.

14 Vgl. hierzu für den Einsatz im Englischunterricht z.B. auch das Übungsbuch von
Schmidt, F., Wullen, T. L. (Eds.): *Wit, Humour, Satire.* München, [1]1981 (= Grund-
und Leistungskurs Englisch): kurzer Theorieteil, viele fiktionale und nicht
fiktionale Beispieltexte zu verschiedenen Genres des Humors, geeignet etwa ab 10.
Klasse.

15 Komey, E. A., Mphahlele, E. (Eds.): *Modern African Stories.* A.a.O., "Introduction", S. 12.

16 Ebd.

Heinz-Wilhelm Fabry / Peter Wenzel, Bochum

Mythisch-religiöse Themen in der Very Short Science Fiction Story: Eric Frank Russells "Sole Solution" und Fredric Browns "Answer"

1. Science Fiction, wissenschaftliches Denken und Mythologie

Der gängigen Lesermeinung und dem eigenen Selbstverständnis nach ist die Science Fiction eine moderne, rationalitätsbezogene, auf wissenschaftlichen und technischen Erkenntnissen fußende Gattung.[1] Um so überraschender ist die Feststellung, daß schon seit den 50er Jahren nicht mehr so viel Wert auf den technisch-wissenschaftlichen Inhalt der Geschichten gelegt wird[2] und daß in der Science Fiction – so sehr wie in keiner anderen Gattung – aus der Vergangenheit entlehnte Mythen und religiöse Motive verarbeitet werden.[3]

Tatsächlich besteht jedoch zwischen dem Wissenschaftsbezug und der mythologischen Prägung der Gattung nur scheinbar ein Widerspruch, sind doch die Wissenschaft und die Mythologie selbst nicht nur voneinander verschieden, sondern gleichzeitig auch eng miteinander verwandt – und zwar sowohl was ihre Ziele als auch was die Struktur ihres Denkens betrifft: Sowohl der Wissenschaft wie auch der Mythologie geht es darum, ein in sich schlüssiges System von Erklärungen für das Funktionieren der Welt zu erstellen, und beide benutzen – wie die moderne Anthropologie betont[4] – zu diesem Zweck die gleichen Verfahren, wie etwa die Reduktion des Komplexen auf das Einfache und Modellhafte, die Konstruktion von Oppositionen, die Mediation zwischen den Oppositionen, die Umkehrung vertrauter Muster und die Bildung von Analogien und Homologien.[5] Die Wende der Science Fiction zum Mythos und auch zu den mythischen Komponenten der Religionen wurde zudem dadurch erleichtert, daß in beiden die Deutung der Welt erzählerisch erfolgt. Und da die Science Fiction Literatur ist, in der noch, im Gegensatz zur modernen und avantgardistischen Literatur, nach Herzenslust erzählt wird, hat die Science Fiction die erzählerischen Möglichkeiten, die Mythen und Religionen anbieten, mit der gleichen Assimilationsfähigkeit aufgenommen wie zuvor die Sujets etwa der Robinsonade und des Detektivromans.[6]

Anhand der beiden im folgenden vorzustellenden Geschichten soll aufgezeigt werden, in welcher Weise die Science Fiction religiöse und mythische Gedanken verarbeitet. Nicht zufällig handelt es sich dabei um Geschichten, in denen Motive der biblischen Tradition im Vordergrund stehen. Denn obwohl es auch eine Reihe von Geschichten mit religiöser Thematik gibt, in denen andere als alt- oder neutestamentliche Motive verarbeitet werden[7], dominiert im ganzen der Rekurs auf biblisches Gedankengut, das den Science-Fiction-Autoren als Mitgliedern des christlich-abendländischen Kulturkreises vertrauter ist. Die ausgewählten Geschichten sind deshalb typisch für den Themenkreis.

Eric Frank Russell

Sole Solution

He brooded in darkness and there was no one else. Not a voice, not a whisper. Not the touch of a hand. Not the warmth of another heart.

Darkness.

Solitude.

Eternal confinement where all was black and silent and nothing stirred. Imprisonment without prior condemnation. Punishment without sin. The unbearable that had to be borne unless some mode of escape could be devised.

No hope of rescue from elsewhere. No sorrow or sympathy or pity in another soul, another mind. No doors to be opened, no locks to be turned, no bars to be sawn apart. Only the thick, deep sable night in which to fumble and find nothing.

Circle a hand to the right and there is nought. Sweep an arm to the left and discover emptiness utter and complete. Walk forward through the darkness like a blind man lost in a vast, forgotten hall and there is no floor, no echo of footsteps, nothing to bar one's path.

He could touch and sense one thing only. And that was self.

Therefore the only available resources with which to overcome his predicament were those secreted within himself. He must be the instrument of his own salvation.

How?

No problem is beyond solution. By that thesis science lives. Without it, science dies. He was the ultimate scientist. As such, he could not refuse this challenge to his capabilities.

His torments were those of boredom, loneliness, mental and physical sterility. They were not to be endured. The easiest escape is via the imagination. One hangs in a strait-jacket and flees the corporeal trap by adventuring in a dreamland of one's own.

But dreams are not enough. They are unreal and all too brief. The freedom to be gained must be genuine and of long duration. That meant he must make a stern reality of dreams, a reality so contrived that it would persist for all time. It must be self-perpetuating. Nothing less would make escape complete.

So he sat in the great dark and battled the problem. There was no clock, no calendar to mark the length of thought. There were no external data upon which to compute. There was nothing, nothing except the workings within his agile mind.

And one thesis: no problem is beyond solution.

He found it eventually. It meant escape from everlasting night. It would provide experience, companionship, adventure, mental exercise, entertainment, warmth, love, the sound of voices, the touch of hands.

The plan was anything but rudimentary. On the contrary it was complicated enough to defy untangling for endless aeons. It had to be like that to have permanence. The unwanted alternative was swift return to silence and the bitter dark.

It took a deal of working out. A million and one aspects had to be considered along with all their diverse effects upon each other. And when that was done he had to cope with the next million. And so on ... on ... on.

He created a mighty dream of his own, a place of infinite complexity schemed in every detail to the last dot and comma. Within this he would live anew. But not as himself. He was going to dissipate his person into numberless parts, a great multitude of variegated shapes and forms each of which would have to battle its own peculiar environment.

And he would toughen the struggle to the limit of endurance by unthinking himself, handicapping his parts with appalling ignorance and forcing them to learn afresh. He would seed enmity between them by dictating the basic rules of the game. Those who observed the rules would be called good. Those who did not would be called bad. Thus there would be endless delaying conflicts within the one great conflict.

When all was ready and prepared he intended to disrupt and become no longer one, but an enormous concourse of entities. Then his parts must fight back to unity and himself.

But first he must make reality of the dream. Ah, that was the test!

The time was now. The experiment must begin.

Leaning forward, he gazed into the dark and said, 'Let there be light.'

And there was light.

2. Eric Frank Russell: "Sole Solution"

Eric Frank Russells[8] Kurzgeschichte "Sole Solution" deutet die Schöpfung in neuem erzählerischem Gewand um.[9] Anders als in der Genesis, in der das Schöpfungswerk Gottes keiner weiteren Erklärung bedarf, liefert Russell für das Handeln seines Schöpferwesens eine auf den ersten Blick plausible Begründung: Das Schöpferwesen leidet unter seiner Einsamkeit und will sich aus dieser Einsamkeit befreien.[10]

Durch die Verwendung der personalen Erzählsituation erfährt der Leser das Problem der Einsamkeit aus der Sicht des Schöpferwesens. In kurzen, häufig bruchstückhaften Sätzen kommen dessen Gefühle zum Ausdruck. Die vorwiegende Verwendung negierter Aussagen – z.B. in der Eingangspassage " [...] there was no one else. Not a voice, not a whisper. Not the touch of a hand" – sowie die Metaphern des Gefangenseins und der ungerechtfertigten Bestrafung intensivieren den Eindruck der quälenden Einsamkeit. Als Ausweg aus dieser Situation bleibt nur der Rekurs auf sich selbst. "Therefore the only available resources with which to overcome his predicament were those secreted within himself. He must be the instrument of his own salvation." Statt der eher zu erwartenden neutraleren Begriffe *rescue* oder *liberation* fällt der Begriff mit den biblischen Konnotationen: *salvation* ‚Erlösung'. Seine Verwendung bereitet den als eine Art Glaubenssatz formulierten und so mit metaphysischer Bedeutung aufgeladenen Ausdruck der Hoffnung vor: "No problem is beyond solution." Hier wird nicht auf die Allmacht Gottes angespielt, vielmehr knüpft Russell mit diesem Satz an einen weiteren Mythos an, jedoch nicht an einen biblischen, sondern an einen neuzeitlichen, nämlich den aufklärerisch-positivistischen Glaubenssatz, daß mit Hilfe der Wissenschaft schließlich jedes Problem der Welt einer Lösung zugeführt werden kann. Das Schöpferwesen erscheint somit als Vertreter einer radikalen Wissenschaftsgläubigkeit, als „Inbegriff eines Wissenschaftlers"[11], der sich ohne Rücksicht auf den erforderlichen Aufwand mit seiner ganzen Person der Lösung eines wissenschaftlichen Problems verschreibt:

> So he sat in the great dark and battled the problem. There was no clock, no calendar to mark the length of thought. There were no external data upon which to compute. There was nothing, nothing except the workings within his agile mind. And one thesis: no problem is beyond solution.

Damit ist der Wendepunkt der Geschichte erreicht. Das Empfinden der Einsamkeit tritt zurück hinter das Problem, auf welche Weise diese Einsamkeit überwunden werden könnte. Das Wesen erkennt bald, daß die Einbildungskraft die einfachste Lösung bietet und beschließt, einen gewaltigen Traum zu kreieren, der, anders als normale Träume, von Dauer und real ist. In diesem Traum wird das Wesen leben. Dazu gibt es seine Individualität auf und zerteilt sich "into numberless parts, a great multitude of variegated shapes and forms". Die Teile sollen den Antrieb haben, sich wieder zu vereinigen, wieder zu dem einen Schöpferwesen zu werden. Damit das nicht zu schnell gelingt, sollen die Teile nicht wissen, daß sie zusammengehören. Außerdem wird nicht nur die Umwelt eines jeden Teils so ausgestattet, daß sich daraus ein beständiger Kampf ergibt, sondern auch noch Feindschaft untereinander gesät. Diese Feindschaft entsteht durch Regeln, hinter denen unschwer die Zehn Gebote zu erkennen sind: befolgt man sie nämlich, wird man gut genannt, während man bei Nichtbefolgung böse genannt wird. Gut und Böse sind also gleich notwendig, um die Schöpfung in Gang zu halten. Eine solche Gleichsetzung von Gut und Böse ist natürlich nicht in der Bibel zu finden; auch erteilt jene – anders als Russell – keine Auskunft über letzte Herkunft und Sinn des Bösen in der Welt.

Nachdem der Entstehungsgrund, das Wesen, der Sinn und die Funktionsweise der Welt dargestellt sind, fehlt lediglich der Anstoß, der alles in Bewegung setzt. Er erfolgt durch die Worte, die das Schöpferwesen, das *primum mobile*, spricht und die zusammen mit der bekannten Formel aus der Bibel die Schlußpointe[12] der Kurzgeschichte bilden: "'Let there be light.' / And there was light." Die Geschichte erreicht in dieser Pointe nicht nur den Endpunkt einer Bewegung von der am Anfang beschriebenen Dunkelheit zum Licht, sondern auch eine eindeutige Festlegung ihres intertextuellen Bezugs, denn nun wird endgültig klar, daß sich die Geschichte auf den Gott der Bibel bezieht. Diese Schlußpointe dominiert den ersten Leseeindruck so stark, daß die gesamte Geschichte als eine gezielte Umdeutung der Schöpfungsgeschichte bzw. ihrer Vorbedingungen erscheint.

Die Flucht aus der Einsamkeit als Schöpfungsgrund, das wissenschaftliche Experiment als Modell für die Entstehung der Welt und die im System angelegte Disharmonie als Erklärung für ihr Funktionieren – das alles sind Motive, die Russells Version der Schöpfungsgeschichte auf den ersten Blick zeitgemäßer erscheinen lassen als die der Bibel. Bei genauem Hinsehen ergibt sich jedoch ein anderes, entgegengesetztes Bild: Der neue, von Russell entworfene Schöpfungsmythos ist in Wirklichkeit weniger fortschrittlich als der alte. Der Gott der Kurzgeschichte stellt – anders als der Gott der Bibel – kein außerweltliches, transzendentes Wesen dar, sondern fühlt, denkt und handelt wie ein Mensch. Bezeichnenderweise flüchtet er vor der Einsamkeit, die eine der Grunderfahrungen und Grundbefindlichkeiten des modernen Menschen ist, und erweist sich damit als bloße Kopie des Menschenbildes unserer Tage.[13] Das angebliche Ziel der Science Fiction, echte Alternativen zum Vertrauten aufzuzeigen, wird also im Hinblick auf den Entwurf des Schöpferwesens völlig verfehlt.

Ist das von Russell entworfene Gottesbild ganz von der Gegenwart geprägt, so bleibt sein Bild vom Charakter der Wissenschaft sogar weit hinter der Gegenwart zurück. Mit dem Motto "No problem is beyond solution" wird unhinterfragt ein mythisch überhöhtes Wissenschaftskredo übernommen, das selbst in abgeschwächter Form für die moderne Wissenschaft und Wissenschaftstheorie längst keine Gültigkeit mehr hat.[14]

Ebenso bedenklich wie die unhinterfragte Übernahme veralteter Konzepte ist in Russells Geschichte schließlich auch die Tendenz zur Vermengung historisch weit auseinanderliegender Denkmodelle. So stecken in Russells neuem, auf die Idee der Auflösung Gottes in einander widerstrebende Kräfte gegründetem Schöpfungsmythos die verschiedensten Ideologeme: Da ist – neben dem biblischen Gedankengut – zunächst einmal die an den Sozialdarwinismus erinnernde Vorstellung einer Welt, die nicht auf Ordnung und Harmonie, sondern auf Disharmonie und Kampf gegründet ist. Da ist zweitens das in den verschiedensten Bereichen und Stadien der Religionsgeschichte anzutreffende Vorstellungsmodell des Pantheismus, nach dem Gott nicht neben und über seiner Schöpfung steht, sondern selbst ganz in dieser aufgeht, so daß es keinen Lebensbereich gibt, der nicht mit dem Göttlichen identisch ist. Drittens schließlich enthält Russells Reinterpretation des Schöpfungsmythos eine interessante, extreme Relativierung von Gut und Böse, werden diese beiden Kategorien hier doch nicht mehr (im Sinne einer traditionellen idealistischen Philosophie) als sinn- und wertstiftendes ontologisches Gegensatzpaar gesehen, sondern – naturwissenschaftlich-realistisch wie bei Konrad Lorenz[15] – als unabdingbare und daher gleichberechtigte Bestandteile eines sich selbst regelnden Systems.

Zusammenfassend kann somit festgestellt werden, daß "Sole Solution" auf zwei Grundprobleme der Science Fiction aufmerksam macht: auf die Beschränktheit der menschlichen Phantasie, die dazu führt – entgegen den eigenen programmatischen Absichten –, im Gegenwärtigen (oder gar Vergangenen) zu verharren, und auf die Gefahr der unreflektierten Klitterung von historisch weit auseinanderliegenden Konzepten, wie sie sich hier in der Vermischung von biblischem, pantheistischem und (sozial-)darwinistischem Gedankengut äußert.

Fredric Brown

Answer

Dwar Ev ceremoniously soldered the final connection with gold. The eyes of a dozen television cameras watched him and the subether bore throughout the universe a dozen pictures of what he was doing.

He straightened and nodded to Dwar Reyn, then moved to a position beside the switch that would complete the contact when he threw it. The switch that would connect, all at once, all of the monster computing machines of all the

134

populated planets in the universe – ninety-six billion planets – into the supercircuit that would connect them all into one supercalculator, one cybernetics machine that would combine all the knowledge of all the galaxies.

Dwar Reyn spoke briefly to the watching and listening trillions. Then after a moment's silence he said, "Now, Dwar Ev."

Dwar Ev threw the switch. There was a mighty hum, the surge of power from ninety-six billion planets. Lights flashed and quieted along the miles-long panel.

Dwar Ev stepped back and drew a deep breath. "The honour of asking the first question is yours, Dwar Reyn."

"Thank you," said Dwar Reyn. "It shall be a question which no single cybernetics machine has been able to answer."

He turned to face the machine. "Is there a God?"

The mighty voice answered without hesitation, without the clicking of a single relay.

"Yes, NOW there is a God."

Sudden fear flashed on the face of Dwar Ev. He leaped to grab the switch.

A bolt of lightning from the cloudless sky struck him down and fused the switch shut.

3. Fredric Brown: "Answer"

Auch in Fredric Browns[16] Geschichte geht es um die Frage nach dem Ursprung der Welt und dem Wesen ihres Schöpfers. Die Frage wird hier aber noch radikaler gestellt, denn hatte sich Russell darauf beschränkt, den Schöpfungsmythos umzudeuten und aus dem biblischen Gott einen unter seiner Einsamkeit leidenden Wissenschaftler und Träumer zu machen, so geht es in Browns Geschichte um die wesentlich grundsätzlichere Frage: Gibt es überhaupt einen Gott? Und die Antwort auf diese Frage ist ebenso unbiblisch wie die Frage selbst: Es gibt keinen Gott, es sei denn, der Mensch schafft ihn sich. Überdies erhält der Gottesbegriff in dieser Geschichte von vornherein eine eindeutig negative Charakterisierung, denn Dwar Ev, der Protagonist der Geschichte, ist bereits über die bloße Existenz eines Gottes so entsetzt, daß er verzweifelt versucht, den Computergott wieder abzuschalten, noch bevor sich dieser als ein grausamer, alttestamentarisch anmutender Gott erweist. Warum dieser Gott so grausam ist und warum Dwar Ev sich der Gefährlichkeit dieses

Gottes von vornherein sicher ist, bleibt offen. Man kann aber in dem schockierenden Schluß der Geschichte und in der Reaktion des Protagonisten die hintergründige Aussage sehen, daß für den modernen Menschen die Unterordnung unter ein höherstehendes Wesen nur noch als totaler Verlust seiner Freiheit, als Ausdruck der Versklavung vorstellbar ist.

Die Geschichte läßt neben dieser aber auch noch andere, weniger auf den religiösen Gehalt fixierte Deutungen zu. Denn die Gottesfrage ist nur *ein* Motiv ihres Plots. Schon die Tatsache, daß sie erst kurz vor Ende der Geschichte gestellt wird, zeigt, daß es dem Autor auch um ganz andere Themen geht.

Am Anfang der Geschichte steht kein religiöses, sondern ein naturwissenschaftlich-technisches Motiv: das große, das archetypische wissenschaftliche Experiment. Dieses Motiv hat für die Science Fiction aus verschiedenen Gründen seinen Reiz. Seine Beliebtheit[17] erklärt sich zum einen aus dem ihm inhärenten Spannungspotential. Der Leser fragt sich, ob das Experiment gelingen und was dabei herauskommen wird. Zum anderen läßt sich das Motiv für den der Spannung komplementären Effekt der Überraschung nutzen.[18] Diese Überraschung besteht hier in der durch das überdimensionale Experiment ausgelösten Katastrophe. Nachdem die letzte Lötstelle zum Zusammenschluß aller Computer des Universums fertiggestellt ist, gerät der Mensch in die Gewalt der von ihm selbst geschaffenen Maschine.

Die Geschichte gewinnt damit Anschluß an ein weiteres Standardmotiv der Science Fiction, die Unterjochung des Menschen durch die unberechenbaren Folgen der Technik und des wissenschaftlichen Fortschritts, ein Motiv, das sich bis zu Mary Shelleys Schauerroman *Frankenstein* (1818) zurückverfolgen läßt[19] und in der Science Fiction unzählige Male variiert worden ist.

Mit der Angst vor den Folgen des bedingungslos vorangetriebenen Fortschritts verbindet sich in Browns Geschichte – wie in anderen Texten der Gattung und nicht zuletzt auch im aktuellen politischen Bewußtsein unserer Zeit[20] – noch ein weiteres apokalyptisches Motiv, die Furcht vor dem statischen, totalitären Schreckensstaat. Dieses Motiv, das seine stärkste Entwicklung in den bekannten Antiutopien von Orwell, Huxley und Bradbury erfahren hat, wird auf dem knappen Raum der hier vorliegenden *very short story* freilich nur angedeutet: Dwar Evs Versuch, den dämonischen Computergott wieder abzuschalten, wird von diesem sofort mit dem Tode bestraft, und das Verschmelzen des Schalters deutet in sinnfälliger Weise an, daß es aus dem durch das fatale Experiment geschaffenen System kein Entrinnen mehr geben wird.

In "Answer" wird also – ebenso wie in "Sole Solution" – das Thema der Religion mit dem Thema der Wissenschaft verzahnt. Auch wenn beide Geschichten dabei traditionsverhaftete Motive verarbeiten, erweist sich Browns *very short story* in ihrer Aussage als moderner. Huldigt Russell noch immer einem längst überholten Wissenschaftsoptimismus und überträgt diesen sogar auf sein Gottesbild, so nutzt Brown die religiöse Ausgangsfrage, um in unterhaltsamer Weise vor einer Computerherrschaft und damit – wie viele andere Stimmen der aktuellen öffentlichen Diskussion[21] – vor den unberechenbaren Gefahren eines ungehemmten wissenschaftlichen Fortschritts zu warnen.

4. Leistung und Schulrelevanz der Geschichten und der Gattung

Der besondere Reiz der Beispielgeschichten liegt zunächst einmal darin, daß sie – anders als Kurzgeschichten herkömmlicher Art – trotz des knappen zur Verfügung stehenden Raumes zur Behandlung universeller Themen tendieren.[22] So schneidet Russell auf wenig mehr als zwei Seiten so umfassende Themen wie das Wesen Gottes, die Entstehung der Welt und den Charakter der Wissenschaft an; und Brown gelingt es sogar, seine Behandlung einer ähnlich breiten Themenpalette auf eine einzige Seite zu konzentrieren. Diese Tendenz zur komprimierten Auseinandersetzung mit universellen Themen führt zwangsläufig zu einer konkretisierenden und so diskussionsanregenden Darstellung abstrakter Konzepte.[23] Ein Gespräch über ein so abstraktes Thema wie die heutigen Gottesbilder ist – zumal in einer Zeit, in der die Frage nach der eigenen religiösen Überzeugung oft wie ein Tabu behandelt wird – erfahrungsgemäß schwer in Gang zu bringen; in ein konkretes erzählerisches Gewand verpackt läßt sich das Thema dagegen ohne Schwierigkeiten aufgreifen.

Den größten didaktischen Vorzug der Science Fiction stellt schließlich ihr Spielcharakter dar.[24] Geschichten wie "Sole Solution" und "Answer" bieten dem Leser die Möglichkeit, sich auf unterhaltsame Weise mit ernsthaften Themen zu befassen. Sie gehen von bestimmten, autonomen Regeln aus, beziehen sich aber dennoch auf die Wirklichkeit und regen gerade dadurch die Phantasie an.

Wie alle Spiele haben dabei freilich auch die Gedankenspiele der Science Fiction ihre Gefahren, und diese Gefahren liegen nicht nur im affektiven Bereich – wie in der oft kritisierten Wunschbefriedigung durch die trivialen Produkte der Gattung – , sondern auch auf kognitiver Ebene: Im Bewußtsein der Autoren und Leser existieren *science fiction stories* – wie auch an den zahlreichen Kurzgeschichtenanthologien deutlich wird, die unterschiedslos veraltete und moderne Geschichten in sich vereinen – nahezu ohne jede historische Differenzierung synchron. Dieser für die Gattung typische Mangel an Geschichtsbewußtsein und Differenzierungsvermögen, ihr unkritischer Synkretismus, spiegelt sich – wie oben deutlich wurde – auch in den einzelnen Geschichten selbst wider und beschränkt ihr erkenntnisförderndes Potential. Die von den Programmatikern behaupteten Vorzüge der Gattung – die Möglichkeit der Alternative sowohl zur herkömmlichen Literatur[25] als auch zur überlieferten Mythologie[26] als auch zur heutigen Wirklichkeit[27] – bleiben deshalb (und ob der begrenzten Erfindungsgabe der Autoren) fast immer auf der Strecke. Stattdessen werden unreflektiert vermeintliche Konstanten aus der Vergangenheit und Konventionen der Gegenwart in die Entwürfe übernommen.

Neue, zukunftsweisende Problemlösungen hat die Gattung somit kaum zu bieten. Sie ist aber interessant als Fiktion, als Abbild von gegenwärtigen Fragen und Problemen und als spielerische Auseinandersetzung mit ihnen. Sie ist am besten, wenn sie ihre Motive nicht ernst meint, sondern sie nur als Mittel zum Zweck der bildhaften Darstellung benutzt. Insofern ist die Verwendung des religiösen Motivs in "Answer" beispielhaft: Es dient in erster Linie dazu, eine Geschichte zu ermöglichen, die bildhaft vor den möglichen gefährlichen Folgen eines bis ins Extrem getriebenen wissenschaftlichen Fortschritts warnen will.

Anmerkungen

1 So besteht z.B. für Herbert W. Franke, einen der angesehensten deutschsprachigen Science-Fiction-Autoren, das besondere Verdienst der Gattung darin, „daß die Science-Fiction-Autoren sich nicht davor scheuen, technische Entwicklungen in den Mittelpunkt des Geschehens zu stellen". („Literatur der technischen Welt". – In Barmeyer, E. (Ed.): *Science Fiction. Theorie und Geschichte.* München, 1972, S. 105–118, hier S. 106), und der amerikanische Science-Fiction-Kritiker und Autor Reginald Bretnor erklärt kategorisch: "[…] science fiction *cannot and must not* be divorced from science […] " ("Science Fiction in the Age of Space". – In ders. (Ed.): *Science Fiction, Today and Tomorrow.* Baltimore/Md., 1975, S. 150–178, hier S. 151).

2 Vgl. Suerbaum, U., et al.: *Science Fiction. Theorie und Geschichte, Themen und Typen, Form und Weltbild.* Stuttgart, 1981, S. 57. – Die Abkehr von technisch-wissenschaftlichen Inhalten dokumentiert sich auch in der seit dem Tolkien-Boom ständig wachsenden und mittlerweile vielleicht sogar marktbeherrschenden Untergattung der Science Fiction, der Fantasy.

3 Mit der für die Sekundärliteratur typischen Verzögerung wird dieser Themenkomplex nun seit einigen Jahren in Ansätzen analysiert und diskutiert. Vgl. z.B. Borgmeier, R.: „,Religion' in der Science Fiction". *Die Neueren Sprachen* 24, 1975, 121–135; Lück, H.: „Vom galaktischen Geist und seinen Propheten: Theologische Elemente in der Science Fiction". – In Jehmlich, R., Lück, H. (Eds.): *Die deformierte Zukunft: Untersuchungen zur Science Fiction.* München, 1974, S. 105–132; Woodman, T.: "Science Fiction, Religion and Transcendence". – In Parrinder, P. (Ed.): *Science Fiction: A Critical Guide.* London, 1979, S. 110–130.

4 Siehe z.B. Lévi-Strauss, C.: *Strukturale Anthropologie I.* Übs. H. Naumann. Frankfurt/M., ²1978, S. 253f.: „Die Logik des mythischen Denkens erschien uns ebenso anspruchsvoll wie die, auf der das positive Denken beruht, und im Grunde kaum anders. Denn der Unterschied liegt weniger in der Qualität der intellektuellen Operationen als in der Natur der Dinge, auf die sich diese Operationen richten. Übrigens haben die Technologen dies schon längst auf ihrem Gebiet festgestellt: eine eiserne Axt ist nicht wertvoller als eine Steinaxt, nur weil sie ‚besser gemacht' ist. Beide sind gleich gut gemacht, aber Eisen ist nicht dasselbe wie Stein. Vielleicht werden wir eines Tages entdecken, daß im mythischen und im wissenschaftlichen Denken dieselbe Logik am Werke ist und daß der Mensch allezeit gleich gut gedacht hat."

5 Zur Reduktion, Bildung von Oppositionen und Umkehrung als Konstruktionsprinzipien von Science-Fiction-Welten vgl. Suerbaum, U., et al.: *Science Fiction.* S. 22f.

6 Mit der Religion hat die Science Fiction überdies auch die Verwendung solcher Argumentationsformen wie Allegorie, Parabel und Satire gemeinsam; vgl. hierzu Scholes, R.: *Structural Fabulation: An Essay on Fiction of the Future.* Notre Dame/Ind., 1975, S. 29.

7 Besonders stark sind die Einflüsse asiatischer Religionen; siehe etwa den zu Recht viel gelobten Roman *The Left Hand of Darkness* von Ursula K. Le Guin (1969; leicht zugängliche Ausgabe: London, Panther, 1973 u.ö.) oder – als weiteres Beispiel für eine *very short story* – Martin Gardners Kurzgeschichte "Oom". – In Asimov, I., et al. (Eds.): *100 Great Science Fiction Short Short Stories.* New York, 1978, S. 169f.

8 Kurzinformationen zur Person des Autors: E. F. Russell (1905–1978), britischer Science-Fiction-Schriftsteller, publizierte in der Zeit von 1937 bis 1965 zehn Romane und zahlreiche Kurzgeschichten. Russells Hauptthemen, die er meist in ironisch-humorvoller Weise behandelt, sind die Menschheit und außerirdische Wesen, Militarismus und Bürokratie. Um eine Umdeutung biblischer Wesen geht es Russell auch in seinem Roman *Sentinels from Space* (1953), in dem er die Engel zu außerirdischen Beschützern der Menschheit macht.

9 Die Schöpfungsgeschichte ist das wohl am häufigsten von der Science Fiction aufgegriffene biblische Thema. Besonders interessante, auch für den Unterricht geeignete Beispiele sind außer der hier behandelten Geschichte Robert E. Toomeys *very short story* "The Re-creation". – In Asimov, I., et al. (Eds.): *Short Short Stories.* S. 164–166, sowie Russell, E. F.: "Second Genesis". – In Carnell, J. (Ed.): *New Writings in SF* – 9. London, 1967, S. 143–159, und Brunner, J.: "The Windows of Heaven". – In Aldiss, B. (Ed.): *The Penguin Science Fiction Omnibus.* Harmondsworth, 1973, S. 553–565; zur Interpretation von Brunners Geschichte vgl. Suerbaum, U.: „Brunner: 'The Windows of Heaven'". – In Göller, K. H., Hoffmann, G. (Eds.): *Die englische Kurzgeschichte.* Düsseldorf, 1973, S. 337–348 und 397f.

10 Die Schlußpointe von Toomeys "The Re-creation" liefert eine ähnliche Begründung für den Schöpfungsakt: "Misery loves company" (S. 166).

11 Suerbaum, U., et al.: *Science Fiction.* S. 31.

12 Zur Bedeutung der Schlußpointe in Science-Fiction-Kurzgeschichten vgl. Schleußner, B.: „Die 'punch line' und ihre Funktion in Science Fiction Short Stories". *anglistik & englischunterricht. 2. Trivialliteratur.* Trier, 1977, S. 81–92.

13 Man braucht in diesem Zusammenhang nur auf die zentrale Rolle der Einsamkeit im Existentialismus und in wichtigen Genres der zeitgenössischen Literatur – wie etwa dem modernen amerikanischen Drama – hinzuweisen.

14 So haben sich die Naturwissenschaften im 20. Jahrhundert unter dem Eindruck des Übergangs von der sog. klassischen zur modernen Physik längst wieder der Philosophie und damit auch relativistischen Anschauungsweisen geöffnet, und bezeichnenderweise tendiert heute auch die Geisteswissenschaft dazu, nach einer wissenschaftsoptimistischen, vom Strukturalismus geprägten Phase unter dem Einfluß des Poststrukturalismus zu skeptischeren, die Möglichkeiten wissenschaftlicher Erkenntnis sehr kritisch einschätzenden Konzeptionen zurückzukehren.

15 *Das sogenannte Böse. Zur Naturgeschichte der Aggression.* Wien, 1963; Lorenz führt hier das Böse auf den (für die Erhaltung der Art unverzichtbaren) Aggressionstrieb zurück. Vgl. dagegen die Darlegung und Verteidigung einer traditionellen, ontologischen Sichtweise des Bösen bei Czapiewski, E., Scherer, G.: *Der Aggressionsstrieb und das Böse.* Essen, 1967.

16 Zur Person des Autors: F. Brown (1906–1972), amerikanischer Journalist und dann Verfasser von Romanen und Geschichten vor allem im Bereich der Science Fiction und Kriminalliteratur, gilt als einer der humorvollsten und witzigsten Autoren dieser Genres. Seine besondere Spezialität sind *very short stories,* die wie die hier vorliegende Geschichte in einer prägnanten Pointe gipfeln.

17 Sogar das spezielle Thema des experimentellen Großcomputers in Verbindung mit einem religiösen Motiv taucht in der Science Fiction mehrfach auf; vgl. z.B. Arthur C. Clarkes bekannte Kurzgeschichte "The Nine Billion Names of God". – In Crispin, E. (Ed.): *Best SF Two.* London, 1956, S. 287–294.

18 Zum Wechselspiel von Spannung und Überraschung als den Triebkräften eines Plots vgl. z.B. Abrams, M. H.: *A Glossary of Literary Terms.* New York, ³1971, S. 128f.

19 Vgl. Borgmeier, R. in Suerbaum, U., et. al.: *Science Fiction.* S. 164f.

20 Erinnert sei hier nur an das oft wiederholte Argument der Kernkraftgegner, daß der ,Atomstaat' zwangsläufig in einen ,Überwachungsstaat' führen werde.

21 Als Sachbuch zu diesem Themenbereich vgl. z.B. Kurzrock, R. (Ed.): *Grenzen der Forschung.* Berlin, 1980 (= Forschung und Information: Schriftenreihe der Rias-Funkuniversität, No. 27).

22 Vgl. Suerbaum, U.: „Brunner: 'The Windows of Heaven'". S. 337.

23 In dieser Hinsicht ist die Science Fiction nicht nur der wissenschaftlichen Fachliteratur, sondern selbst dem populärwissenschaftlichen Sachbuch um vieles überlegen; vgl. Suerbaum, U., et al.: *Science Fiction.* S. 28.

24 Dieser Spielcharakter der Gattung ist von der Sekundärliteratur zur Science Fiction immer wieder hervorgehoben worden; siehe z.B. Lem, S.: "On the Structural Analysis of Science Fiction". *Science Fiction Studies* 1, 1973, 26–33, hier 26f.; Hienger, J.: „Abenteuer und Gedankenspiel". – In Rucktäschel, A., Zimmermann, H. D. (Eds.): *Trivialliteratur.* München, 1976, S. 339–356, hier S. 347; Suerbaum, U., et al.: *Science Fiction.* S. 35f.

25 Franke, H. W.: „Literatur der technischen Welt". S. 111ff.

26 Butor, M.: „Die Krise der Science Fiction". – In Barmeyer, E. (Ed.): *Science Fiction.* S. 76–85, hier S. 84f.

27 Hasselblatt, D.: *Grüne Männchen vom Mars: Science Fiction für Leser und Macher.* Düsseldorf, 1974, S. 19.

Peter Hasenberg, Bochum

Science Fiction als Rorschach-Test:
Philip José Farmers "Don't Wash the Carats"

The knife slices the skin. The saw rips into bone. Gray dust flies. The plumber's helper (the surgeon is economical) clamps its vacuum onto the plug of bone. Ploop! Out comes the section of skull. The masked doctor, Van Mesgeluk, directs a beam of light into the cavern of cranium.

He swears a large oath by Hippocrates, Aesculapius and the Mayo Brothers. The patient doesn't have a brain tumor. He's got a diamond.

The assistant surgeon, Beinschneider, peers into the well and, after him, the nurses.

'Amazing!' Van Mesgeluk says. 'The diamond's not in the rough. It's cut!'

'Looks like a 58-facet brilliant, 127.1 carats,' says Beinschneider, who has a brother-in-law in the jewelry trade. He sways the light at the end of the drop cord back and forth. Stars shine; shadows run.

'Of course, it's half-buried. Maybe the lower part isn't diamond. Even so ... '

'Is he married?' a nurse says.

Van Mesgeluk rolls his eyes. 'Miss Lustig, don't you ever think of anything but marriage?'

'Everything reminds me of wedding bells,' she replies, thrusting out her hips.

'Shall we remove the growth?' Beinschneider says.

'It's malignant,' Van Mesgeluk says. 'Of course, we remove it.'

He thrusts and parries with a fire and skill that bring cries of admiration and a clapping of hands from the nurses and even cause Beinschneider to groan a bravo, not unmingled with jealousy. Van Mesgeluk then starts to insert the tongs but pulls them back when the first lightning bolt flashes beneath and across the opening in the skull. There is a small but sharp crack and, very faint, the roll of thunder.

'Looks like rain,' Beinschneider says. 'One of my brothers-in-law is a meteorologist.'

'No. It's heat lightning,' Van Mesgeluk says.

'With thunder?' says Beinschneider. He eyes the diamond with a lust his wife would give diamonds for. His mouth waters; his scalp turns cold. Who owns the jewel? The patient? He has no rights under this roof. Finders keepers? Eminent domain? Internal Revenue Service?

'It's mathematically improbable, this phenomenon,' he says. 'What's California law say about mineral rights in a case like this?'

'You can't stake out a claim!' Van Mesgeluk roars. 'My God, this is a human being, not a piece of land!'

More lightning cranks whitely across the opening, and there is a rumble as of a bowling ball on its way to a strike.

'I said it wasn't heat lightning,' Van Mesgeluk growls.

Beinschneider is speechless.

'No wonder the e.e.g. machine burned up when we were diagnosing him,' Van Mesgeluk says. 'There must be several thousand volts, maybe a hundred thousand, playing around down there. But I don't detect much warmth. Is the brain a heat sink?'

'You shouldn't have fired that technician because the machine burned up,' Beinschneider says. 'It wasn't her fault, after all.'

'She jumped out of her apartment window the next day,' Nurse Lustig says reproachfully. 'I wept like a broken faucet at her funeral. And almost got engaged to the undertaker.' Lustig rolls her hips.

'Broke every bone in her body, yet there wasn't a single break in her skin,' Van Mesgeluk says. 'Remarkable phenomenon.'

'She was a human being, not a phenomenon!' Beinschneider says.

'But psychotic,' Van Mesgeluk replies. 'Besides, that's my line. She was 33 years old but hadn't had a period in ten years.'

'It was that plastic intra-uterine device,' Beinschneider says. 'It was clogged with dust. Which was bad enough, but the dust was radioactive. All those tests ... '

'Yes,' the chief surgeon says. 'Proof enough of her psychosis. I did the autopsy, you know. It broke my heart to cut into that skin. Beautiful. Like Carrara marble. In fact, I snapped the knife at the first pass. Had to call in an expert from Italy. He had a diamond-tipped chisel. The hospital raised hell about the expense, and Blue Cross refused to pay.'

'Maybe she was making a diamond,' says Nurse Lustig. 'All that tension and nervous energy had to go somewhere.'

142

'I always wondered where the radioactivity came from,' Van Mesgeluk says. 'Please confine your remarks to the business at hand, Miss Lustig. Leave the medical opinions to your superiors.'

He peers into the hole. Somewhere between heaven of skull and earth of brain, on the horizon, lightning flickers.

'Maybe we ought to call in a geologist. Beinschneider, you know anything about electronics?'

'I got a brother-in-law who runs a radio and TV store.'

'Good. Hook up a step-down transformer to the probe, please. Wouldn't want to burn up another machine.'

'An e.e.g. now?' Beinschneider says. 'It'd take too long to get a transformer. My brother-in-law lives clear across town. Besides, he'd charge double if he had to re-open the store at this time of the evening.'

'Discharge him, anyway,' the chief surgeon says. 'Ground the voltage. Very well. We'll get that growth out before it kills him and worry about scientific research later.'

He puts on two extra pairs of gloves.

'Do you think he'll grow another?' Nurse Lustig says. 'He's not a bad-looking guy. I can tell he'd be simpatico.'

'How the hell would I know?' says Van Mesgeluk. 'I may be a doctor, but I'm not quite God.'

'God who?' says Beinschneider, the orthodox atheist. He drops the ground wire into the hole; blue sparks spurt out. Van Mesgeluk lifts out the diamond with the tongs. Nurse Lustig takes it from him and begins to wash it off with tap water.

'Let's call in your brother-in-law,' Van Mesgeluk says. 'The jewel merchant, I mean.'

'He's in Amsterdam. But I could phone him. However, he'd insist on splitting the fee, you know.'

'He doesn't even have a degree!' Van Mesgeluk cries. 'But call him. How is he on legal aspects of mineralogy?'

'Not bad. But I don't think he'll come. Actually, the jewel business is just a front. He gets his big bread by smuggling in chocolate-covered LSD drops.'

'Is that ethical?'

'It's top-quality Dutch chocolate,' Beinschneider says stiffly.

'Sorry. I think I'll put in a plastic window over the hole. We can observe any regrowth.'

'Do you think it's psychosomatic in origin?'

'Everything is, even the sex urge. Ask Miss Lustig.'

The patient opens his eyes. 'I had a dream,' he says. 'The dirty old man with a long white beard ... '

'A typical archetype,' Van Mesgeluk says. 'Symbol of the wisdom of the unconscious. A warning ... '

' ... his name was Plato,' the patient says. 'He was the illegitimate son of Socrates. Plato, the old man, staggers out of a dark cave at one end of which is a bright klieg light. He's holding a huge diamond in his hand; his fingernails are broken and dirty. The old man cries, "The Ideal is Physical! The Universal is the Specific Concrete! Carbon, actually. Eureka! I'm rich! I'll buy all of Athens, invest in apartment buildings, Great Basin, COMSAT!

'"Screw the mind!" the old man screams. "It's all mine!"'

'Would you care to dream about King Midas?' Van Mesgeluk says.

Nurse Lustig shrieks. A lump of sloppy grayish matter is in her hands.

'The water changed it back into a tumor!'

'Beinschneider, cancel that call to Amsterdam!'

'Maybe he'll have a relapse,' Beinschneider says.

Nurse Lustig turns savagely upon the patient. 'The engagement's off!'

'I don't think you loved the real me,' the patient says, 'whoever you are. Anyway, I'm glad you changed your mind. My last wife left me, but we haven't been divorced yet. I got enough trouble without a bigamy charge.

'She took off with my surgeon for parts unknown just after my hemorrhoid operation. I never found out why.'

Science-Fiction-Geschichten zeichnen sich meist dadurch aus, daß die Welt von morgen im erzählerischen Gewand von gestern präsentiert wird. Mag die Zukunftswelt auch noch so viele fremdartige Wesen und ausgefallenes technisches Inventar aufweisen, bleibt doch die erzählerische Darbietung in der Regel konventionell.[1] Nur einmal in der Gattungsgeschichte trat in den sechziger Jahren eine Bewegung auf, die auch dem erzähltechnischen Experiment eine besondere Bedeutung zumaß.[2] Auch wenn sich die formalen Spielereien der sogenannten *New Wave*-Autoren bald erschöpft hatten, bleibt doch unbestreitbar, daß das Science-Fiction-Genre nicht geeignet wäre, auch in erzähltechnischer Hinsicht neues Terrain zu entdecken. Doch nur wenige Autoren wagen sich an diese Aufgabe.

"Don't Wash the Carats"[3] ist eine *very short story*, die zwar kein gewagtes formales Experiment bietet, aber doch aus dem Rahmen fällt. Der Autor, Philip José Farmer, wird von R. Scholes und E. S. Rabkin im Umfeld der *New Wave* angesiedelt[4], aber er gehört im strengen Sinne nicht zu dieser Bewegung, obwohl er eindeutig zu jenen Vertretern des Genres gehört, die dem Experiment nicht abgeneigt sind.

Ungewöhnlich ist schon die Vorbemerkung, die Damon Knight, der "Don't Wash the Carats" 1968 in der von ihm herausgegebenen Reihe *Orbit* zuerst veröffentlichte, der Geschichte voranstellt: nach Aussagen des Autors handele es sich um "a sort of literary Rorschach test, in which different people may see different things"; und Knight fordert seine Leser auf: "See what it means to you; then try it on your friends."[5] Farmer selbst bemerkt dazu an anderer Stelle: "Damon Knight [...] wasn't sure what it meant, and neither did, or do I."[6]

Die so präsentierte Geschichte stellt für den Leser eine ungewohnte Herausforderung dar: selten wird ihm so explizit aufgetragen, die Bedeutung des Textes selbst zu konstituieren, ohne sich darauf zu verlassen, daß der Autor ihn schon zum verborgenen ‚Geheimnis' der Geschichte führen wird. Dem Leser wird eine aktive Rolle zugedacht, die dem Modell der Rezeptionsästhetik moderner Prägung genau entspricht.[7] Wie Farmer auf dieser Basis mit dem Rezipienten umgeht, soll im folgenden detaillierter untersucht werden.

1. Der Autor und sein Werk

So ungewöhnlich wie die Vorbemerkung zu der ausgewählten Geschichte ist der ganze Mann: Philip José Farmer, der am 26.1.1918 in North Terre Haute, Indiana, geboren wurde, ist sicherlich einer der umstrittensten Science-Fiction-Autoren.[8] Während Bewunderer ihn als "story-teller of high artistry"[9] oder als "one of the most original, one of the most talented, and certainly one of the most fearless writers around"[10] schätzen, werfen Kritiker ihm vor, er spiele nur mit wichtigen Themen herum und trivialisiere sie[11], oder mache sich einer „hemmungslosen ‚Verwurstung'" von Motiven der Hoch- und Trivialliteratur schuldig.[12] Beide Seiten haben nicht ganz unrecht; Farmer ist ein höchst eigensinniger Autor mit einer übersprudelnden Phantasie, der von Trivialmythen bis zu philosophischen Theorien alles mischt, sich um erzählerische Logik manchmal wenig kümmert und auch Extreme wie Gewalt und Pornographie nicht scheut.

Mit seiner Novelle *The Lovers* verschaffte sich Farmer gleich das „Image eines Tabubrechers"[13], weil er das Thema der Sexualität mit bis dahin kaum gekannter Freizügigkeit behandelte. Sexualität wurde neben Gewalt und Religion zu einem Hauptthema in seinem gesamten Werk.[14] Stärken und Schwächen dieses interessanten Autors liegen häufig dicht beieinander, so auch in einem seiner Hauptwerke, der aus vier Romanen und einem Kurzroman bestehenden *Riverworld*-Serie.[15] Die Grundidee ist faszinierend: alle Menschen, die jemals gelebt haben, werden auf einen Schlag in einem Flußtal zu neuem Leben erweckt. In einer nicht enden wollenden Kette von Reisen und Schlachten treffen alle möglichen Figuren der Weltgeschichte zusammen, vom Neandertaler über King John Lackland bis zu Samuel Longhorne Clemens, Alice Liddell (das reale Vorbild für Lewis Carrolls Alice) und Hermann Göring. Auch hier weiß Farmer den Leser zu packen: er versichert ihm, auch er sei in dieser Welt, selbst wenn er nicht namentlich erwähnt werde.[16] Farmers Einfall ist zweifellos fantastisch im besten Sinne, aber es ist kaum verwunderlich, daß der Autor diesen gigantischen Stoff nicht in den Griff bekommt. Wie andere Werke Farmers – vor allem seine Pastiches – ist die *Riverworld*-Serie das Ergebnis von Rezeptionsprozessen, eine Phantasiewelt, die aus Bausteinen besteht, die aus den Steinbrüchen der Weltgeschichte, aus Büchern der hohen und trivialen Literatur und aus den Filmen Hollywoods genommen sind.

Farmer will in erster Linie unterhalten. Ernsthafte Aufmerksamkeit verdienen seiner Meinung nach nur Bücher, die sich mit dem zentralen Problem der Unsterblichkeit beschäftigen: "All others, no matter how moving or profound, are mere entertainments."[17] Dies gilt besonders für eine kleine Gruppe von Kurzgeschichten, die Farmer als *polytropical paramyths* bezeichnet, ein "half-serious neologism"[18], den er selbst wie folgt erläutert:

> 'Many-turning beyond-myths' is the literal translation from the ancient Greek. Perhaps the noun should have been 'mythoparas'. From 'mythos', which I don't have to explain, and -*para*, from Latin *parere*, to give birth to. They're a form of fun-therapy for me and perhaps for the reader. They're symptoms of something in my unconscious that makes me itch and then scratch. A sort of cerebral athlete's foot. Or, to preserve the birth analogy from *parere*, a monster delivered with much mirth and some puzzlement.[19]

An anderer Stelle erklärt der Autor, es handele sich um "short stories which are closer to the films of the Marx Brothers and The Three Stooges than anything else I can think of".[20] Das von Farmer kreierte Minigenre der *polytropical paramyths* ist in erster Linie eine unterhaltende Spielform, eher ein Nebenprodukt, eine literarische Fingerübung, eine Form, die sowohl Komik als auch mythische Strukturen bieten soll und als eine Art *automatic writing*, als Äußerung des Unbewußten, eingestuft wird.[21] Zwar hat Farmer nicht explizit formuliert, welche Bedeutung die Geschichte "Don't Wash the Carats", sein erster polytropischer Paramythos, hat, aber er behauptet doch von seinen nicht ganz ernst gemeinten Kurzgeschichten dieses Genres: "[they] make the same kind of sense that the French 'theater of the absurd' [...] does. However, my myths have the quality of being much more intelligible."[22] Bei allem *puzzlement*, das die Geschichten hervorrufen, darf der Leser jedoch sicher sein, daß er auch eine tieferliegende Sinnschicht findet.

2. Klar erkennbare Strukturmerkmale und Unbestimmtheitsstellen

"Don't Wash the Carats" schildert eine sonderbare Gehirnoperation: im Kopf des Patienten wird anstelle eines Tumors ein Diamant gefunden. Die Idee zu der Geschichte kam nach Farmers eigenen Angaben ganz spontan:

> It [i.e. the story] came like a hot flash while reading a passage in Henry Miller's Big Sur and the Oranges of Hieronymus Bosch. This was, if I remember correctly, 'Diamonds are sometimes born during violent storms.'[23]

In Millers tagebuchartigem Bericht über sein Leben in Big Sur an der Küste Kaliforniens wird zwar u.a. auch an einigen Stellen über Ärzte und Krankheiten gesprochen[24], aber die Stelle, von der sich Farmer inspirieren ließ, läßt sich nicht konkret benennen. Der als Keimzelle zitierte Satz findet sich so nicht in Millers Buch, und er gibt kaum Aufschluß über die Bedeutung von Farmers Geschichte. Der Hinweis auf Henry Millers Buch macht jedoch deutlich, daß Farmer hier wie auch bei vielen seiner anderen Werke von einem Lektüreerlebnis ausgeht.

Wie Farmer dazu kommen mag, die Geschichte als eine Art Rorschach-Test anzusehen[25], läßt sich nach der ersten Lektüre sicherlich erahnen. Der Text ist als Verwirrspiel angelegt, das Überraschungsprinzip bestimmt den Aufbau. Der Leser irrt durch die Geschichte wie durch ein Labyrinth, das ihm nach jeder Wendung eine neue überraschende Perspektive darbietet. Bei dem nach dem schweizerischen Psychiater Hermann Rorschach (1884–1922) benannten Test kommt es darauf an, symmetrische Tintenkleckse zu deuten, in zufällig entstandenen Formen Ähnlichkeiten mit bekannten Gegenständen zu entdecken. Ähnlich funktioniert Farmers Geschichte. Der Leser hat das Gefühl, bekannte Formen zu erkennen, kann sich seiner Sache aber nie ganz sicher sein.

Farmer verfährt zweigleisig; auf der einen Seite benutzt er übersichtliche Strukturen für die Groborganisation des Textes, auf der anderen Seite füllt er das

Grundgerüst so aus, daß der Leser in einem Zustand der Unsicherheit gehalten wird.

Als Grundgerüst wählt der Autor ein einfaches Muster: er führt die Handlung bis zu einem Höhepunkt und schließt eine überraschende Schlußwendung an. Zunächst umreißt er die Situation – ein Patient wird operiert – und führt ein Überraschungsmoment ein – im Gehirn des Patienten befindet sich ein Diamant; im Mittelteil der Geschichte schildert er die Reaktionen der Chirurgen, ihre Versuche, das Phänomen zu deuten, und erweitert die Informationsgrundlage für den Leser, indem er in den Dialog Hinweise auf einen anderen rätselhaften Parallelfall (den Tod der Technikerin) einbaut; nachdem die Operation dann vollzogen ist, spitzt sich die Geschichte auf einen Höhpunkt zu: der Patient erzählt einen Traum (Perspektivenwechsel, Wechsel auf die Ebene des Unterbewußten); eine doppelte Überraschung steht am Schluß: der Diamant verwandelt sich in einen Tumor, und der Patient enthüllt, daß seine Frau bei seiner letzten Operation mit dem Chirurgen davongelaufen sei. Das Muster der traditionellen *plot story* mit einem *surprise ending* ist also sichtbar.

Gerade aber der Schluß enthüllt in eindeutiger Weise, wie die Geschichte angelegt ist: sie nimmt Bezug auf bekannte Muster, steuert den Leser damit in eine gewisse Erwartungshaltung hinein, läßt ihn dann aber in einer Position, in der der Leser nicht genau weiß, ob er in einer Sackgasse gelandet ist oder ob er nur die entscheidenden Signale übersehen hat. Der Schluß kommt überraschend: indem sich der Diamant auflöst, bricht die ganze Voraussetzung, auf der die Geschichte aufbaute, in sich zusammen. Auch der Schlußsatz wirkt überraschend, weil er ganz neue Informationen bringt, und er löst zudem noch eine Spannung aus, weil er eine Frage enthält. Der Schluß sieht aus wie eine Pointe, aber es springt kein zündender Funke über. Das Wesen der Pointe besteht ja darin, daß sie zwar den Leser überrascht, aber eine neue Perspektive nur eröffnet, indem bereits vorher im Text markierte Elemente umgewertet werden.[26] In Farmers Geschichte fehlt aber eine gezielte Vorbereitung der Pointe, die Geschichte ist in ihrem sequentiellen Aufbau nicht so angelegt, daß bestimmte Elemente ins Spiel gebracht werden, die am Ende dann überraschend um- oder neugeordnet werden könnten. Wenn man die Schlußbemerkung in Zusammenhang mit der gesamten Geschichte betrachtet, kann man leicht eine Hypothese aufstellen, wie die Frage des Patienten zu beantworten ist: es ist durchaus naheliegend, daß seine Frau mit dem Chirurgen durchgebrannt ist, weil dieser auch einen Diamanten bei der Operation fand und der Versuchung nicht widerstehen konnte. Es gibt jedoch keine Stelle im Text, die dies zwingend andeutet. Der Leser wird zwangsläufig versuchen, sich den Schlußsatz zu erklären, aber er muß dazu Hypothesen bilden, die über den Text hinausgehen, er kann dem Satz die Bedeutung zusprechen, die ihm zufriedenstellend erscheint und in den Rahmen der Vorgaben der Geschichte paßt.

Die Verwandlung des Diamanten wirft ähnliche Probleme auf. Als echte Pointe könnte dieses Element nur wirken, wenn die Tatsache der Verwandlung im nachhinein als vorbereitet erkannt werden könnte und dazu führen würde, daß das vorher Erzählte in ein anderes Licht gerückt wird. Die Verwandlung bleibt aber eine Wirkung ohne erkennbare Ursache. Vergleichbare Phänomene finden sich auch an anderen Stellen. Die Erzählweise neigt zur Fragmentarisierung. Jeder Satz bildet einen bestimmten Sachverhalt ab, aber aus der Addition der isolierten Sachverhalte ergibt sich nicht auf Anhieb ein klares Gesamtbild. So wird z.B. eine entscheidende Phase der Operation wie folgt beschrieben:

> Van Mesgeluk then starts to insert the tongs but pulls them back when the first lightning bolt flashes beneath and across the opening in the skull. There is a small but sharp crack and, very faint, the roll of thunder.

Wieder ist keine klare Ursache-Wirkung-Struktur zu erkennen. Woher kommt der Donner? Der Leser wird verunsichert, weil Dr. Beinschneider prompt reagiert: "Looks like rain." Erst die nachfolgenden Äußerungen scheinen zu bestätigen, daß Blitz und Donner offenbar Phänomene sind, die vom Gehirn verursacht werden.

Verwirrung stiftet auch die Metaphorik. Soll man im oben erwähnten Beispiel "lightning" und "thunder" als Metaphern auffassen? Als Beinschneider in die Schädelhöhle leuchtet, heißt es: "Stars shine; shadows run." Fungiert "stars" hier als Metapher für bestimmte Lichtreflexe? Auffallend ist, daß derartige Probleme immer in Zusammenhang mit der Erfassung der Phänomene des Gehirns auftauchen. Die Schädelhöhle wird metaphorisch als "cavern" oder "well" bezeichnet, Gehirnaktivitäten werden mit meteorologischen Begriffen wie "heat lightning" belegt, schließlich heißt es gar: "Somewhere between heaven of skull and earth of brain, on the horizon, lightning flickers." Die räumliche Metaphorik bewirkt, daß Gehirn and Schädelhöhle extrem vergrößert erscheinen, als projiziert auf geradezu kosmische Dimensionen.

Es ist kein Wunder, daß die problematischen Stellen in den meisten Fällen unmittelbar mit der Erfassung der Gehirnaktivitäten zusammenhängen. Die besonderen Wirkungen, die vom Gehirn des Patienten erzeugt werden, sind die entscheidenden Weltveränderungen, die Farmer präsentiert. Daß erfahrungsübersteigende Elemente eine Rätselspannung auslösen, ist ein dem gattungskompetenten Leser vertrautes Phänomen.[27] Am Anfang jeder Science-Fiction-Geschichte treten rätselhafte Elemente auf, die die Frage nach ihrer Einordnung in den Systemzusammenhang der fiktiven Welt aufwerfen.[28] In der traditionellen Science-Fiction-Geschichte kann der Leser auch erwarten, daß die aufgeworfenen Fragen vollständig gelöst werden, daß ihm im weiteren Verlauf des Textes die Funktionsprinzipien der Zukunftswelt erläutert werden. Dies geschieht meist dadurch, daß ein historischer Abriß der Entwicklung der

Welt von der dem Leser vertrauten Phase der Weltgeschichte bis zur veränderten Zukunft vermittelt wird.[29] Farmer tut dies aber gerade nicht. Er macht auf das Fehlen einer Erklärung für die rätselhaften Vorgänge aufmerksam, indem er den Figuren immer entsprechende Fragen in den Mund legt, eine explizite Antwort aber schuldig bleibt.

Der Rorschach-Effekt entsteht also dadurch, daß der Text eine ungewöhnliche Häufung von ‚Unbestimmtheitsstellen'[30] enthält, die deutlich markiert sind und über die normalen Unbestimmtheitsstellen wie fehlende Angaben über Haar- oder Augenfarbe der Figuren etc. weit hinausgehen. Die Hinweise des Autors und die kalkulierte Verteilung der Unbestimmtheiten läßt die Frage, ob es sich um Nachlässigkeiten oder Fehler des Autors handeln könnte, nicht aufkommen.

3. Die grotesk-komische Ebene

Wenn man "Don't Wash the Carats" als Science-Fiction-Geschichte liest und versucht, die veränderte Welt zu deuten, stößt man auf die oben erwähnten Schwierigkeiten. Weniger problematisch erscheint die Geschichte, wenn man nicht dem Rätselhaften der veränderten Welt nachspürt, sondern die grotesk-komische Seite einer verkehrten Welt ins Auge faßt. Farmer selbst hat ja deutlich auf den Einfluß der Marx Brothers hingewiesen, die mit ihren absurden Filmkomödien in den 30er Jahren populär wurden und bis heute vor allen Dingen unter den Intellektuellen ein festes Stammpublikum behalten haben. Schon die sprechenden Namen der Figuren, Dr. Van Mesgeluk (= Miß-glück[en]), Dr. Beinschneider und Nurse Lustig lassen keinen Zweifel daran, daß hier Karikaturen dem Verlachen preisgegeben werden. Der komische Effekt beruht primär auf einem grotesken Mißverhältnis zwischen den Erfordernissen der Situation – es geht ja schließlich um eine heikle Operation – und dem inkompetenten, absurden Verhalten der Ärzte und der Schwester.

Freud geht in seiner Analyse des Komischen davon aus, daß der Erfassung des komischen Phänomens ein Vergleich zugrundeliegt, daß „derjenige uns komisch erscheint, der für seine körperlichen Leistungen zu viel und für seine seelischen Leistungen zu wenig Aufwand im Vergleich mit uns treibt".[31] Komisch erscheinen danach die übertriebenen körperlichen Anstrengungen des Clowns ebenso wie die zu geringen geistigen Aufwendungen eines Examenskandidaten, der Unsinniges von sich gibt. In "Don't Wash the Carats" sind es die zu geringen geistigen Aufwendungen der Ärzte im Vergleich zu dem situationsangemessenen Verhalten, das man von verantwortungsvollen Chirurgen erwarten würde. Als Vergleichsnorm fungieren hier die auch im allgemeinen Bewußtsein eingeprägten Normen medizinischer Ethik. Van Mesgeluks erste Äußerung, ein Fluch, in dem die Gebrüder Mayo, jene amerikanischen Chirurgen, die sich nicht nur als Stars in ihrem Beruf auszeichneten, sondern auch durch die Gründung der Mayo Klinik das Bild der modernen medizinischen Einrichtungen mitprägten, auf eine Stufe gestellt werden mit Äskulap, dem griechischen Gott der Heilkunst, und Hippokrates, dem griechischen Arzt und Begründer der medizinischen Ethik, deutet in knapper Form die Entwicklung der Medizin an. Der Hippokratische Eid mit dem zentralen Grundsatz (in englischer Übersetzung) "I will use treatment to help the sick according to my ability and judgment, but never with a view to injury and wrong-doing"[32] wird auch heute noch von Medizinern anerkannt. In der moderneren Fassung der Genfer Deklaration der *World Medical Association* lautet eine entsprechende Verpflichtung: "[...] I will practise my profession with conscience and dignity; the health of my patient will be my first consideration; [...]."[33] Derartige Normen scheinen für die Chirurgen in der Geschichte nicht zu gelten. Der Patient kommt nicht an erster, sondern an letzter Stelle.

Schon der Erzähleinstieg macht dies indirekt deutlich: zuerst werden die Instrumente, dann die Ärzte und erst zuletzt wird der Patient erwähnt. Nicht um den Kranken geht es den Chirurgen, sondern um die Rechte an dem gefundenen Diamanten: "The patient? He has no rights under this roof." Der krasse Gegensatz zur traditionellen medizinischen Ethik wird um so auffälliger, als sie die Chirurgen selbst in Erinnerung rufen: der Chef ruft seinem Assistenten in Erinnerung, daß es um ein menschliches Wesen und nicht um ein Stück Land geht, der Assistent kritisiert seinen Chef, weil dieser von der toten Technikerin nur als Phänomen spricht. Das ethische Argument wird jedoch zur hohlen Phrase, weil das Verhalten der beiden Ärzte keineswegs von humanen Gesichtspunkten geprägt ist.

Farmers Chirurgen sind grobschlächtige Kreaturen, die häufig auf primitive Äußerungsformen beschränkt sind ("swear", "roll one's eyes", "groan", "roar", "growl") und ganz von ihren Trieben beherrscht werden ("He eyes the diamond with a lust his wife would give diamonds for. His mouth waters; his scalp turns cold."). Nicht nur die Ärzte sind grobe Karikaturen. Nurse Lustig, die hüftenschwingende heiratswütige Krankenschwester, ist noch stärker als die anderen Figuren auf ein einziges übersteigertes Merkmal reduziert. Und selbst die nur erwähnten Personen zeigen die gleichen Eigenschaften wie die Ärzte. So taucht die ethische Frage auch in einem in typischer *comedy*-Manier gestalteten Wortwechsel über Beinschneiders Schwager auf:

'He gets his big bread by smuggling in chocolate-covered LSD drops.'
'Is that ethical?'
'It's top-quality Dutch chocolate,' Beinschneider says stiffly.

In dieser grotesk-komischen Welt fällt auch der Diamant nicht mehr auf. Die Ärzte werden zu *prospectors*, für die die Krankheit des Patienten eine Gold- bzw. Diamantengrube ist. Sie sind rohe, gefühllose Handwerker, die mit dem Patienten wie mit einer Sache herumhantieren, arrogante Autoritäten, die sich als Halbgötter betrachten, Showleute, die sich bei der Operation beklatschen lassen, und kleinkarierte Geschäftemacher, die Vetternwirtschaft ersten Ranges betreiben und die Idee der Verteilung von Aufgaben an die entsprechenden Spezialisten ad absurdum führen.

Wenn man "Don't Wash the Carats" als bissige Ärztesatire ansieht, kann über die Botschaft kein Zweifel bestehen. Farmer stößt aber hier keinesfalls in ein neues Horn, sondern greift Muster auf, die bis in die antike Literatur zurückge-hen. Die Figur des Arztes spielt in der Literatur, vor allem in der populären Lite-ratur, seit jeher eine große Rolle.[34] Die Figur tritt dabei meist in extremen Aus-prägungen auf: auf der einen Seite steht das idealisierte Klischee des Halbgotts in Weiß, das Arztromane und Arztfilme am liebsten benutzen, auf der anderen Seite steht der Scharlatan und Quacksalber, der vor allen Dingen in der Komö-die seinen festen Platz hat. Auch im Science-Fiction-Genre spielt die Figur eine Rolle. Hier gibt es den Typ des idealistischen Forscher-Arztes wie auch den klischeehafteren Typ des dämonischen Wissenschaftlers oder des *mad scientist*, der auch zum Personal der Horrorliteratur gehört. Farmers *mad surgeons* sind zwar nur ganz entfernte Verwandte dieser Typen, doch wie die bekanntesten Arztfiguren im Science Fiction- und Horrorgenre, Dr. Frankenstein (in Mary Shelleys berühmter *gothic novel*) und Dr. Van Helsing (in Bram Stokers *Dra-cula*), tragen auch Farmers Geschöpfe deutsche bzw. holländische Namen, wie ja die englischsprachige Populärliteratur bis heute den Deutschen in der Rolle des Bösewichts bevorzugt.

Die Klischees, die mit der Arztfigur verbunden sind, werden in Farmers Geschichte direkt oder indirekt als Anspielungshintergrund einbezogen. Das Halbgott-Klischee wird so z.B. explizit angesprochen (Van Mesgeluk: "I may be a doctor, but I'm not quite God."). Im Verhalten von Nurse Lustig findet man eine Parodie des traditionellen Motivs der Liebesbeziehung zwischen Patient und Arzt bzw. Pflegepersonal, auf das kaum ein populärer Arztroman verzichtet.

Mit seiner Vorliebe für einen drastischen Humor, der sich um Tabus und guten Geschmack nicht schert und den man mit dem etwas ungenauen Etikett *black humor* versehen könnte[35], ist Farmer keine Ausnahmeerscheinung in der amerikanischen Literatur der sechziger Jahre. Schwarzer Humor und das Expe-rimentieren mit Erzähltechniken kennzeichnen viele Vertreter der *new fiction* wie John Barth, Thomas Pynchon oder Kurt Vonnegut, der den deutlichsten Einfluß auf Farmer ausgeübt hat.[36] Farmers Geschichte erinnert auch an einen

Roman wie Joseph Hellers *Catch-22* oder an Richard Hookers etwa gleichzeitig erschienenen Roman *M*A*S*H*, der die grotesken Abenteuer einer Gruppe von Chirurgen in einem Feldlazarett in Korea schildert.[37]

Wenn die Geschichte als grelle Ärztesatire auch einen Sinn gibt, ist die Frage nach der Bedeutung des Textes insgesamt jedoch noch nicht hinreichend geklärt, da das Kernstück der *story* noch unberücksichtigt geblieben ist.

4. Die mythisch-philosophische Dimension

Farmer bezeichnet seine Geschichte als Paramythos, d.h. er versteht sie als mythenähnliche bzw. mythenschaffende Form. Zu dieser Dimension erhält man den besten Zugang über das erwähnte Kernstück, den Traum des Patienten: als die Operation bereits beendet ist, erwacht dieser und erzählt einen Traum von einem "dirty old man with a long white beard". Van Mesgeluk unterstreicht durch seinen Kommentar noch die Bedeutung dieses Traums: "A typical archetype [...]. Symbol of the wisdom of the unconscious. A warning ...". Obwohl dies wieder eher ein Beweis für die Inkompetenz des Arztes ist – er deutet den Traum, bevor er ihn genau gehört hat – , wird der Leser doch gespannt. Was der Patient dann berichtet, ist klar als eine Umkehrung des platonischen Höhlengleichnisses, des *myth of the cave,* zu erkennen.[38] Platon beschreibt im 7. Buch der *Politeia* die Schwierigkeiten, zur Erkenntnis der Wahrheit zu gelangen, die für Platon im Reich der Ideen liegt, am Beispiel von Menschen, die seit ihrer Kindheit in einer Höhle gefesselt mit dem Rücken zum höherliegenden Ausgang sitzen und von Dingen, die an einem hinter ihrem Rücken brennenden Feuer vorbeigetragen werden, nur die Schatten an den Wänden erkennen können und diese für die wahre Natur der Dinge ansehen müssen, da sie in ihren Erkenntnismöglichkeiten beschränkt sind. Weiter beschreibt das Gleichnis, welche Schwierigkeiten ein Mensch – gemeint ist der Philosoph – haben muß, wenn er aus der Welt der vergänglichen Dinge in der Höhle zur höheren Ebene des wahren Seins, der ewigen Ideen, die nicht sinnlich, sondern nur geistig erfahrbar sind, hinaufgelangt und zurückkehrt, um seine Erkenntnis den Mitgefangenen in der Höhle zu vermitteln.[39]

Im Traum des Patienten ist der Mythos konkreter – Platon wird namentlich genannt – und in seiner Botschaft genau auf den Kopf gestellt. Nicht außerhalb der Höhle hat Platon das wahre Sein entdeckt, sondern innerhalb, und aus der Höhle stürzend verkündet er eine neue Doktrin, die seine Ideenlehre als Irrtum entlarvt: "The Ideal is Physical! The Universal is the Specific Concrete!" Der Dualismus von Geist und Materie ist überwunden: alles ist nur Materie, Kohlenstoff, besonders in seiner härtesten Form – als Diamant. Der Geist spielt keine Rolle mehr: "Screw the mind!" Die Kontrafaktur des platonischen

Höhlengleichnisses wird noch ergänzt durch einen Hinweis auf den phrygischen König Midas, der nach der Darstellung der griechischen Sage die Gabe erhielt, alles, was er berührte, in Gold zu verwandeln.

Es ist unzweifelhaft, daß der Traum mit der übrigen Geschichte in engster Verbindung steht: auf beiden Ebenen spielt die Entdeckung eines Diamanten die Hauptrolle. Der Traum erscheint als ein zu der dargestellten Welt passender Mythos. Der krasse Materialismus, der sich im Denken und Tun der Ärzte niederschlägt, findet eine Erklärung in einer Traumbotschaft, die ein materialistisches Credo enthält. Doch auch hier bleiben Unbestimmtheitsstellen. Der Traum zeigt Platon als Verkünder neuer Erkenntnisse, gibt aber keine Andeutungen, wie diese Einsichten erworben wurden. Die Parallelität zum Höhlengleichnis ist nicht in allen Details hergestellt.

Daß es Farmer nicht darum geht, einen strikten Materialismus zu propagieren, läßt sich angesichts der satirischen Ausrichtung der Geschichte nicht übersehen. Der fragmentarische Mythos, der im Traum enthalten ist, deutet das wesentliche Prinzip der dargestellten Welt an, gibt aber keine Erklärung für dessen Entstehung.

Im Lichte des Traumes betrachtet erhalten der Diamant im Kopf des Patienten und die Vorgänge im Gehirn eine neue Bedeutung. Aufmerksamkeit verdient aber zunächst eine andere Textstelle, die mit dem Tod der verunglückten Technikerin zusammenhängt. Der Chirurg berichtet von der Autopsie mit folgenden Worten:

> It broke my heart to cut into that skin. Beautiful. Like Carrara marble. In fact, I snapped the knife at the first pass. Had to call in an expert from Italy. He had a diamond-tipped chisel.

Auffallend ist die enge Verbindung von Vorstellung und Realität. Man gewinnt den Eindruck, als bestehe ein kausaler Zusammenhang zwischen der Vorstellung des Chirurgen, der an Carrara-Marmor denkt, und dem Körper der toten Frau, der dann tatsächlich aus Marmor zu bestehen scheint, weil er mit dem Meißel bearbeitet werden muß. Wenn auch in diesem Beispiel fraglich ist, ob hier eine Verwandlung stattgefunden hat, scheint dies in dem anderen dargestellten Fall klar zu sein: der Diamant verwandelt sich am Ende unter dem Leitungswasser in einen Tumor. Dies bewirkt zweierlei: zum einen stellt das Zerfallen des Diamanten die gerade vorher aufgestellte materialistische Doktrin in Frage, zum anderen taucht die Frage auf, ob der Diamant überhaupt real war oder nur als eine Ausgeburt der materialistischen Sichtweise der Chirurgen zu sehen ist. Wie im oben erwähnten Beispiel wären die Sichtweise der Chirurgen und die Gegebenheiten der dargestellten Welt ursächlich verbunden. Die Frage nach den Ursachen der Weltveränderung wäre damit teilweise geklärt: die Welt ist so, wie der Mensch sie sieht. Die Ärzte, die materialistisch denken, sehen den Menschen als Objekt, den Gehirntumor als Diamanten. Die Botschaft, daß der Zustand der Welt durch den Menschen selbst verursacht ist, entspricht auch den Gedanken, die Farmer in seinen anderen *polytropical paramyths* zugrundegelegt hat.[40]

Wie in den anderen Paramythen Farmers sind die Menschen nicht in der Lage, die Wahrheit zu finden, die sie in sich selbst entdecken können. In "Don't Wash the Carats" zeigt sich die Unfähigkeit, mit den Problemen des Geistes fertig zu werden. Das Gehirn erscheint in das Licht des Mysteriösen getaucht, ein unerforschter Kosmos, dem mit physikalischen und psychosomatischen Theorien, wie sie die Chirurgen von sich geben, das Geheimnis nicht zu entreißen ist.

Man kann also nicht behaupten, der Text enthalte keine tiefere Bedeutung. Der Leser hat letztendlich keine vollkommene Freiheit bei der Auslegung des Textes, die Denkrichtungen sind durch Stichworte und Anspielungen klar vorgezeichnet. Allerdings bleiben alle Bedeutungshypothesen in der Schwebe. Der Verzicht auf explizite Aussagen läßt keine unumstößliche Gewißheit zu. Farmer macht dies dem Leser klar, indem er am Ende von der angedeuteten philosophischen Ebene mit der Schlußwendung wieder auf eine banalere komische Ebene zurückschaltet und den Leser im Ungewissen darüber läßt, ob der Text nicht vielleicht doch nur als unverbindlicher Scherz aufzufassen ist.

Legt man streng literarische Maßstäbe an, kann man die Geschichte sicherlich nicht als durchweg gelungen bezeichnen, aber dennoch eignet sie sich in besonderer Weise für einen Einsatz im Unterricht. Gerade weil der Text nicht als respektheischendes Kunstwerk mit einer tiefsinnigen Botschaft von ewiger Gültigkeit an den Schüler herantritt, wird ein unbefangeneres Umgehen mit dem Text möglich. Die Anlage der Geschichte erlaubt es, den Rezeptionsprozeß und seine Voraussetzungen selbst zu thematisieren[41], den Prozeß der Lektüre als ein spannendes Rätselspiel deutlich zu machen, die aktive Rolle des Lesers herauszustellen. Dadurch, daß der Text ständig auf bestimmte Schemata Bezug nimmt, eignet er sich zum Einbau in eine Textsequenz, die Science-Fiction-Texte traditionelleren Zuschnitts mit Farmers Geschichte kontrastiert. Der Einsatz der entsprechenden Texte (Hippokrates, Platon), auf die sich Farmer bezieht, kann dazu benutzt werden, um Prozesse der Textverarbeitung anschaulich zu demonstrieren.

Anmerkungen

1 Vgl. hierzu R. Borgmeiers Ausführungen zur Form der Science-Fiction-Geschichten in Suerbaum, U., Broich, R., Borgmeier, R.: *Science Fiction. Theorie und Geschichte, Themen und Typen, Form und Weltbild.* Stuttgart, 1981, S. 110 ff.
2 Vgl. ebd. S. 58 f.

3 Zuerst erschienen in Knight, D. (Ed.): *Orbit 3: The Best New Science Fiction of the Year*. London, 1969, S. 154–158 (amerikanische Ausgabe: New York, 1968); neben anderen Geschichten ähnlichen Typs auch abgedruckt in Farmer, P. J.: *The Book of Philip José Farmer*. Frogmore, St. Albans, 1983 ([1]1976), S. 185–189.

4 Vgl. Scholes, R. Rabkin, E. S.: *Science Fiction: History, Science, Vision*. London, 1977, S. 93.

5 Knight, D. (Ed.): A.a.O., S. 153.

6 Farmer, P. J.: *The Book of Philip José Farmer*. S. 183.

7 Vgl. z.B. Iser, W.: *Der Akt des Lesens*. München, 1976.

8 Kurze biographische Informationen in Alpers, H.-J., Fuchs, W., Hahn, R. M., Jeschke, W.: *Lexikon der Science Fiction Literatur 1*. München, 1980, S. 306–309; Alpers, H.-J., Fuchs, W., Hahn, R. M. (Eds.): *Reclams Science Fiction Führer*. Stuttgart, 1982, S. 150–152.

9 Moskowitz, S.: *Seekers of Tomorrow: Masters of Modern Science Fiction*. Westport/ Conn., 1974, S. 409.

10 Sturgeon, Th.: "Science Fiction, Morals, and Religion." – In Bretnor, R. (Ed.): *Science Fiction, Today and Tomorrow*. Baltimore, 1975, S. 106.

11 Vgl. Rottensteiner, F.: "Playing Around With Creation: Philip José Farmer". *Science Fiction Studies* 1, 1973, 95–97.

12 Vgl. Schröder, H.: *Science Fiction Literatur in den USA: Vorstudien für eine materialistische Paraliteraturwissenschaft*. Gießen, 1978, S. 155.

13 Alpers, H.-J., et al.: *Lexikon*. S. 307.

14 Vgl. Letson, R.: "The Worlds of Philip José Farmer". *Extrapolation* 18, 1976/1977, 124–130.

15 Die Serie besteht aus den Romanen *To Your Scattered Bodies Go* (1971), *The Fabulous Riverboat* (1971), *The Dark Design* (1977), *The Magic Labyrinth* (1980) und dem Kurzroman *Riverworld* (1979). Teile der Bücher sind vielfach schon vorher in verschiedenen Science-Fiction-Zeitschriften abgedruckt worden. Am leichtesten erhältlich sind die Romane in den Ausgaben der Granada Paperbacks.

16 Vgl. Farmer, P. J.: *The Dark Design*. Frogmore, St. Albans, 1983, S. 5.

17 Farmer, P. J. – In Ash, B. (Ed.): *The Visual Encyclopedia of Science Fiction*. London, 1977, S. 223.

18 Farmer, P. J.: *Riverworld: The Great Short Fiction of Philip José Farmer*. New York, 1979, S. 203.

19 Farmer, P. J.: *The Book of Philip José Farmer*. S. 183.

20 Farmer, P. J.: *Riverworld*. S. 203. – Wie die Marx Brothers sind auch die Three Stooges Slapstick-Komiker, deren Karriere in den dreißiger Jahren begann.

21 Farmer ist insgesamt stark von der Psychoanalyse beinflußt. Zur Freudschen Symbolik in einigen Romanen Farmers s. Fiedler, L. A.: "Notes on Philip José Farmer". – Wiederabgedruckt in *The Book of Philip José Farmer*. S. 311–318, und Farmers Kommentar dazu (ebd., S. 310).

22 Ebd., S. 183.

23 Ebd.

24 Vgl. Miller, H.: *Big Sur or the Oranges of Hieronymus Bosch*. New York, 1957, S. 166f., 325, etc.

25 Interessanterweise benutzt auch S. Lem das Beispiel des Rorschach-Tests, um das Verstehen sprachlicher Texte zu verdeutlichen; er nimmt allerdings nicht auf Farmer Bezug. Vgl. Lem, S.: *Phantastik und Futurologie, 2. Teil*. Frankfurt/M., 1980, S. 390.

26 Vgl. Wenzel, P.: "Die Pointe in der Very Short Story". *anglistik & englischunterricht. 18. The Very Short Story I.* Heidelberg, 1982, S. 9–18; Schleußner, B.: „Die 'punch line' und ihre Funktion in Science Fiction Short Stories". *anglistik & englischunterricht. 2. Trivialliteratur.* Trier, 1977, S. 81–92.

27 Vgl. Suerbaum, U. et al.: A.a.O., S. 17f.

28 Vgl. ebd., S. 18.

29 Vgl. ebd., S. 25f.

30 Vgl. Ingarden, R.: *Vom Erkennen des literarischen Kunstwerks.* Tübingen, 1968, S. 49ff. – Auch abgedruckt in Warning, R. (Ed.): *Rezeptionsästhetik.* München, 1975, S. 42–70.

31 Freud, S.: *Der Witz und seine Beziehung zum Unbewußten.* Frankfurt/M., 1979, S. 159.

32 Zitierte Ausgabe: Hippokrates, *Works I,* trans. W. H. S. Jones, London, 1972 (^{1}1913), S. 299.

33 Zitiert nach Wolstenholme, G. E. W., O'Connor, M. (Eds.): *Ethics in Medical Progress: with special reference to transplantation.* London, 1966, S. 222.

34 Vgl. Jones, A. H.: "Medicine and the Physician in Popular Culture". – In Inge, M. Th. (Ed.): *Handbook of American Popular Culture, Vol. 3.* Westport/Conn., 1981, S. 183–203.

35 Gerade in bezug auf die amerikanische Literatur ist der Begriff *black humor* problematisch, da er manchmal eine ethnische Konnotation erhält. Vgl. Weber, B.: "The Mode of 'Black Humor'". – In Rubin, L. D., Jr. (Ed.): *The Comic Imagination in American Literature.* New Brunswick/N. J., 1973, S. 361–371.

36 Farmer hat u.a. eine fiktive Figur Vonneguts, den Science-Fiction-Autor Kilgore Trout, aufgegriffen und in dessen Maske einen Roman geschrieben (*Venus on the Half-Shell,* 1975).

37 Nach einer erfolgreichen Verfilmung (*M*A*S*H,* USA 1970) wurde der Stoff in einer Fernsehserie verarbeitet, die von 1972 bis 1983 lief und damit einer der größten Erfolge im amerikanischen Fernsehen überhaupt wurde.

38 Englische Übersetzung: Plato, *The Republic,* trans. P. Shorey, Vol. II, London, 1956.

39 Vgl. Martin, G.: *Platons Ideenlehre.* Berlin, 1973, bes. S. 94.

40 In "The Sumerian Oath" wird angedeutet, daß die Ärzte die Ursache für alle Krankheiten sind; in "Only Who Can Make a Tree?" tritt der Mensch als Umweltverschmutzer in den Vordergrund, der selbst für die Abschaffung des Übels sorgt, als bei einem mißglückten wissenschaftlichen Experiment ein Stoff frei wird, der alle Menschen in Bäume – die Luftverschmutzer in Sauerstoffproduzenten – verwandelt. (Beide Geschichten sind abgedruckt in Farmer, P. J.: *The Book of Philip José Farmer.* S. 190–197, 198–212.) In der Geschichte "The Voice of the Sonar in My Vermiform Appendix" ist der Mensch für Genmanipulationen verantwortlich, die zur Abschaffung des Blinddarms geführt haben; bei der Operation des letzten Menschen, der noch einen Blinddarm besitzt, verspielt die Menschheit die Chance, hinter das Geheimnis des Universums zu kommen. (Die Geschichte ist abgedruckt in Farmer, P. J.: *Riverworld.* S. 201–213.)

41 Vgl. die Vorschläge von P. Freese: „Zur Methodik der Analyse von Short Stories im Englischunterricht der Sekundarstufe II". – In Freese, P., Groene, H., Hermes, L. (Eds.): *Die Short Story im Englischunterricht der Sekundarstufe II. Theorie und Praxis.* Paderborn, 1979, S. 42f.

RUDOLF MELDAU

SINNVERWANDTE WÖRTER
DER ENGLISCHEN SPRACHE

UNTER MITWIRKUNG VON

RALPH B. WHITLING

Anglistische Forschungen Heft 154

1981. 642 Seiten. Kartoniert DM 200,–. Leinen DM 230,–

ISBN 3-533-03012-1 / 3-533-03013-X

Eine moderne englische Synonymik benötigt der Anglist ebenso dringend wie eine Anzahl guter Wörterbücher, denn jede Sprache – und ganz besonders die englische – verfügt über einen reichen Schatz an sinnverwandten Wörtern, deren richtige Anwendung selbst Fortgeschrittenen oft Schwierigkeiten bereitet. Ihre Kenntnis und Unterscheidung ist jedoch auf dem Wege zur Beherrschung der englischen Sprache unerläßlich.

Ein wesentliches Merkmal des vorliegenden Buches ist völlig neuartig: die Begriffsbestimmung nach den englischen und amerikanischen Standardwörterbüchern. Sie ist für den Benutzer die notwendige Autorität, auf die nicht verzichtet werden kann. – Das Buch ist im wesentlichen einsprachig: Übersetzungen der englischen Beispielsätze stehen in Klammern und sind nur in schwierigen Fällen aufgenommen worden. Da die Aussprache eine besondere Schwierigkeit der englischen Sprache darstellt, wurde bei Tausenden von englischen Wörtern die Aussprachebezeichnung beigefügt. Gleichzeitig ist das Buch durch seine ausführlichen Verzeichnisse der wichtigsten deutschen und englischen Wörter und Wendungen ein wertvolles Satzlexikon des gegenwärtigen Sprachgebrauchs. Die eigentliche literarische Sprache ist nur in Ausnahmefällen angeführt worden. Es ist jedoch manches zu finden, was im Wörterbuch vergeblich gesucht wird, soweit es zur alltäglichen Sprache des gebildeten Engländers und Amerikaners gehört.

Dieses Standardwerk der englischen Sprache sollte in keiner
englischen Fachbücherei fehlen.

CARL WINTER · UNIVERSITÄTSVERLAG
LUTHERSTRASSE 59 · 6900 HEIDELBERG

Rüdiger Imhof, Wuppertal

Minimal Fiction, or the Question of Scale

The composition of huge tomes, Jorge Luis Borges has submitted,

> is a laborious and impoverishing extravagance. To go on for five hundred
> pages developing an idea whose perfect oral exposition is possible in a few
> minutes! A better course of procedure is to pretend that these books already
> exist, and then to offer a résumé, a commentary.[1]

And the principal character in B. S. Johnson's narrative *Christie Malry's Own
Double-Entry* maintains:

> [...] who wants long novels anyway? Why spend all your sparetime for a
> month reading a thousand-page novel, when you can have a comparable
> aesthetic experience in the theatre or cinema in only one evening? The
> writing of a long novel is in itself an anachronistic act: it was relevant only to
> a society and a set of social conditions which no longer exist [...] The novel
> should now try simply to be Funny, Brutalist, and Short.[2]

Though accommodating neither true novels nor exactly résumés of imaginary
books, a special group of fictions is concerned thematically with the issue of
scale in fiction. These are stories, curious and eccentric stories, that look more
like epigrammatic utterances or imagist statements than like genuine narratives,
often no more than a couple of lines in length. They are what has variously been
described as 'minimal fictions', as written for example by Richard Kostelanetz,
Bill Knott, Emmett Williams, Kenneth Gangemi, Richard Brautigan – in his collection of stories entitled *Revenge of the Lawn*[3] – , Russell Edson, or Reinhard
Lettau.

Quite a number of such narratives are metafictional in character. The terms
'metafictional' and 'metafiction' are employed here to designate a type of fiction
that concerns itself with the problems of as well as the stipulations for writing
fiction. This type of fiction, crudely put, treats of how fictions are 'made'; it is a
kind of self-conscious, self-reflexive narrative that narrates about narrating; it
investigates the quintessential nature of literary art as it throws light on the
process of "imagination imagining itself imagine".[4] One main thematic concern
of metafictions is with flaunting, with laying bare, what Russian Formalists have
termed the 'literary procedure / or practice' (*priëm*): the techniques and conventions of fiction are turned into the subject-matter of the fiction-making
process.[5] Metafictionists, deliberately and purposefully, disclose what conventional writers of fiction endeavour, by every means at their disposal, to cover

159

up, namely the artificial nature of all narratives. To attain this goal, metafictions often feature a self-conscious narrator who, like Tristram Shandy, spices his account with poetological reflections while he goes along. At times, those reflections take on the form of whole 'theories' of fiction, which, having been voiced either all at once or in piece-meal fashion, are put to the proof by the narrative in which they occur, as, for instance, in Flann O'Brien's greatly underrated novel *At Swim-Two-Birds*.[6] The latter procedure frequently entails the compositional design of the novel-within-the-novel, or story-within-the-story, known also as the 'Chinese-box' manner of construction, as realized, for example, in Raymond Federman's *Double or Nothing*[7], or in John Barth's story "Menelaiad"[8], where the 'Chinese-box' principle is somewhat reduced *ad absurdum* by almost inextricably intercalating tales into tales within the tale of "How Menelaus Became Immortal".[9]

These are only some of the poetological characteristics of metafiction;[10] and, to generalize somewhat unduly, most of them serve towards dealing with the relationship between literature and life, art and reality, as a major thematic preoccupation of metafiction.

In the sense of what in all brevity has been observed here, Cervantes's *Don Quixote* is a metafiction. For the case could be made that the novel's primary interest is in laying bare the (hackneyed) narrative conventions of the chivalric romance as well as the impact of this type of fiction on the reader, who is subtly coaxed into mistaking fiction for fact, illusion for reality. The prime metafictionist is Laurence Sterne. In *Tristram Shandy*, Sterne succeeded in flaunting, and thus thematising, almost all the creative difficulties pertaining to the writing of fiction. But he did even more. He anticipated, to an extent scarcely realized even today, most of the textual devices and ploys necessary for the purpose of laying bare the 'literary practice'.[11]

But to come back to minimal fictions, not all of these are metafictions, of course, only those that tell a story, no matter how cryptic, while at the same time reflecting, through their specific shape and size, on the scale absolutely essential for that story to be able to unfold, more in the reader's imagination than on the page. Minimal fictions offer poetological reflections on the nature of the short narrative, or short story.

Dealing in rather a perfunctory manner[12] with the poetological features of metafiction, Robert Scholes comments on the intrinsic tendency of metafiction towards brevity:

> When extended, metafiction must either lapse into a more fundamental mode of fiction or risk losing all fictional interest in order to maintain its intellectual perspectives. The ideas that govern fiction assert themselves

more powerfully in direct proportion to the length of a fictional work. Metafiction, then, tends towards brevity because it attempts, among other things, to assault or transcend the laws of fiction.[13]

This contention is, in fact, too sweeping. For if an author chose to treat a particular mode of fiction, e.g. the eighteenth century novel, metafictionally, a legitimate as well as effective way could be to create a bulky work which flaunts all of the conventions belonging to this mode, as Barth has done with *The Sot-Weed Factor*. Perhaps more short pieces than novels have so far been written, so that Scholes's belief may seem to be substantiated. Yet, the greater number of short metafictions are not so much a result of the intrinsic tendency of metafiction towards brevity; it is rather a necessary consequence of the circumstance that writers have, in the main, elected not to comment on entire modes of fiction but on individual aspects pertaining to particular modes. Such a selective procedure finds its natural formal correlative in short pieces. Still another matter is worth pursuing in this respect. Among the issues taken up by metafictionists is that of length. Broadly speaking, they concern themselves with such questions as: Why does a picaresque novel in the eigtheenth-century style have to be as long as it is? or: Why is a particular short story not longer? Such topics would be denied to metafiction, if Scholes's assertion were true.

Minimal metafictions occupy themselves with the problem of scale. They incorporate precisely those matters of typology and generic differentiation that have been left for scholars and critics to ponder. What has attracted the attention of scholars and critics ever since various short forms in literature emerged are, at least, these two aspects: length and brevity. How long, they have been asking themselves, can a short story be to remain a short story and not develop into a tale or a novella? And how short can a short story become und still be a story and not a literary anecdote, a sketch, or a joke? Of course, a great many suggestions have been put forward as to how such problems of typology may be solved. There is as yet no one theory of the short story that has managed to win the appeal of the majority of theoreticians.

Washington Irving was one of the first to claim that in a short story "every page must have its merits. The author must be continually piquant." These desiderata and, naturally, Poe's opinion that each and every detail in a short story must contribute to the "unity of effect or impression" have, in one way or another, influenced most subsequent efforts at generic definition, for instance Brander Matthews's; and they still appear to have a considerable impact on more recent attempts at laying down the poetics, if such exist, of *the* short story. Minimal fictions shift the focus away from such considerations to the more fundamental one of scale. They support the view, as expressed for example by Paul Goetsch[14], that the most fruitful way of coming to grips with the nature of the

161

short narrative may be by concentrating primarily on scale, by asking: 'Why does a given story have the exact length it has?', and, additionally, when interpreting it, by trying to ascertain whether any detail in the story is super-fluous – from which it would follow that the story could even be shorter – or whether each of its constitutive elements represents a significant contribution to the artistic intention underlying it. This seems to be a more sensible way to approach the short story as a genre than to insist, for instance, that the minimal length of a short story is 300 words and the maximal length is 3.000 words[15], or that it encompasses between 1.000 and 20.000 words.[16]

Whereas the latter approaches beg the essential question, minimal metafictions intentionally confront it. Specimens of this kind ask: 'How *short* can a story become und still be a short story?' The question inevitably involves considera-tions of completeness, considerations as to the exact number of words necessary for treating a chosen topic or subject-matter in an adequate form and at ade-quate length. The evaluatory procedure is obviously dependent upon the author putting across his intentions sufficiently well. But in answering the ques-tion, two further considerations must be attended to, namely: Why is this ex-tremely short story still a story and not some related form of literature? and: Why is it literature? If one takes a narrative such as Russell Edson's "father, father, what have you done?", one has to ask oneself: Why is this a story and not merely a clever joke? and: Why can it be classed as literature? Edson's story reads:

> A man straddling the apex of his roof cries, giddyup. The house rears upon its back porch and all its bricks fall apart and the house crashes to the ground.
>
> His wife cries from the rubble, father, father, what have you done?[17]

A joke is basically related to a story; it relies on a narrative account that leads to a punch-line. If ambiguity is part of the design – for example, with the aim of playing a trick on the listener, or reader, on leaving him deliberately ignorant of what is really at stake until the punch-line establishes that he has been taken in – this ambiguity will normally be resolved at the end of the joke. In a story that can be categorized as literature, if one understands literature to be connotative as opposed to other texts which are strictly referential, and its aesthetic effect to be brought about by 'polysemantic polyvalency'[18], or the "polyphonic, rela-tionship of it's part"[19], or even 'the polyphonic harmony of its aesthetically rele-vant qualities'[20], ambiguity is purposely retained; by virtue of its inherent ambi-guity, a literary text offers different readers an opportunity to arrive at different interpretations, which, if verifiable through the text, are equally valid.[21] Minor and ultimately inconsequential variations notwithstanding, a recipe for pancakes has to be unequivocal, and so does a railway ticket, otherwise no pancake will result, or the traveller may end up at the wrong destination.

The four or so lines of Edson's minimal fiction are laden with ambiguity. The title, by being reminiscent af Jesus's words, awakens certain expectations and generates specific associations. But when the reader has finished this brief account, he is compelled to acknowledge that his expectations and associations were the wrong ones. For "father, father, what have you done?" would seem to possess no recognizable connection with a Biblical context. Instead, it concerns a man who is, to all intents and purposes, living in a fantasy world, or who has fallen prey to the overwhelming powers of his imagination, mistaking a solid house for a horse. But what is even stranger, the house 'behaves' as if it were a horse. One could suggest that the man has, in exercising the powers of his imagination, transformed reality into something else. Thus the man could be regarded as the archetypal artist, who, of course, works along the same lines. Yet, the story seems to imply, the artist's invention, as a result of a creative transformation, will ultimately have to be measured against reality, and if the workings of the artist's imagination have been too excessive, the artefact will not stand the test and, in the case of the man in the story, collapse and bury the creator among the debris. Assuming this reading is correct, then Edson appears to argue, if not exclusively in favour of mimetic art, at least for assessing imaginative creations against reality, the reality of the creator's life and, since the wife is the recipient of the man's invention, the reality of the recipient's life. Quite unlike the intention of a joke the ambiguity in "father, father, what have you done?" is not only left unresolved, it is even heigthened. By dint of the surprise ending, almost in the manner of O'Henry, the reader is kept guessing as to who the wife may be addressing. Is it her husband, whom, using a term of endearment, she calls 'father'? Or is she referring to God, giving the story a Biblical reference after all? No matter what the answer may be, "father, father, what have you done?" is a story complete in itself. For what one has to know to be able to appreciate its, largely implied, content is supplied. Nor does it contain any superfluous parts. If one aspect, not to say word, were suppressed, an essential part would indeed be missing. The story has to be classed as literature if only on account of its connotative design.

"Taboo", a minimal fiction by Enrique Anderson Imbert, equally passes the test. It deals with the myth – in Northrop Frye's sense of the term as denoting a particular kind of action or plot – of the breaking of a taboo. It exploits, in probably the shortest manner in which it is possible to do so, the mythic formula of the breaking of a taboo, or in other words: the motif of the human urge to break a taboo as soon as something has been decreed a taboo, as prefigured in, for example, the Biblical stories of Adam and Eve in the Garden of Eden, or Lot's wife, or in the classical mythological account of Orpheus and Euridyce.

His guardian angel whispered to Fabián, behind his shoulder:

"Careful, Fabián! It is decreed that you will die the minute you pronounce the word *doyen*."

"Doyen?" asks Fabián, intrigued.

And he dies.[22]

The third example, Reinhard Lettau's "Games"[23], is even more refined in its metafictional implications.

> Two gentlemen make an appointment, but in addition to that each sends a friend to a given place. These friends to the friends also walk up to each other at the proper time at the given place, peel off their gloves, rejoice in meeting. Immediately afterwards they make a new appointment at a different place, immediately walk off in opposite directions, visit friends and send them also to a given place, where these friends greet each other, in turn make an appointment, walk away, find friends whom they send to a place they have thought up. On their separate ways these two will see gentlemen standing here and there throughout the town, shaking hands, making appointments, walking away from each other, soon many gentlemen know each other, the town is humming, a stranger who is driving through it says: "This is a friendly town."

On a literal level, "Games" treats of how communication comes about. Someone has to make an effort, a start. It may not be the two gentlemen of the beginning; for it is left undecided whether they have not likewise been sent by someone else, in which case the narrative would focus on links in a much longer chain of events. If the two gentlemen are meant to be the initiators, then the story holds a brief for a demand to communicate without there being any external promptings. But "Games" also has as a theme the dangers of judging by appearance alone. The stranger may be taken in; the town may not at all be a friendly town, since the gentlemen have not met of their own accord, they have been summoned to behave in a seemingly amicable fashion; they may not truly feel friendly towards each other. Of course, on a literal level other readings are conceivable. At the same time, on a metaphoric level, "Games" is about story writing; it exemplifies how plot, as a causal concatenation of incidents, is created in its most basic form; it demonstrates how a ground-situation can be developed into a story-line; and the story tackles the immanent dangers of plotting in fiction. A plot would avalanche out of all proportions, as do the events in Lettau's minimal fiction, would, once started, move totally beyond the control of the first pair of gentlemen, unless its author kept a tight rein on affairs. "Games" could thus be seen as thematising a writer's relation to plot, to the plot of one of his narratives. It also comments on the reader's attitude towards plot, urging him not to be deceived by the obvious elements in a ramified sequence of happenings, but to look deeper for the causal principle informing and governing the sequence in order to apprehend, for instance, the motives of the people/characters involved as well as the rules of their behaviour. Lettau's minimal fiction has exactly the right length. It repeats the fundamental behaviour pattern – the meeting of the two gentlemen, the sending of friends who, in turn, meet – once, so that the pattern-aspect of the device is discernible. Next follows a sentence that sparingly introduces the locale where the various gentlemen gather to shake hands, and it ends with another sentence that ushers in the stranger and describes his assessment. Again, as with the other minimal fictions discussed here, there is the necessary scope for serious ambiguity, of 'polysemantic polyvalency', with the result that it is possible to categorize "Games" as quite a complex piece of literature.

Possibly one of the most minimal of fictions and most extraordinary of stories – if that is the right term in this case – is John Barth's "Frame Tale".[24] This example may serve to recapitulate, by means of an extreme specimen of extremely short fiction, the main observations made above. "Frame Tale" comes in the shape of a strip the reader is requested to "cut on dotted lines". Furthermore, he is then asked to "twist end once and fasten" the ends together. On both sides of the strip certain words are printed. But even before "Frame Tale" has made the reader fully apprehend what precisely the text says, it has concretised what is commonly tacitly assumed as being one constituent in the process of bringing a literary work of art – and, to be precise, any work of art – into being, namely creative reader participation. By dint of concretising in his imagination the 'schematised views'[25] proffered by the text, the reader helps a literary work of art to come to life. Without being subject to such efforts at concretization, a text remains merely a text: graphic signs on sheets of paper.

A ·· ᗡ
B **ONCE UPON A TIME THERE** Ɔ
··

·· ɐ
ꟼ **WAS A STORY THAT BEGAN** a
ɔ b
··

Here, the reader's efforts result in a Möbius strip that arranges the words printed on it into an 'endless' sentence reading:

ONCE UPON A TIME THERE WAS A STORY THAT BEGAN

The sentence is 'endless' since its end links up with its beginning, so that one concretization spells out:

ONCE UPON A TIME THERE WAS A SENTENCE THAT BEGAN ONCE UPON A TIME ...

The story or tale – if one assumes for the nonce that it is a story, or tale –, is in the form of a fairy tale opening. "Frame Tale" is a tale about a particular kind of tale, one starting off with the phrase "Once upon a time […]". Structurally, it bodies forth the 'Chinese-box' principle, featuring as it does a story-within-the-story. With the help of this compositional device it throws into relief the convention of fairy tales to begin in this fashion; it thus highlights, or lays bare, the conventionality and repetitiveness of such tales.

But is "Frame Tale" a tale, or story, after all? And is it to be classed as literature? Has it enough parts to achieve, for an aesthetic end, a polyphonic relation among them?

"Frame Tale" has a clearly discernible, if vestigial, narrative line to it. It narrates about a specific sort of tale, and in its quasi endless repetition of what this tale-within-the-tale is concerned with, it points to the essential sameness of all tales that begin "Once upon a time […]", a fact scientifically established, for instance, by Hedwig von Beit's colossal study, *Symbolik des Märchens*[26], which, with due allowances for what must appear as its somewhat obsessive interest, argues that all fairy tales, basically, present variations on the same theme. Besides, the phrase "Once upon a time […]" suggests the quintessential 'otherness', or 'other-worldliness', of fairy tales. What they describe took place in a time a long way away from the time in which the reader lives, a time not only distant but different as well. Different, too, is the world captured in fairy tales. According to André Jolles, it is a world in which a naive sense of justice reigns.[27] One could elaborate on this point and touch on further thematic characteristics of fairy tales as implied in Barth's minimal fiction. But this must suffice. For the point will, it is hoped, have been made that "Frame Tale" must be considered a story, or tale. As regards its peculiar content, it could not be shorter, and it should not be longer. In repeating just once the formal device necessary for expressing its thematic concern, its scale is precisely right. Thus one of its issues is that of scale, as was the case also with the other pieces discussed.

As to whether "Frame Tale" is literature, Barth's fiction, to repeat, is in the manifest form of a Möbius strip. The Möbius strip is a variant of the *ouroboros*, which in turn represents a paradox. One generic characteristic of a paradox is that it is self-referential, as in the case of the following example: "This sentence has five words." "Frame Tale", being a text, is self-referential as all literary works of art are.[28] A second generic characteristic of a paradox is that it is self-contradictory, that it involves a contradiction, as in the example suggested by the English mathematician P. E. B. Jourdan, according to which one has to print on one side of a blank card: "The statement on the other side of this card is true", and on the other side: "The statement on the other side of this card is false." The third generic characteristic is that a true paradox involves a vicious circle, as in the above instance, or in the liar paradox, where a Cretan says that all Cretans are liars, or in Escher's print "Drawing Hands", in which a hand is drawing a hand that is drawing the hand first mentioned.[29] "Frame Tale" is, of course, viciously circular. Importantly enough, these and the other characteristics, thematic as well as structural, discussed here lend an unmistakable ambiguity to the tale, on the strength of which it is fully permissible to class Barth's curious minimal fiction as literature.

Notes

1 Borges, J. L.: "Prologue". – In Borges, J. L.: *Fictions*. Ed. with an introduction by Anthony Kerrigan. London, repr. 1974, p. 13.
2 Johnson, B. S.: *Christie Malry's Own Double-Entry*. London, repr. 1974, p. 106.
3 Brautigan, R.: *Revenge of the Lawn*. London, ²1977. For example: "The Scarlatti Tilt", "Lint", "A Complete History of Germany and Japan", "Banners of My Own Choosing".
4 Gass, W. H.: *Willie Masters' Lonesome Wife*. New York, 1971. There is no pagination in Gass's novel; this quotation is taken from the fourth section.
5 Cf. for instance Šklovskij, V.: „Kunst als Verfahren". Repr. in Striedter, J. (Ed.): *Russischer Formalismus*. München, 1971, pp. 4–35. This phenomenon has also been termed 'skaz'. See, for instance, Harkins, W. E.: *Dictionary of Russian Literature*. Paterson/N. J., 1959. Harkins defines 'skaz' as: "a narrative told by a fictitious narrator rather than by the author directly". The term, thus, comes to denote all those narrative devices that call attention to the fictionality, or artificiality, of the story or tale told. See also Hyde, G. M.: *Vladimir Nabokov. America's Russian Novelist*. London, 1977, p. 149; and Ehrlich, V.: *Russischer Formalismus*. Frankfurt/M., 1973, pp. 189–211; 256–79.
6 O'Brien, F.: *At Swim-Two-Birds*. Harmondsworth, repr. 1975. See the 'theoretical' remarks on pp. 9, 13, 25.
7 Federman, R.: *Double or Nothing. A Real Fictitious Discourse*. Chicago, 1971.
8 Barth, J.: "Menelaiad". – In Barth, J.: *Lost in the Funhouse*. Harmondsworth, repr. 1972, pp. 133–67.
9 Ibid., p. 133.
10 For a systematic study of the poetological characteristics of metafiction see Imhof, R.: *Contemporary Metafiction. A Poetological Study of Metafiction in English since 1939*. To be published in 1984.
11 Cf. Šklovskij, V.: „Der parodistische Roman. Sternes 'Tristram Shandy'". – In Striedter, J. (Ed.): *Op. cit.*, pp. 245–99. Imhof, R.: "Two Meta-Novelists: Sternesque Elements in Novels by Flann O'Brien". *Anglo-Irish Studies* 4, 1979, pp. 59–90.

12 Scholes's treatment is perfunctory for a number of reasons, one being that Scholes does not draw any distinction between experimental fiction and metafiction as a specific kind of experimental ficton.

13 Scholes, R.: *Fabulation and Metafiction.* Urbana/Ill., London, 1979, p. 114.

14 Goetsch, P.: „Probleme und Methoden der Short-Story-Interpretation". – In Goetsch, P. (Ed.): *Studien und Materialien zur Short Story.* Frankfurt/M., 1971, pp. 27–39.

15 Behrmann, A.: *So schreibt man Kurzgeschichten.* München, 1959.

16 *Encyclopedia Americana.* Vol. 20, 1964, p. 477.

17 Edson, R.: *The Very Thing That Happens.* New York, 1964. Repr. in *Anti-Story. An Anthology of Experimental Fiction.* Ed. Philip Stevick. New York, 1971, p. 314.

18 S. J. Schmidt's term; cf. Schmidt, S. J.: *Ästhetische Prozesse.* Köln, Berlin, 1971, pp. 13, 16, 19.

19 Cf. Wellek, R., Warren, A.: *Theory of Literature.* Harmondsworth, repr. 1970, pp. 27, 241.

20 My translation for Ingarden's term „polyphonische Harmonie der ästhetisch relevanten Qualitäten"; cf. Ingarden, R.: *Vom Erkennen des literarischen Kunstwerks.* Darmstadt, 1968, p. 92; see also p. 86.

21 Cf. Umberto Eco's view: „Jedes Kunstwerk […] bietet sich dar als ein unendlich vielen Arten der Rezeption offener Gegenstand." Eco, U.: *Das offene Kunstwerk.* Frankfurt/M., 1977, p. 60.

22 Imbert, E. A.: *The Other Side of the Mirror.* Transl. Isabel Reade. Southern Illinois Press, 1966. Repr. in *Anti-Story*, p. 314.

23 Lettau, R.: *Obstacles.* Transl. Ursule (or Ursula) Molinaro and Ellen Sutton. London, 1966, p. 189. Repr. in *Anti-Story*, p. 313, where Stevick gives the Christian name of Ms Molinaro as 'Ursula'.

24 Barth, J.: "Frame Tale". – In Barth, J.: *Op. cit.,* pp. 11–12.

25 Roman Ingarden's concept; cf. Ingarden, R.: *Op. cit., passim.*

26 Beit, H. von: *Symbolik des Märchens.* 2 vols. and index vol. Berlin, München, ⁴1971.

27 Cf. Jolles, A.: *Einfache Formen.* Tübingen, ⁴1968. See the chapter on „Märchen".

28 Cf., for example, Ingarden, R.: *Op.cit., passim,* where Ingarden insists on this aspect; or Eco, U.: *Op.cit., passim,* where Eco advances a comparable notion.

29 All examples are taken from Hughes, P., Brecht, G.: *Vicious Circles and Infinity. An Anthology of Paradoxes.* Harmondsworth, repr. 1978.

Gerd Stratmann, Bochum

Be Prepared:

Das moderne englische Drama

Bei der Wahl der literaturwissenschaftlichen „Spezialgebiete" für das mündliche (in manchen Bundesländern auch für das schriftliche) Examen im Fach Englisch bzw. Anglistik geben meist individuelle Kriterien den Ausschlag. Der Kandidat wird Gegenstände bevorzugen, für die er ein besonderes persönliches Interesse entwickelt oder mit denen er sich im Rahmen seiner Lehrveranstaltungen besonders erfolgreich auseinandergesetzt hat. Freilich ist seine Wahlfreiheit gewöhnlich eingeschränkt. Er muß seine literaturwissenschaftlichen Schwerpunkte über die Epochen und/oder Gattungen der englischen Literatur „streuen", muß sie auf einen geforderten Mindestumfang erweitern, muß vielleicht dem von ihm gewählten Prüfer, der sich in gewissen Bereichen für nicht zuständig erklärt, entgegenkommen. So steht er dann doch häufig in der Situation, ein zusätzliches Gebiet auswählen und neu erarbeiten zu müssen. Für viele Studenten reduziert sich diese Aufgabe auf die ganz pragmatische Suche nach einem möglichst rasch zu erobernden und risikolosen, kurz: nach einem möglichst „prüfungsgeeigneten" Gebiet.

Man mag diesen Pragmatismus bedauern; man muß ihn sogar bedauern, falls er die gesamte Prüfungsvorbereitung beherrscht. Aber Prüfungen sind eben *auch* pragmatisch definierte Veranstaltungen, welche dem Prüfling die Auswahl und Beherrschung auch solcher Gebiete abverlangen, die seinen Neigungen fernstehen. Wirklich erschreckend sind dagegen die Fehleinschätzungen, die so vielen Studenten bei ihrer Entscheidung für ihre „Pflichtthemen" erfahrungsgemäß unterlaufen. Solche Studenten scheitern unter anderem deshalb, weil sie selbst die wichtigsten Kriterien einer im angedeuteten Sinn „strategischen" Themen- und Textauswahl mißachten. Drei von diesen Kriterien seien hier zumindest andeutungsweise genannt: die Geschlossenheit des gewählten literarischen Kontextes, ein Mindestmaß an Komplexität und schließlich der Stabilitätsgrad des einschlägigen Forschungsstandes.

Überall dort, wo es u.a. auch um die Ökonomie der Prüfungsvorbereitung geht, wird dem ersten dieser Kriterien die wohl wichtigste Rolle zufallen. Ein Kandidat, der sich ein literaturwissenschaftliches Gebiet relativ kurzfristig erarbeiten muß, ist geradezu auf einen Kontext angewiesen, der sich durch relative Überschaubarkeit, durch stark hervortretende themen- und formgeschichtliche Entwicklungslinien, durch einen gleichsam leitmotivischen Bezug der gewählten Literatur zum jeweiligen sozialhistorischen „Hintergrund", durch deutlich unterscheidbare „Schulen" auszeichnet. Augenfällige Beispiele sind das Drama der Restaurationszeit, oder auch der englische Roman des 18. Jahrhunderts mit seinen recht genau abgrenzbaren Entwicklungsstufen, seinen pointierten Konstellationen, seinen transparenten Korrespondenzen zwischen theoretischen Positionen und Schreibweisen und einem vergleichsweise klar gegliederten sozialgeschichtlichen Kontext, auf den sich die Romantexte entschieden beziehen. Typische Gegenbeispiele wären etwa die moderne amerikanische Kurzgeschichte oder der Viktorianismus, – beides Fälle, deren zunächst diffus anmutender Formen- und Aspektreichtum in einem kurzfristigen „Selbststudium" kaum zu bewältigen ist.

Das zweite Kriterium, d.h. das Mindestmaß an Komplexität, sei insbesondere dem Kandidaten ans Herz gelegt, der sich nicht von vornherein mit einer nur durchschnittlichen Examensnote begnügen will. Ein solches Thema wie „Der Roman der *angry young men*" z.B. erfordert einen vergleichsweise geringen Vorbereitungsaufwand; aber es weist einen so niedrigen Grad an Komplexität auf, daß es dem Studenten kaum Gelegenheit bietet, sich zu profilieren. Die Stabilität des Forschungsstandes schließlich, aus der Sicht der Wissenschaft häufig als eine Erstarrung der Forschung zu beklagen, läßt sich ablesen an einer Sekundärliteratur, die sich gleichsam auf einen festen Argumentationshaushalt und eine Hierarchie zentraler Aspekte geeinigt hat. Ihr deutlichstes Symptom ist vielleicht das Blühen einer „Tertiärliteratur", also jener zusammenfassenden Einführungen und Aufsatzsammlungen, die sich unmittelbar an den Examenskandidaten zu wenden scheinen und ihm den raschen Einstieg in den jeweiligen Kontext ungemein erleichtern.

Legt ein Prüfling, der sich auf der Suche nach einem literarhistorischen Spezialgebiet befindet, seiner Entscheidung diese drei Kriterien zugrunde, wird er kaum einen „prüfungsgeeigneteren" Bereich finden als den des „neuen" englischen Dramas, d.h. jener stürmischen Entwicklung, deren Beginn man heute meist mit der Uraufführung von John Osbornes *Look Back in Anger* (1956) identifiziert. Bereits diese Datierbarkeit des Anfangs setzt einen Orientierungspunkt, der zur Abgrenzbarkeit des entsprechenden Prüfungsgebietes beiträgt. Es kommt hinzu, daß sich seit jenem Wendepunkt des Jahres 1956 mehrere klar voneinander geschiedene, aber ebenso klar aufeinander bezogene „Schulen" des neuen Dramas zu entwickeln begannen, von denen die *Angries*, das quasi-absurde Drama Pinters und das häufig so genannte „rituelle" Drama wohl die wichtigsten waren. Schließlich zeichnete sich das neue Drama auch dadurch aus, daß es sich selber sehr pointiert von einer ganz bestimmten sozialen und politischen Situation Großbritanniens her erklärte. 1956 – das war auch das Jahr, in dem der Ungarn-Aufstand einerseits und die Suezkrise andererseits die Weigerung einer neuen Generation, sich mit einem der beiden weltpolitischen Lager zu identifizieren, als besonders einleuchtend erscheinen ließen. Es war das Jahr, in dem die „außerparlamentarische" Ostermarschbewegung ihre ersten Triumphe feierte und der Begriff des *Establishment* sich durchzusetzen begann, ein Begriff, der der Desillusionierung über die vielfachen Verfilzungen zwischen den staatlichen und wirtschaftlichen Institutionen des *Welfare State* (einschließlich der beiden großen Parteien) Ausdruck verlieh. Kurz, es war das Jahr sowohl der Abrechnung mit der britischen Nachkriegsentwicklung als auch der neuen Hoffnung auf eine primär moralische Wende, deren erstes Gebot die Pflicht zum Engagement (*commitment*) wurde. Neue Symbolfiguren gaben solcher Hoffnung Gestalt: der *rebel without cause* (nach dem gleichlautenden Titel des Films, der den James-Dean-Kult in Bewegung setzte), der *Teddy Boy* sowie der *scholarship boy*, der im Niemandsland zwischen den sozialen Klassen aus seiner Verzweiflung die Energie für seinen sprichwörtlichen Zorn schöpfte.

Das englische Drama spiegelte dieses neue Bewußtsein und diese Mythologie nicht nur wider, es gestaltete sie mit. John Osborne, Arnold Wesker, John Arden, Ann Jellicoe gehörten zum weiteren Umkreis der Atomwaffengegner und erhoben in programmatischen Veröffentlichungen ihre zornige Stimme, während sie in ihren ersten Stücken die Symbolfiguren, das Geschichtsbild und die Utopien der neuen Generation dramatisierten. Selbst Pinter, der den Optimismus der *Angries* nicht teilen konnte, setzte sich mit ihm, wenn auch sozusagen kritisch, auseinander.

Zumindest das erste Jahrzehnt des *New English Drama* weist also in hohem Maße jene Geschlossenheit auf, die Voraussetzung für die „Prüfungseignung" eines literarhistorischen Spezialgebietes ist.

Mit dem Fortschreiten der Entwicklung freilich wird das Bild zunehmend komplexer: Die Protagonisten der ersten Phase – Osborne, Wesker, Pinter und Arden – beschritten immer häufiger ungewohnte Wege. Neue Dramatiker der sechziger Jahre, wie etwa Edward Bond und die Vertreter eines *Theatre of Cruelty*, verweigerten sich gleichfalls der Einordnung in die inzwischen vertrauten „Schulen" des modernen englischen Dramas. Man experimentierte nun mit den verschiedensten Themen und Formen, setzte sich aktualisierend mit Shakespeare und den Traditionen des historischen Dramas auseinander, „entdeckte" die Brechtsche Dramaturgie und das „totale" Theater usw. Diese eigentümliche Entwicklung – von einem relativ geschlossenen und strukturierten Kontext zu einer wachsenden und schließlich beinahe diffusen Differenzierung – eröffnet einem Examenskandidaten praktisch unbegrenzte Möglichkeiten, sich sein Thema gemäß den eigenen Bedürfnissen, dem eigenen Ehrgeiz, den eigenen zeitlichen Möglichkeiten zurechtzuschneidern. Einige der denkbaren Varianten seien hier exemplarisch umrissen:

1. das Drama der *Angries* (mögliche Auswahl von Dramen: Osborne, *Look Back in Anger, The Entertainer, Luther, Inadmissible Evidence;* Wesker, *The Kitchen, Trilogy, Chips with Everything;* Shelagh Delaney, *A Taste of Honey*);

   angesichts der in vieler Hinsicht simplen Texte, angesichts ihrer engen thematischen Verwandtschaft und angesichts eines bis zu extremer Redundanz „stabilen" Forschungsstandes würde dieses Thema zweifellos den geringsten Vorbereitungsaufwand erfordern. Freilich liegt seine Komplexität beinahe schon unterhalb des akzeptablen Minimums, so daß manche Prüfer es möglicherweise gar nicht annehmen würden;

2. das absurde Drama mit dem Schwerpunkt Pinter (mögliche Auswahl von Dramen: Samuel Beckett, *Waiting for Godot* und ein weiteres Stück; Harold Pinter, die frühen Einakter, *The Birthday Party, The Caretaker, The Homecoming;* N. F. Simpson, *A Resounding Tinkle;* Tom Stoppard, *Rosencrantz and Guildenstern are Dead*);

   dieses Thema, obwohl in vieler Hinsicht „geschlossen" wirkend, empfiehlt sich nicht unbedingt für einen Kandidaten, der es sich relativ kurzfristig erarbeiten müßte. Es gewinnt seine spezifische Komplexität durch die Dichte der Texte, die eine ausgeprägte interpretatorische Erfahrung verlangt, durch eine extrem differenzierte Sekundärliteratur, die sich teilweise von sehr anspruchsvollen literaturtheoretischen Positionen her den Dramen nähert, und durch die unvermeidliche Einbeziehung des außerenglischen und schwierigen Beckettschen „Modells";

3. das *New English Drama* 1956–65 (mögliche Auswahl von Dramen: Osborne, *Look Back in Anger* und *Inadmissible Evidence;* Wesker, *The Kitchen* und *Chicken Soup with Barley;* Pinter, *The Birthday Party, A Slight Ache* und *The Caretaker;* Arden, *Serjeant Musgrave's Dance;* Jellicoe, *The Sport of My Mad Mother;* Bond, *Saved*);

   so oder etwa so sieht wohl die „standardisierte" Form dieses Prüfungsgebietes in vielen Prüfungen aus. Auch diese Variante weist, etwa durch ihren deutlichen Bezug zu einer bestimmten sozialen und theatergeschichtlichen Entwicklung, immer noch ein beträchtliches Maß an Geschlossenheit auf, stellt aber zugleich an die Fähigkeiten des Kandidaten, die Parallelen und Kontraste zwischen sehr verschieden aussehenden Texten zu formulieren und zu deuten, einige Anforderungen. Freilich kann er sich bei seiner Vorbereitung auf eine umfangreiche Sekundär- und Tertiärliteratur stützen, die genau diesen Kontext unter weitgehend gleichen Aspekten behandelt. Diese „Standardisierung" auch der kritischen Diskussion über die erste Phase des *New English Drama* kommt gerade dem pragmatisch vorgehenden Studenten sehr entgegen;

4. das zeitgenössische englische Drama seit 1965 (mögliche Auswahl von Dramen: Bond, *Early Morning, Lear*; Joe Orton, *What the Butler Saw*; Peter Shaffer, *Equus*; Stoppard, *Rosencrantz and Guildenstern are Dead, Travesties*; Heathcote Williams, *AC/DC*; Peter Nichols, *The National Health*);
die in Klammern vorgestellte Textauswahl ist extrem. Zwar gehören diese Dramen sämtlich zu den wichtigsten und einflußreichsten der letzten zwanzig Jahre; aber sie repräsentieren ein derartig weites Spektrum von teilweise sehr radikalen Möglichkeiten des modernen Theaters, daß ihre Massierung den Rahmen eines Spezialgebietes sprengen müßte. Hier wird jeder Kandidat selber eine Textauswahl treffen müssen, welche durch die Bescheidung auf einen gemeinsamen thematischen Bezug oder durch die gemeinsame Nähe zu einem bestimmten dramaturgischen Modell das notwendige Mindestmaß an Geschlossenheit gewinnt. Doch sollte man sich an die gefährlich diffuse Entwicklung nach 1970 nur dann heranwagen, wenn man mit der Landschaft des modernen Theaters bereits länger vertraut ist. Als „Pflichtthema" ist dieses Spezialgebiet ungeeignet;

5. das moderne englische Geschichtsdrama (mögliche Auswahl von Dramen: Osborne, *Luther, A Patriot for Me*; Arden, *Serjeant Musgrave's Dance, The Hero Rises Up*; Joan Littlewood, *Oh What Lovely War*; Bond, *Early Morning, Bingo*; Charles Wood, *'H'*);
dies ist, von den vielen denkbaren Möglichkeiten, nur ein Beispiel für ein Thema, welches gleichsam „quer" zu den „Schulen" und Entwicklungsphasen des neuen Dramas angelegt ist. Hier richtet sich der Blick nicht mehr in erster Linie auf einen literarhistorischen Kontext in seiner Gesamtheit, sondern auf einen einzelnen, systematisch definierten Aspekt dieses Kontextes. Ein solches Thema stellt an den Kandidaten auch spezifische Anforderungen: Beispielsweise würde es sich im oben genannten Fall empfehlen, sich zumindest kurz mit der englischen Tradition des Geschichtsdramas (Shakespeare, Shaw) zu befassen, um die in diesem Gebiet angelegten gattungsgeschichtlichen und gattungssystematischen Fragen zu berücksichtigen. Andere denkbare Themen dieser Art wären: die modernen britischen Shakespeare-Bearbeitungen (z.B. von Bond, Marowitz, Stoppard), ein Thema, welches sich vorzüglich mit einem Shakespeare-Spezialgebiet kombinieren läßt; die Bedeutung der Farce für das moderne Theater (z.B. Simpson, Orton, Stoppard); das epische Theater in England seit 1956 usw. Hier handelt es sich nicht um Standardthemen, sondern wirklich um „Spezialthemen", deren Wahl vor allem den Spezialisten unter den Kandidaten empfohlen werden kann. Ihre kurzfristige Erarbeitung würde u.a. daran scheitern, daß man sich die einschlägige Sekundärliteratur erst mühsam zusammensuchen muß.

Wie bereits mehrfach angedeutet, kann der Kandidat auf eine umfangreiche und leicht zugängliche Sekundärliteratur zum modernen englischen Drama zurückgreifen. Diese Aussage bedarf indessen der Modifizierung: Während zur ersten Phase des neuen Dramas und ihren wichtigsten Autoren in der Tat viele – auch viele überflüssige – Publikationen vorliegen, gilt dies nur in sehr eingeschränktem Maße für die Zeit nach 1970, obwohl gerade eine Übersicht über die neuesten Entwicklungen und Tendenzen dringend notwendig wäre.

Insgesamt aber hat der Examenskandidat vor allem mit dem Problem zu tun, aus der Masse der (häufig nicht sehr aussagekräftigen) Titel diejenigen auszuwählen, die ihm bei einer konzentrierten Vorbereitung wirklich nutzen können. Im Rahmen dieser Rubrik kann natürlich nicht einmal versucht werden, ihm diese Aufgabe abzunehmen. Einige Hinweise aber sollen es ihm erleichtern, die wichtigen Quellen und die Sekundärliteratur sinnvoll in die verschiedenen Phasen seiner Vorbereitung einzubeziehen. Daß solche Hinweise nur exemplarisch sein und die Besonderheiten der denkbaren Spezialisierungen innerhalb dieses Bereichs nicht berücksichtigen können, versteht sich von selbst.

1. Falls noch notwendig, sollte sich der Kandidat zunächst ein wenig mit den Modellen und der Terminologie der Dramenanalyse vertraut machen. Hier nämlich darf er sich von der literarhistorisch orientierten oder interpretierenden Sekundärliteratur nicht allzu viel erhoffen. Diese ist häufig von Theaterkritikern oder freien Schriftstellern verfaßt, die ein größeres Publikum im Auge hatten und eine literaturwissenschaftlich begründete Systematik der Darstellung nicht einmal anstreben. So wirken ihre Analysen in vielen Fällen impressionistisch, ihre Klassifizierungen improvisiert. Der Examenskandidat aber muß natürlich damit rechnen, daß er in der Prüfung darlegen soll, was er etwa unter „epischem Drama" oder unter „tragikomisch" versteht. Als einschlägiges Handbuch sei empfohlen Manfred Pfister, *Das Drama*[1], in dessen Bibliographie er zudem alle dramentheoretischen Publikationen, die ihn interessieren könnten, aufgelistet findet.

2. Aus den bereits angedeuteten Gründen ist die Beschäftigung mit dem sozialgeschichtlichen und politischen Kontext der literarischen Texte im Falle des modernen englischen Dramas noch wichtiger als in anderen literarhistorischen Bereichen. Hier muß der Kandidat, vor allem wenn er unter Zeitdruck steht, freilich die naheliegende Gefahr der Verzettelung vermeiden. Es empfiehlt sich daher, bei der Lektüre etwa der *Angries* und der einschlägigen Sekundärliteratur erst einmal herauszufinden, welche Aspekte der sozialen Situation und Geschichte Englands für das Drama von Bedeutung waren. Entsprechende Hinweise findet er beispielsweise in den literatursoziologisch orientierten Arbeiten von Kenneth Allsop[2], Robert Weimann[3], Raymond Williams[4] und Gerd Stratmann[5], aber auch in den Anfangskapiteln solcher allgemeinen Einführun-

174

gen wie denen von John Russell Taylor[6] oder Katherine Worth[7]. Aufgrund dieser Hinweise kann er sich dann in einer allgemein historischen Darstellung (z.B. im entsprechenden Band der 'Pelican History'[8]) gezielt vor allem über die Komplexe und Aspekte informieren, die ihn am meisten interessieren müssen: beispielsweise die halbherzige Etablierung eines *Welfare State* im Nachkriegsengland, die ideologische Annäherung der beiden großen Parteien, die Reform des englischen Bildungswesens (die den *scholarship boy* hervorbrachte), das Entstehen der neuen Protestbewegungen und Subkulturen (*CND, Teddy Boys*, usw.). Er sollte übrigens nicht versäumen, sich kurz auch mit einigen ausgewählten Aspekten der „Vorgeschichte" vertraut zu machen; denn es ist einigermaßen peinlich, wenn er zu den englischen Mythen vom Spanischen Bürgerkrieg, die in Weskers und Osbornes Dramen eine so zentrale Rolle spielen, gar nichts zu sagen weiß. Schließlich sollte er einen Blick in die wichtigsten Quellen der sozialen und politischen Protestbewegungen werfen, etwa den legendären Sammelband *Declaration* (1956)[9], den man als eine Art Manifest der *Angries* betrachten könnte.

3. Noch nicht erwähnt wurde der Kontext des britischen Theaters, ohne den man die Entwicklung des Dramas kaum versteht. J. R. Taylor behauptete über diese „revolutionäre" Entwicklung sogar, sie sei "much more importantly a revolution in the theatre than a revolution of drama."[10] Glücklicherweise liegen mit den überblicksartigen Darstellungen von Ronald Hayman[11] und Christian Thomsen[12] gleich zwei Einführungen in das britische Theater seit 1945 vor, die sich auch für die Examensvorbereitung hervorragend eignen.

4. Schwieriger ist es, aus der großen Menge der Publikationen diejenigen auszuwählen, die ein strukturiertes Gesamtbild des *New English Drama* anbieten, d.h. auf die für den Kandidaten besonders wichtige Frage, wie die verschiedenen Schulen dieses Dramas „zusammenhängen", eine überzeugende Antwort geben. Empfehlend hingewiesen sei hier auf die bereits genannten Einführungen von Taylor und Worth, außerdem auf: Michael Anderson, *Anger and Detachment*[13]; John R. Brown, *Theatre Language: A Study of Arden, Osborne, Pinter and Wesker*[14]; George Wellwarth, *The Theatre of Protest and Paradox*[15]. Alle diese Monographien konzentrieren sich freilich auf die Zeit vor 1970, so daß man für die folgenden Jahre auf die Sammlung entsprechender Einzeldarstellungen angewiesen bleibt.

5. Zu den klassischen Prüfungsfragen gehören seit jeher solche nach dem Verhältnis zwischen der Theorie und der Praxis einer Literatur. Nun wird man kaum einem Vertreter des modernen englischen Dramas den Rang eines bedeutenden Dramentheoretikers zugestehen können, doch die meisten haben über ihre dramaturgischen Modelle und Vorbilder, über ihre „ideologischen" Positionen und ihre Wirkabsichten zumindest in Interviews, kurzen Aufsätzen

und Vorworten Auskunft gegeben. Die entsprechenden Quellen werden für die einzelnen Autoren in den einschlägigen Spezialstudien meist bibliographisch nachgewiesen. Daneben gibt es praktischerweise aber auch eine Reihe von Quellensammlungen, von denen die von Marowitz/Trussler[16] und von Walter Wager[17] ausdrücklich genannt seien.

6. Kaum überschaubar ist die Fülle derjenigen Studien, die einzelne „Gattungen", formale Aspekte oder thematische Komplexe des modernen englischen Dramas behandeln. Man erfaßt sie vielleicht am leichtesten in den jährlichen Bibliographien der Zeitschrift *Modern Drama*[18]. Innerhalb des begrenzten Rahmens dieser Rubrik kann man nicht einmal beginnen, entsprechende Empfehlungen auszusprechen. Doch wird ein Kandidat schnell herausfinden, daß solche Titel wie Martin Esslins *The Theatre of the Absurd*[19], J. L. Styans *The Dark Comedy*[20] oder Raymond Williams' *Modern Tragedy*[21] für das von ihm zusammengestellte Spezialgebiet zur unentbehrlichen Lektüre gehören.

7. Ähnliches gilt für die speziellen Studien zu den einzelnen Dramatikern und Texten. Verallgemeinernd kann man hier nur einige Hinweise anfügen: Zu allen wichtigeren Autoren (einschließlich der jüngeren wie etwa Tom Stoppard) liegen jeweils mehrere einführende Monographien vor, die neben kurzen Analysen ihres dramatischen Werkes auch einen biographischen Abriß und eine Bibliographie enthalten. Noch erstaunlicher ist es, daß es auch für die große Mehrzahl der nennenswerten Einzeltexte Interpretationen und Analysen gibt. Sie finden sich einmal natürlich in den erwähnten Monographien und den einschlägigen Zeitschriften; häufig aber sind die besten und die für den Examenskandidaten brauchbarsten Analysen in einer der vielen Aufsatzsammlungen zum modernen englischen Drama nachgedruckt oder sogar zum ersten Mal publiziert.[22] Solche gesammelten Interpretationen verstehen sich meist als einführend, fassen also den jeweiligen Diskussionsstand zusammen und bieten in entsprechenden Anhängen häufig auch Kurzbiographien der Dramenautoren und mehr oder weniger ausführliche Bibliographien. Ein solcher Informations-Service kommt natürlich gerade den Bedürfnissen der Examensvorbereitung sehr entgegen. Für einige Schlüsseltexte, so z.B. Osbornes *Look Back in Anger*[23] oder Pinters *The Homecoming*[24], sind sogar *Casebooks* erschienen, die außer einer Auswahl wichtiger Aufsätze z.B. auch entscheidende Selbstaussagen des jeweiligen Autors, besonders einflußreiche Rezensionen und Angaben zur Bühnengeschichte zusammenstellen.

8. Schließlich sei an eine Selbstverständlichkeit erinnert, die vielen Studenten keineswegs selbstverständlich zu sein scheint: Das moderne englische Drama ist kein abgeschlossener Kontext, die Autoren dieses Dramas sind keine Gestalten einer längst verstaubten Vergangenheit, ihre Stücke keine bloßen Texte für das literaturgeschichtliche Archiv. Dieses Drama ist vielmehr Bestandteil einer

lebendigen und immer noch kontroversen Theaterwirklichkeit. Es kann also in seiner theatralischen Umsetzung und seiner dynamischen Wirkung unmittelbar beobachtet werden; und falls eine Theaterreise nach London außerhalb der Möglichkeiten eines Kandidaten liegt, bleiben die vielen Inszenierungen, mit denen sich gerade die deutschen Bühnen an Osborne, Pinter, Shaffer oder Stoppard wagen, bleiben die Fernsehfassungen und Verfilmungen, die sporadisch auch hierzulande über den Bildschirm gehen oder im Kinoprogramm erscheinen. Solche Gelegenheiten, sich unmittelbar der Wirkung dieser Dramatik auszusetzen, sollte dem Kandidaten ein Fernsehabend oder eine Fahrt in die benachbarte Theaterstadt wert sein, – und sei es nur deshalb, weil mancher Prüfer die Prüfung zu diesem Gebiet gerne mit der Frage beginnt, ob man die neueste Inszenierung oder die im Dritten Programm gezeigte Fernsehversion des fraglichen Dramas denn nicht gesehen habe.

Anmerkungen

1 *Das Drama. Theorie und Analyse.* München, ³1982 (¹1977) (=UTB 580); empfehlenswert ist auch Greiner, N., Hasler, J., Kurzenberger, H., Pikulik, L.: *Einführung ins Drama. Handlung, Figur, Szene, Zuschauer.* 2 Bde. München, Wien, 1982.
2 *The Angry Decade. A Survey of the Cultural Revolt of the Nineteen-fifties.* London, 1958.
3 „Die Literatur der 'Angry Young Men'. Ein Beitrag zur Deutung englischer Gegenwartsliteratur". *Zeitschrift für Anglistik und Amerikanistik* 7, 1959, 117–189.
4 "Contemporary Drama und Social Change in Britain". *Revue des Langues Vivantes* 42, 1976, 624–631.
5 „Der böse Zauber der Verhältnisse. Formen und Funktionen der Mythisierung im modernen englischen Drama". *Poetica* 9, 1977, 62–97.
6 *Anger and After. A Guide to the New British Drama.* Rev. ed., London, 1963; *The Second Wave. British Drama for the Seventies.* London, 1971.
7 *Revolutions in Modern English Drama.* London, 1973.
8 Thomson, D.: *England in the Twentieth Century.* Harmondsworth, 1965 (=The Pelican History of England, 9).
9 Maschler, T. (Ed.): *Declaration.* London, 1957.
10 Taylor: *The Second Wave,* S. 8.
11 *The Set-up: An Anatomy of the English Theatre Today.* London, 1974.
12 *Das englische Theater der Gegenwart.* Düsseldorf, 1980.
13 London, 1976.
14 New York, 1972.
15 *The Theatre of Protest and Paradox. Developments in the Avant-Garde Drama.* New York, London, 1964.
16 Marowitz, Ch., Trussler, S. (Eds.): *Theatre at Work: Playwrights and Productions in the Modern British Theatre. A Collection of Interviews and Essays.* London, 1967.

17 *The Playwrights Speak.* London, 1969.
18 Vgl. auch Bibliographien wie die von Stoll, K.-H.: *The New British Drama. A bibliography with particular reference to Arden, Bond, Osborne, Pinter, Wesker.* Bern, Frankfurt a.M., 1975, oder Mikhail, E. H.: *Contemporary British Drama 1950-1976: An Annotated Critical Bibliography.* London, 1976.
19 Rev. and enlarged ed., Harmondsworth, 1968.
20 *The Dark Comedy. The Development of Modern Comic Tragedy.* Cambridge, 1962.
21 London, 1966.
22 Armstrong, W. A. (Ed.): *Experimental Drama.* London, 1963; Bigsby, C. W. E. (Ed.): *Contemporary British Drama.* London, 1980; Brown, J. R., Harris, B. (Eds.): *Contemporary Theatre.* London, 1962; Fehse, K.-D., Platz, N. H. (Eds.): *Das zeitgenössische englische Drama. Einführung, Interpretation, Dokumentation.* Frankfurt a.M., 1975 (= FAT 2096); Kosok, H. (Ed.): *Drama und Theater im England des 20. Jahrhunderts.* Düsseldorf, 1980 (= Studienreihe Englisch, 34); Lengeler, R. (Ed.): *Englische Literatur der Gegenwart.* Düsseldorf, 1977; Oppel, H. (Ed.): *Das englische Drama der Gegenwart: Interpretationen.* Berlin, 1975; Plett, H. F. (Ed.): *Englisches Drama von Beckett bis Bond.* München, 1982 (=UTB 1116).
23 Taylor, J. R. (Ed.): *John Osborne. 'Look Back in Anger'. A Casebook.* London, 1968.
24 Lahr, J. (Ed.): *'The Homecoming'. A Casebook.* New York, 1969.

Publications Received

Bruck, P. (Ed.): *New American Short Stories*. John Updike, Flannery O'Connor, John Cheever, Saul Bellow, Bernard Malamud, Joyce Carol Oates. Stuttgart, Ernst Klett Verlag, 1983, 71 S.

This present collection consists of stories written between 1947 and 1968. They have been selected with the following objectives in mind. They provide the reader with a representative, though necessarily limited, introduction to the contemporary American short story, its wide range of themes and some of its basic literary conventions. In addition, the stories offer insights into various aspects of contemporary American life-styles, manners and modes of experiencing social and political reality.

Brügger, S.: *Die deutschen Bibelübersetzungen des 20. Jahrhunderts im sprachwissenschaftlichen Vergleich*. Frankfurt/M., Peter Lang Verlag, 1983, 342 S.

Durch die Reformatoren wurde die Bibel, extrem ausgedrückt, zum ersten Massenmedium, zum meistgelesenen Buch. Nicht weniger als 26 verschiedene deutsche Übersetzungen des Neuen Testaments aus dem 20. Jahrhundert werden in dieser Arbeit sprachwissenschaftlich untersucht, einander gegenübergestellt.
Die Bibel als Offenbarungsbuch eines lebendigen Gottes ist auch heute noch aktuell. Die einzelnen Übersetzer haben nun aber recht verschiedene Wege gewählt, diese Aktualität einem in einer ganz anderen Zeit und Kultur lebenden Leser zu vermitteln.

Ensslen, K.: *The Autobiography of Malcolm X*. München, Wilhelm Fink Verlag, 1983, 119 S.

The Autobiography of Malcolm X vertiefte die Wirkung der politischen Ideen des charismatischen Wortführers der Schwarzen in den USA und wurde zum Kristallisationskern für ihr sich festigendes Selbstbewußtsein während der 60er Jahre.
Im Kontext sozialer und kultureller Entwicklungen wird die "Autobiography" als Ausdruck sowohl individueller Bewußtwerdung als auch kollektiver Erfahrungsprozesse einer seit Jahrhunderten unterdrückten Minderheit interpretiert. Die ausführlich dargestellte Entstehungs- und Rezeptionsgeschichte der "Autobiography" verdeutlicht Malcolms politische Intention und die Brisanz seiner Kulturkritik in einer der politisch bewegtesten Perioden der jüngeren Geschichte der USA.

Evans, I.: *Geschichte der englischen Literatur*. Aus dem Englischen von Paul Baudisch. Nach der 4., durchgesehenen englischen Auflage von 1976 überarbeitet von Manfred Vasold. München, C. H. Beck'sche Verlagsbuchhandlung, 1983, 304 S.

Ifor Evans' Geschichte der englischen Literatur gilt in England seit mehr als vier Jahrzehnten als die beste Einführung. Sie ist in zahlreichen ständig überarbeiteten Neuauflagen erschienen. Der Band ist ein Elementarbuch im besten Sinn: knapp gefaßt, klar und lesbar geschrieben, Arbeits- und Lesebuch gleichermaßen. Die deutsche Ausgabe, seit vielen Jahren nicht mehr greifbar, wird hier in einer Neufassung vorgelegt. Das Buch ist vorzüglich gegliedert; die literarischen Hauptgattungen – Lyrik, Drama, Erzählung und

Roman – werden jeweils in der historischen Chronologie zusammenhängend behandelt. Es werden aber auch die bedeutenden Werke zur Theorie der Ästhetik und zur Philosophie in der Darstellung berücksichtigt.

Finkenstaedt, Th.: *Kleine Geschichte der Anglistik in Deutschland.* Darmstadt, Wissenschaftliche Buchgesellschaft, 1983, 332 S.

Hier wird erstmalig eine Gesamtdarstellung der Englischen Philologie einschließlich der Amerikanistik vorgelegt. Gestützt auf eine umfassende Datenbasis und mehrere Vorarbeiten zu einzelnen Epochen und einzelnen Aspekten wird das Ineinander von Personen- und Institutionengeschichte vor dem Hintergrund der allgemeinen Bildungsgeschichte geschildert. Die Darstellung führt von den Anfängen bis zu den Problemen der Gegenwart.

Foltin, H.-F. (Ed.): *Lord Lister, genannt Raffles, der große Unbekannte.* 10 Lieferungshefte in einem Band. Mit einem Vorwort von Hans-Friedrich Foltin. Hildesheim, New York, Olms Presse, 1979.

Die Abenteuer und Taten des bekannten Groschenheft-Helden Lord Lister sind ein Beispiel für derartige Serienhelden in den Groschenheften der Zeit vor dem Ersten Weltkrieg. Nach "Nick Carter", "Buffalo Bill" und "Sherlock Holmes" werden in diesem Band die besonders aufregenden Aktionen eines "Gentleman-Verbrechers" vorgestellt. Die im Faksimiledruck wieder zugänglichen Hefte sind der ersten deutschen Ausgabeserie entnommen.

Frank, A. P.: *Einführung in die Britische und Amerikanische Literaturkritik und -theorie.* Darmstadt, Wissenschaftliche Buchgesellschaft, 1983, 189 S.

Diese Einführung ist weder als verspäteter Beitrag zum ‚Methodenpluralismus' noch als historischer Abriß gedacht. Vielmehr stellt sie in einem institutionellen Modell die wichtigsten Arten, Phasen und Autoren der Literaturtheorie und -kritik in den beiden Ländern seit etwa 1800 dar.

Greiner, N. et al.: *Einführung ins Drama.* Handlung, Figur, Szene, Zuschauer. 2 Bde. München, Carl Hanser Verlag, 1982, 416 S.

Elementar, verständlich und präzise werden in der vorliegenden Einführung in die Bauformen des Dramas die verschiedenen Aspekte dieser literarischen Gattung veranschaulicht. Der erste Band behandelt den zentralen Begriff der dramatischen *Handlung.* Nach dem Vorbild Lessings wird Handlung im weiten Sinne als Folge von Veränderungen verstanden. Die Analyse folgt den Erfahrungen, die Leser und Theaterbesucher mit Dramen machen. Sie erleben Handlung als subjektives Tun der Figuren, als Spiel oder Darstellung der Schauspieler, als außersubjektive Einwirkung apersonaler Mächte und als Organisationsprinzip des Autors und Regisseurs.
Der zweite Band untersucht 1. Seinsweise und Konzeption der dramatischen *Figur* und ihr Auftreten als Chiffre im modernen Drama; 2. unter dem Stichwort *Szene* das Verhältnis zwischen dem literarischen Text und der theatralischen Aufführung des Dramas, in dessen Textur oft Szenisches bereits enthalten ist; 3. die Rolle des *Zuschauers* in Drama und Aufführungspraxis.

Greiner, W., Stilz, G. (Eds.): *Naturalismus in England 1880–1920*. Darmstadt, Wissenschaftliche Buchgesellschaft, 1983, 314 S.

Der Band soll dazu beitragen, die konventionellen Vorstellungen der Literaturwissenschaft von der Naturalismusdebatte in England zu korrigieren und schärfer zu konturieren. Die Hrsg. möchten mit diesem Befund allgemeine Grundstrukturen literarischer Auseinandersetzungen sichtbar machen, wie sie in abgewandelter Form auch in anderen Epochen der Literaturkritik begegnen.

Haan, H. et al.: *Einführung in die englische Geschichte*. München, C. H. Beck'sche Verlagsbuchhandlung, 1982, 326 S.

Das Buch bietet eine Einführung in die englische Geschichte seit dem Mittelalter. Im Gegensatz zu einer Darstellung der englischen Geschichte soll es den Leser an dieses Gebiet überhaupt erst heranführen, soll ihn mit den Hauptproblemen der neueren Forschung vertraut machen und ihn in die Lage versetzen, selbständig weiterzuarbeiten. Neben den nach Epochen angelegten Forschungsberichten bietet das Buch Informationen zu Quellenkunde und Quellensammlungen sowie ausführliche Übersichten über bibliographische Hilfsmittel, Nachschlagewerke, Fachzeitschriften usw.

O'Donovan, N. (Ed.): *Great Irish Short Stories*. James Joyce, Frank O'Connor, Liam O'Flaherty, Sean O'Faolain, Mary Lavin, Michael McLaverty. Stuttgart, Ernst Klett Verlag, 1981, 73 S.

The popularity of the short story in Ireland is often explained in terms of the oral storytelling tradition. Whatever the reasons, it is an undeniable fact that practically all notable Irish writers of fiction have excelled in the shorter form, most of them preferring it to the novel. This has ensured a wide selection of stories to choose from for this collection. Since for most of our readers these stories will function as an introduction to Irish literature, we have chosen representative examples of the work of six of the country's most interesting and influential 20th-century authors.

Ostendorf, B. (Ed.): *Amerikanische Gettoliteratur*. Darmstadt, Wissenschaftliche Buchgesellschaft, 1983, 403 S.

Literatur über amerikanische Gettos, die in Gettos entstandene, oft unsichtbare Literatur und die für ‚Gettoleser' produzierte Massenliteratur werden untersucht. Neben der bereits bekannten schwarzen und jüdischen Literatur wird nach Möglichkeit auch die Literatur bisher vernachlässigter Gruppen und die Rennaissance der sich z.T. literarisch artikulierenden 'Ethnicity' erörtert.

Prandi, J. D.: *Spirited Women Heroes*. Major Female Characters in the Dramas of Goethe, Schiller and Kleist. New York, Peter Lang Verlag, 1983, 146 S.

The paradigms of conflict for spirited women in drama often differ from those of comparable male heroes. As a character active in determining her own fate, the spirited woman must choose between self-realization in the private sphere, the traditional stronghold or prison of women, and the public sphere, an area with special barriers and perils for women. In either case the hero's identity is established largely by resistence to or direct defiance of the behavioral norms for her sex.

Real, H. J., Vienken, H. J.: *Jonathan Swift: "Gulliver's Travels"*. München, Wilhelm Fink Verlag, 1984, 187 S.

Swifts *Gulliver's Travels* (1726) ist eine Allegorie der Konfrontation menschlichen Anspruchs und seiner geschichtlichen Leistung. In drei Reisen in die Vergangenheit erfährt Swifts Jedermann-Figur Gulliver den wahren physischen, moralischen und geistigen Zustand des Menschen. In Buch I lernt er die neuere politische Geschichte Englands und Frankreichs kennen; Buch II konfrontiert ihn mit den Normen der antiken Staatsphilosophie; Buch III führt ihm die neueste Geschichte von Wissenschaft und Politik im „Vereinigten Königreich" vor. Buch IV zieht die Summe der Erfahrungen Gullivers: Weder ist der Mensch *animal rationale*, ein vernunftbestimmtes Wesen, noch ist die Vernunftbestimmtheit der Natur des Menschen adäquat: *homo est animal rationis capax*.

Schinke, L.: *Vocabulary Games*. 24 Spiele für Schüler in den ersten zwei Lernjahren. Stuttgart, Ernst Klett Verlag, 1981, 20 S.

Die 24 Vokabelspiele in diesem Heft eignen sich für den Englischunterricht in den ersten zwei Lernjahren. Während der überwiegende Teil reine Wortschatzarbeit bietet, wird in dem anderen Teil Wortschatzarbeit mit grammatischen Erscheinungen kombiniert. Die Spiele sind lehrwerkunabhängig und können bei Bedarf als Vervollständigung oder Wiederholung eines Wortfeldes bzw. zur Festigung einer Struktur eingesetzt werden. Sie dienen dabei der Auflockerung des Unterrichts. Jedes Spiel läßt sich entweder im Klassenzimmer oder als Hausaufgabe verwenden.

Schinke-Llano, L.: *Vocabulary and Grammar Games*. 20 Spiele für Schüler ab dem 2. Lernjahr. Stuttgart, Ernst Klett Verlag, 1983, 20 S.

Die 20 Spiele in dieser Sammlung eignen sich zur Auflockerung des Englischunterrichts im zweiten und dritten Lernjahr. Sie sind lehrwerkunabhängig und können bei Bedarf entweder im Klassenzimmer oder als Hausaufgabe verwendet werden.
Die Matrizen mit Wortschatzspielen führen die Arbeit mit den *Vocabulary Games* (Klettbuch 5129) fort. Dabei werden weitere Wortfelder vervollständigt und wiederholt. In den Spielen geht es um Zeiten und Verbformen mit Übungen zur Wortstellung und zum Aufbau einfacher Erzählungen.

Schmidt, J. N.: *D. H. Lawrence: "Sons and Lovers"*. München, Wilhelm Fink Verlag, 1983, 108 S.

Mit seinem dritten Roman, erschienen 1913, wagt sich Lawrence an die literarische Verarbeitung der eigenen Kindheits- und Jugendgeschichte in einem Bergwerksort bei Nottingham. Doch weit über den engeren biographischen Gehalt hinaus werden bereits komplexe Problemstellungen der späteren Romane entwickelt: die stets gefährdete Balance im Verhältnis der Geschlechter, der Konflikt zwischen individueller Psyche und sozialer Existenz, die Spannungen beim Umschlag der Realitätswahrnehmung in symbolhaftes Erleben.
Die Werkanalyse verbindet die Untersuchung formaler Erzählstrukturen mit sozialhistorischen und psychoanalytischen Interpretationsansätzen.

Schomaekers, G.: *Daten zur Geschichte der USA*. München, Deutscher Taschenbuch Verlag, 1983, 294 S.

Der Band bringt in chronologischer Folge alle wichtigen Ereignisse der Geschichte des Landes, von der Entdeckungsfahrt des Kolumbus bis zur Präsidentschaft Ronald Reagans. Einbezogen in die politische Geschichte sind wiederum Daten aus der Wirtschafts- und Sozialgeschichte und der Kultur- und Geistesgeschichte. Am Schluß des Bandes finden sich eine Übersicht der Präsidenten, Literaturhinweise und ein Register.

Schoner, U.: *Lady Morgans Irlandromane als Spiegel des anglo-irischen Identitätsproblems im Zeitalter O'Connells*. Frankfurt/M., Peter Lang Verlag, 1983, 269 S.

In den für die irische Geschichte bedeutsamen Jahrzehnten zwischen Union (1800) und Katholikenemanzipation (1829) erlagen die protestantischen, oft der anglo-irischen Aszendenz entstammenden Schriftsteller in wachsendem Maße dem Zwang, sich zwischen der Besatzungsmacht Großbritannien auf der einen und dem von O'Connell angestrebten katholisch-irischen Nationalstaat auf der anderen Seite zu entscheiden. Dieser Loyalitätskonflikt wird in Lady Morgans bislang weitgehend vernachlässigtem Erzählwerk deutlich spürbar und legt einen kritischen Neuansatz nahe, der neben dem Text auch den historischen Kontext befragt.

Schumacher, M.: *Frauenbilder in Kurzgeschichten der Massenpresse*. Frankfurt/M., Peter Lang Verlag, 1984, 410 S.

Zeitschriften sind Markenartikel, die sich verkaufen müssen, gleichzeitig aber auch ein Forum der kurzen Form der Prosa. Häufig versuchen sie, durch das Heranziehen renommierter Autoren den Vorwurf der Trivialität und Rückständigkeit zu widerlegen. Diese Arbeit weist dagegen detailliert nach, welcher Art das dargestellte Frauenbild ist und welche Inhalte und Werturteile tatsächlich vermittelt werden, wobei den Frauenzeitschriften zum Vergleich eine Männerzeitschrift gegenübergestellt wird.

Seidel, M.: *Bibel und Christentum im dramatischen Werk Eugene O'Neills*. Frankfurt/M., Peter Lang Verlag, 1984, 389 S.

Die Arbeit unterzieht sich der überfälligen Aufgabe, die von der O'Neill-Forschung schon immer als zentral erkannte Auseinandersetzung des Dramatikers mit dem christlichen Glauben systematisch und im Zusammenhang des Gesamtwerks zu untersuchen. Dabei werden erwartungsgemäß Erkenntnisse gewonnen, die Konsequenzen haben sowohl für die Komposition und Interpretation der einzelnen Dramen als auch für das Gesamtverständnis des Autors und seines Weltbilds.

Stein, Th. M.: *Patrick White: "Voss"*. München, Wilhelm Fink Verlag, 1983, 98 S.

In *Voss* erzählt der Nobelpreisträger Patrick White ein wichtiges Kapitel aus der Erforschung des australischen Kontinents: Im Zentrum des Romans steht der fehlgeschlagene Versuch einer Expedition durch das Landesinnere. Wie die Rezeptionsgeschichte des Werkes zeigt, wurde *Voss* vornehmlich auf seinen metaphysischen Gehalt hin gelesen und vorschnell als "visionary novel" klassifiziert. Daß White aber in *Voss* dezidiert Kritik an der kolonialen wie der gegenwärtigen australischen Gesellschaft übt, erhellt erst seine sozialhistorisch orientierte ‚Analyse'.

Weissgerber, M.: *Valenz und Kongruenzbeziehungen.* Frankfurt/M., Peter Lang Verlag, 1983, 218 S.

Im Mittelpunkt der Untersuchung steht die Diskussion linguistischer Theorien (Verbvalenz, Merkmalssemantik), die auf ihre Anwendbarkeit für die maschinelle Analyse mehrdeutiger Verben und – in einem Exkurs – für die Übersetzung ins Französische überprüft werden. Die Tragweite der Lösungsansätze wird anhand eines Korpus (ca. 750 deutsche Sätze mit französischen Entsprechungen) statistisch überprüft. Die satzbezogenen Analyseschritte werden durch einen fachtextbezogenen Lösungsansatz ergänzt.

Westbrock, J.: *Der Werbefilm.* Ein Beitrag zur Entwicklungsgeschichte des Genres vom Stummfilm zum frühen Ton- und Farbfilm. Hildesheim, Georg Olms Verlag, 1983, 128 S.

Dieses Buch leistet einen Beitrag zur filmhistorischen Grundlagenforschung. Die Geschichte des deutschen Werbefilms wird von seinen Anfängen bis Ende der dreißiger Jahre unter dem Aspekt der technisch-ästhetischen Innovation aufgearbeitet und als gleichberechtigter Zweig der Filmindustrie neben dem Spielfilm vorgestellt. Mit seinem teils unveröffentlichten Quellenmaterial aus Werbe- und Filmwirtschaft, Filmpolitik, Werbepsychologie und Selbstdarstellungen der Filmpioniere stellt es eine Dokumentation zur Entwicklungsgeschichte des Werbefilms sowie des Filmschaffens so herausragender Exponenten dieses Genres wie Guido Seeber, Walter Ruttmann, Hans Richter und Oskar Fischinger dar.

Anschriften der Autoren

Prof. Dr. Hans-Jürgen Diller. Englisches Seminar der Ruhr-Universität Bochum. Universitätsstraße 150, 4630 Bochum 1.

Heinz-Wilhelm Fabry. Englisches Seminar der Ruhr-Universität Bochum. Universitätsstraße 150, 4630 Bochum 1.

Dr. Peter Hasenberg. Englisches Seminar der Ruhr-Universität Bochum. Universitätsstraße 150, 4630 Bochum 1.

Prof. Dr. Rüdiger Imhof. Bergische Universität-Gesamthochschule Wuppertal. Fachbereich Sprach- und Literaturwissenschaften, Anglistik/Amerikanistik. Gaußstraße 20, 5600 Wuppertal 1.

Prof. Dr. Jürgen Klein. Universität Gesamthochschule Siegen. Fachbereich 3: Sprach- und Literaturwissenschaften, Anglistik/Amerikanistik. Adolf-Reichwein-Straße, 5900 Siegen 21.

Dr. Roland Leibold. Steinmühle 10 1/2, 8970 Immenstadt.

Dr. Bernhard Lindemann. Englisches Seminar der Ruhr-Universität Bochum. Universitätsstraße 150, 4630 Bochum 1.

Dr. Erwin Otto. Englisches Seminar der Ruhr-Universität Bochum. Universitätsstraße 150, 4630 Bochum 1.

Dr. Ferdinand Schunck. Englisches Seminar der Ruhr-Universität Bochum. Universitätsstraße 150, 4630 Bochum 1.

Prof. Dr. Volker Schulz. Universität Osnabrück, Abt. Vechta. Fachbereich 12. Driverstraße 22, 2848 Vechta.

Prof. Dr. Gerd Stratmann. Englisches Seminar der Ruhr-Universität Bochum. Universitätsstraße 150, 4630 Bochum 1.

Prof. Dr. Ulrich Suerbaum. Englisches Seminar der Ruhr-Universität Bochum. Universitätsstraße 150, 4630 Bochum 1.

Dr. Peter Wenzel. Englisches Seminar der Ruhr-Universität Bochum. Universitätsstraße 150, 4630 Bochum 1.

Neuerscheinungen

Germanistik

Antike Tradition und Neuere Philologien

Symposium zu Ehren des 75. Geburtstages von Rudolf Sühnel

Herausgegeben von
Hans-Joachim Zimmermann

1984. 224 Seiten mit 6 Abbildungen und 1 Titelbild. Leinen DM 65,–
(Supplemente zu den Sitzungsberichten der Heidelberger Akademie der Wissenschaften, phil.-hist. Klasse, Band 1, Jahrgang 1983)

Aus Glossenhandschriften des 8. bis 14. Jahrhunderts

Quellen zur Geschichte einer Überlieferungsart

Herausgegeben von Irmgard Frank

1984. 170 Seiten. Kartoniert DM 58,–
(Germanische Bibliothek. Neue Folge, 7. Reihe, Band 3)

YVON DESPORTES
Das System der räumlichen Präpositionen im Deutschen

Strukturgeschichte vom 13. bis zum 20. Jahrhundert

1984. 134 Seiten. Kartoniert DM 64,–
(Germanische Bibliothek. Neue Folge, 3. Reihe: Untersuchungen)

AXEL DORNEMANN
Im Labyrinth der Bürokratie

Tolstojs „Auferstehung" und Kafkas „Schloß"

1984. 224 Seiten. Kartoniert DM 120,–.
Leinen DM 148,–
(Beiträge zur neueren Literaturgeschichte. 3. Folge, Band 60)

FRIDRICH PFAFF (Hrsg.)
Die große Heidelberger Liederhandschrift

(Codex Manesse)
In getreuem Textabdruck

1984. 2., verbesserte und ergänzte Auflage mit einem Verzeichnis der Strophenanfänge. Bearbeitet von Hellmut Salowsky. IX, 801 Seiten und 7 Faksimile. Leinen ca. DM 320,–

KARL PRÜMM
Walter Dirks und Eugen Kogon

als katholische Publizisten der Weimarer Republik

1984. 432 Seiten. Kartoniert DM 48,–.
Leinen DM 75,–
(Reihe Siegen. Beiträge zur Literatur- und Sprachwissenschaft, Band 53)

Quellen zur Geschichte der deutschen Orthographie im 19. Jahrhundert

Herausgegeben von Michael Schlaefer

1984. 116 Seiten. Kartoniert DM 48,–
(Germanische Bibliothek. Neue Folge, 7. Reihe, Band 4)

HANSGEORG SCHMIDT-BERGMANN
Ästhetismus und Negativität

Studien zum Werk Nikolaus Lenaus

1984. 192 Seiten. Kartoniert DM 50,–.
Leinen DM 75,–
(Frankfurter Beiträge zur Germanistik, Band 23)

CARL WINTER · UNIVERSITÄTSVERLAG · HEIDELBERG

RENATE SCHUSKY

Die Fürstlich zu Bentheim-Tecklenburgische Bibliothek in Rheda

Repräsentationsbibliothek und Gebrauchsbücherei

1984. 119 Seiten mit 32 Abbildungen.
Kartoniert DM 70,-. Leinen DM 100,-
(Beiträge zur Geschichte der Literatur und Kunst des 18. Jahrhunderts, Band 9)

Studia Linguistica et Philologica

Festschrift für Klaus Matzel zum sechzigsten Geburtstag überreicht von Schülern, Freunden und Kollegen

Hrsg.: Hans Werner Eroms – Bernhard Gajek – Herbert Kolb

1984. 422 Seiten, 1 Foto. Kartoniert ca. DM 150,-. Leinen ca. DM 180,-
(Germanische Bibliothek. Neue Folge. 3. Reihe)

HANS-ULRICH TREICHEL

Fragment ohne Ende

Eine Studie über Wolfgang Koeppen

1984. 233 Seiten. Kartoniert DM 54,-. Leinen 80,-
(Reihe Siegen. Beiträge zur Literatur- und Sprachwissenschaft, Band 54)

DAVID N. YEANDLE

Commentary on the Soltane and Jeschute Episodes

in Book III of Wolfram von Eschenbach's Parzival (116,5–138,8)

1984. XVI, 469 Seiten. Kartoniert ca. DM 112,-. Leinen ca. DM 135,-

JOHANNES WEBER

Libertin und Charakter

Heinrich Heine und Ludwig Börne im Werturteil deutscher Literaturgeschichtsschreibung 1840–1918

1984. XXIV, 307 Seiten. Kartoniert ca. DM 65,-. Leinen ca. DM 86,-
(Neue Bremer Beiträge, 2. Band)

Romanistik

WOLFGANG ASHOLT

Gesellschaftskritisches Theater im Frankreich der Belle Epoque (1887–1914)

1984. VII, 288 Seiten und 173 Seiten Anhang.
Kartoniert DM 54,-. Leinen DM 80,-
(Studia Romanica, 59. Heft)

HEINZ GÖTZE

Castel del Monte

Gestalt, Herkunft und Bedeutung

1984. 52 Seiten mit 25 Abbildungen.
Kartoniert DM 24,-
(Sitzungsberichte der Heidelberger Akademie der Wissenschaften, phil.-hist. Klasse, Jahrgang 1984, Bericht 2)

Grundriß der romanischen Literaturen des Mittelalters

Herausgegeben von Hans Robert Jauss und Erich Köhler†

Volume IV: Le roman jusqu'à la fin du XIIIe siècle. Tome 2: (Partie documentaire)
Direction: Reinhold R. Grimm
1984. 282 S. Kart. DM 298,-. L. DM 330,-

L'hénaurme siècle

A Miscellany of Essays on Nineteenth-Century French Literature
Edited by Will L. McLendon

1984. 242 Seiten. Kartoniert DM 54,-. Leinen DM 78,-
(Reihe Siegen. Beiträge zur Literatur- und Sprachwissenschaft, Band 46)

KLAUS LEY

Giovanni della Casa (1503–1556) in der Kritik

Ein Beitrag zur Erforschung von Manierismus und Gegenreformation

1984. 96 Seiten. Kartoniert DM 32,-
(Studia Romanica, 54. Heft)

KLAUS LEY
Die „scienza civile" des Giovanni della Casa
Literatur als Gesellschaftskunst in der Gegenreformation
1984. 390 S. Kart. DM 63,-. L. DM 90,-
(Studia Romanica, 57. Heft)

HANS-JOACHIM LOTZ
Die Genese des Realismus in der französischen Literarästhetik
Zur Kritik des nichthistorischen Epochenbegriffs
1984. 459 S. Kart. DM 58,-. L. DM 86,-
(Studia Romanica, 56. Heft)

Anglistik

ALFRED BAMMESBERGER
English Etymology
1984. 163 Seiten. Kartoniert DM 33,-.
Leinen DM 60,-
(Sprachwissenschaftliche Studienbücher. Erste Abteilung)

ROLF BREUER
Literatur
Entwurf einer kommunikations-orientierten Theorie des sprachlichen Kunstwerks
1984. 214 Seiten. Kartoniert DM 70,-.
Leinen DM 95,-
(Britannica et Americana. 3. Folge, Band 5)

RENATE BROSCH
Eleganz und Autonomie
Die Auffassung vom Weiblichen bei Jane Austen
1984. 246 Seiten. Kartoniert ca. DM 82,-.
Leinen ca. DM 100,-
(Anglistische Forschungen / 175)

MARTIN BRUNKHORST
Drama und Theater der Restaurationszeit
1984. 231 Seiten. Kartoniert ca. DM 85,-
(Forum Anglistik)

GERHARD HAEFNER
Impulse der englischen Lyrik
Lyrik im Spannungsfeld von Politik, Gesellschaft, Interessen und Ideologien in England von der Shakespearezeit bis zur Gegenwart
1984. VIII, 222 Seiten. Kartoniert ca. DM 36,-.
Leinen ca. DM 60,-
(Anglistische Forschungen / 180)

The South English Ministry and Passion
ed. from St John's College, Cambridge, MS B.6
by O. S. Pickering
1984. 256 S., 1 Faksimile. Kart. DM 118,-
(Middle English Texts / 16)

HILMAR SPERBER
Historisch-politische Gedichte im England Edwards I.
Untersuchungen zu mittelenglischen, anglonormannischen und anglolateinischen Texten aus den Jahren 1261 bis 1308
1984. X, 389 Seiten. Kartoniert ca. DM 75,-.
Leinen ca. DM 100,-
(Anglistische Forschungen / 178)

PETER A. SCHMITT
Anglizismen in den Fachsprachen
Eine pragmatische Studie am Beispiel der Kerntechnik
1985. 246 Seiten. Kartoniert ca. DM 80,-.
Leinen ca. DM 100,-
(Anglistische Forschungen / 179)

CARL WINTER · UNIVERSITÄTSVERLAG · HEIDELBERG